Gestión de un sistema de información

Método y buenas prácticas

2ª edición

Jean-Paul Poggioli
Joël Demasson

ISBN: 978-2-409-04562-2
Edición original: 978-2-409-04344-4

Ediciones ENI

P° Ferrocarriles Catalanes, 97-117, 2a pl. of. 18
08940 - Cornellà de Llobregat (Barcelona)

Tel: 934 246 401
Fax: 934 231 576

e-mail: info@ediciones-eni.com
http://www.ediciones-eni.com

Autores: Jean-Paul POGGIOLI, Joël DEMASSON
Edición española: Rosa-Ana RAMOS GIRALDEZ
y Beatriz GOYANES ARNEDO
Colección **DataPro** dirigida por Émilie VILLETORTE

Introducción

La parte principal de nuestro trabajo de consultores de la dirección técnica de los SI consiste en intervenir junto a los directores de medianas y grandes organizaciones para acompañarlos en la gestión estratégica de su sistema de información (SI). La mayo

ría de ellos no son informáticos. Ni siquiera directivos con formación específica para la gestión de los sistemas de información. Solo son directivos encargados de garantizar la coherencia y la solidez de soluciones y de herramientas informáticas, que a su vez participan en el rendimiento y en la capacidad de resiliencia de la organización que les da esa responsabilidad. Con demasiada frecuencia, aunque es lógico, estos directores nos llaman cuando constatan, con mayor o menor certidumbre, que una cierta cantidad de indicadores están en rojo. Su sistema de información se les está escapando y, con él, el control de su estrategia empresarial: pérdida de durabilidad si el sistema de información se cae, pérdida de capacidad si el sistema de información añade limitaciones excesivas, incluso endurece la capacidad de decisión.

Nuestra misión con estos directores, que pretende ser un apoyo estratégico, con mucha frecuencia se convierte en una intervención de apagafuegos. Allí donde se supone que vamos a intervenir para realizar algunos ajustes, desbloqueos y reorientaciones, descubrimos SI al borde del colapso. La mayoría de las veces nos vemos abocados a formular tres grandes constantes recurrentes.

La primera está relacionada con lo que definimos como una complejidad no controlada. El sistema de información de la organización se ha desarrollado con el tiempo, a veces según elecciones estratégicas, otras veces para gestionar urgencias, la mayoría de ellas con un planteamiento oportunista en un contexto de minimización de los costes y de los recursos asignados. Así, dentro de una amalgama de tecnologías, de funcionalidades y de interacciones, el sistema de información se ha ramificado, estratificado y complicado, hasta tal punto que nadie lo conoce en su conjunto. Nadie lo controla. Nadie puede superar las adhesiones en cascada: el nuevo software, indispensable para la vida de la organización, no se puede instalar sin actualizar el entorno de los puestos de trabajo, que a su vez no se puede modificar sin actualizar las herramientas de seguridad, que dependen de las infraestructuras de los servidores, que no se pueden tocar sin modernizar el núcleo de la red. Una red que nadie sabe cómo está configurada y que no se quiere tocar por ningún motivo.

La segunda constante afecta a la seguridad del sistema de información. Por supuesto, todos los intervinientes declaran estar muy concienciados de los retos y de los riesgos. Pero esta capa siempre se resquebraja cuando se hace un poco de introspección. Con demasiada frecuencia constatamos que la política de seguridad solo cubre la parte más mediática de los riesgos (los ataques maliciosos externos), omitiendo, por ejemplo, los resultantes de las prácticas de usuarios no informados. O incluso, que la política de seguridad considera el sistema de información pieza a pieza evitando completamente los problemas asociados a los riesgos sistémicos. Un poco como si fuera suficiente con garantizar la solidez de las cartas para probar la solidez de un castillo de naipes.

Por último, la tercera constante afecta a los recursos humanos y a su gestión. Entendemos por «recursos humanos» el conjunto de los intervinientes en el sistema de información, sea cual sea su estatus: colaboradores permanentes de la organización, prestatarios, editores y especialistas en infogerencia (externalización de servicios informáticos). Lo primero que hay que observar es que la suma de los intervinientes raramente es suficiente para cubrir por completo el espectro de las competencias necesarias para la gestión del sistema de información, pero es lo menos malo. Así constatamos el hecho de que las competencias reunidas generalmente están por debajo de la complejidad de los sistemas que hay que administrar. Sin embargo, el problema no sería tan grave si solo se tratara de ir a buscar las competencias que faltan.

De hecho, la verdadera dificultad reside en la ausencia de dirección de esta diversidad de intervinientes. Los problemas asociados a la multiplicación de los intervinientes no tienen objetividad, y los responsables de la toma de decisiones abandonan su sistema de información a un considerable desorden. Todos saben lo que hacen. Todos optimizan su posición minimizando su perímetro de intervención. Nadie se ocupa de la visión de conjunto. Nadie representa la coherencia y la gestión del riesgo sistémico. El sistema de información ya no está documentado en su conjunto. Cada uno posee una parte de conocimiento, pero como no hay una visión de conjunto, los responsables de la toma de decisiones ya no tienen el control. Están condenados a navegar por un sistema de información que nadie gobierna.

Entonces, ¿cómo actuar? ¿Cómo retomar el control? ¿Cómo recuperar una visión holística y una dirección global?

Responder a estas preguntas nos ha llevado a diseñar un método para la auditoría y la gestión de los sistemas de información complejos, basado en una matriz de monitorización de los sistemas de información: el método 2MSI. Hemos concebido esta herramienta multiusos, para los SI managers, basándonos en las realidades operacionales a las que nos hemos enfrentado en nuestro trabajo como consultores. En este método, proponemos observar los sistemas de información, no como un todo indescriptible, sino como un conjunto de 21 objetos de estudio comprensibles e interdependientes.

Procediendo de esta manera, pieza a pieza, permitimos movilizar competencias especializadas y evaluar campos técnicos, funcionales y operacionales observables y delimitados. Después, en un segundo movimiento, incorporamos los flujos y las interacciones y damos vida a un análisis más global que, reforzado por el conocimiento de los elementos, tiene autoridad para describir el conjunto. De alguna manera, se trata de dividir para vencer, o al menos de simplificar para dominar, para conservar mejor el control de sistemas de información que nos miran con desprecio y nos lanzan desafíos impensables. Haciendo esto, simplemente hemos recurrido a una herramienta de metodología tan antigua como el pensamiento humano y que a mediados del siglo XX tomó forma en la idea de análisis sistémico.

Hemos colocado la 2MSI en la confluencia de lo estratégico y de lo operacional. Así, nuestra matriz autoriza simultáneamente el encuentro de los responsables de la toma de decisiones generalistas y de los informáticos especialistas, en torno a una estructura común de conceptualización, y, en un mismo movimiento, ofrece una estructura metodológica para la actuación de los expertos. Esta propiedad está destinada a favorecer una relación tranquila entre las distintas partes que se ocupan de la gestión de los sistemas de información.

Como primero somos técnicos, nuestro objetivo era que la 2MSI fuera suficientemente sofisticada para responder a situaciones heterogéneas, pero también bastante sencilla para que se pudiera memorizar y fuera adaptable para el día a día. En efecto, nosotros decimos que, para ser operativas y seguras, las herramientas metodológicas deben tomar la forma de una tabla de lectura intermedia. Entonces, la 2MSI se coloca en un punto de equilibrio frágil, que se confirma mediante la experimentación, entre lo conceptual y la práctica.

También porque somos técnicos, no hemos podido ni querido disociar nuestra propuesta de la realidad de los veinte años de experiencia que han forjado nuestra habilidad. Por eso, nuestra propuesta está plagada de referencias a nuestras experiencias operativas en organizaciones, privadas y públicas, de todos los tipos y tamaños. Sin embargo, por motivos deontológicos no será posible identificar a las organizaciones a las que nos referimos. *Por eso, se han cambiado los nombres de empresas, organizaciones y administraciones que hemos tomado como ejemplo en este libro. Sin embargo, para darle más realismo hemos conservado nombres característicos del tipo de organización o del sector de actividad de la organización citada en el ejemplo.*

De esta manera le ofrecemos un manual donde conviven experiencias, análisis y un método de herramientas multiusos. A usted le corresponde usarlo correctamente.

Jean-Paul Poggioli, Joël Demasson

Contenido

Capítulo 4
Formular una estrategia para el SI

Capítulo 5
Gestionar con un esquema director del SI

Capítulo 6
Urbanizar el sistema de información

Capítulo 7
Hacer frente a la amenaza fantasma: la shadow IT

Capítulo 8
Un planteamiento digital responsable

Capítulo 9
Definir y gestionar una política de infogerencia

Capítulo 12
Organizar la DSI

Capítulo 13
Gestionar los RR HH y liderar el proceso de cambio

Capítulo 14
Acompañar y responsabilizar a los usuarios

Anexo

Capítulo 1
Administrar SI complejos con la matriz

1. La multiplicación, la convergencia y la interacción de las tecnologías

Es frecuente que los autores que diseñan la gestión de las tecnologías de la informática y de la comunicación (TIC) hagan una distinción entre el SI management (gestión del sistema de información) y el IT management (gestión de la tecnología de la información). El primero se ocupa del SI en relación con la estrategia de la organización (empresarial, industrial, de servicio público, etc.). El segundo trata de la gestión de los componentes tecnológicos en sí mismos, independientemente del cometido que tienen asignado. Este enfoque nos lleva a distinguir lo que sería competencia de los responsables de la toma de decisiones y lo que correspondería exclusivamente a los técnicos. Por supuesto es una versión simplificada, pero muestra el valor de una simplificación operativa y refleja las responsabilidades de cada uno.

Sin embargo, en la práctica, siempre detectamos que este punto de vista de los SI es una fuente de incomprensiones y tensiones. Orientado a los objetivos, al SI manager no le interesan las restricciones técnicas, que en gran medida le otorgan a la tecnología el trabajo de dar una respuesta a problemáticas que, sin embargo, resultan ser claramente estratégicas.

Así, desde el punto de vista del SI manager, la política de gestión de las copias de seguridad queda relegada al nivel de necesidad técnica, mientras que, en realidad, traduce la representación que tiene la organización de sus ciclos de producción de datos, el carácter crítico que les atribuye y la relación que se deriva de la continuidad, o no, del servicio y de la producción. En esta representación disociada de las funciones, el SI manager puede llegar hasta a competir con el IT manager para captar los recursos que propone dedicar principalmente a las capas altas del sistema de información, es decir, a las soluciones informáticas orientadas al negocio, que percibe como únicas fuentes de rendimiento.

Nosotros proponemos abandonar esta dicotomía. Así, tomamos nota de dos grandes transformaciones, que han cambiado en profundidad la realidad de gestión de los SI:

- A la primera la llamaremos **«convergencia técnica»**. Traduce el hecho de que, al igual que las tormentas tropicales que se convierten en huracanes y se intensifican, los sistemas de información absorben constantemente tecnologías con oportunidades de crecimiento y destinadas a encontrarse. La mini-informática absorbe la microinformática, y viceversa. Las redes absorben la telefonía. El protocolo de Internet involucra a la voz y a la imagen. La mensajería agrega la agenda y se ramifica en los recursos compartidos. La fotocopiadora multifunción es una síntesis de la impresora, la fotocopiadora, el fax y el escáner. La red explota la gestión del conocimiento, interconecta y pone en contacto los campos de información. El teléfono se convierte en smartphone, evoluciona a tableta y se vuelve ultrabook. La convergencia técnica incorpora múltiples universos hasta ahora disociados.
- De la segunda diremos que se enmarca en la **«convergencia lógica»**. Expresa la idea de que los datos y su tratamiento ya no se pueden caracterizar mediante entornos compartimentados. Las aplicaciones de gestión se interconectan y se abren a la red. Las bases de datos se convierten en depósitos y, con un gran esfuerzo de las interfaces de programación (API), derriban las fronteras que separan los lenguajes. Los entornos ofimáticos personales se convierten en los vectores de las soluciones colaborativas y en las interfaces de aplicaciones de negocio adaptadas a la red. La comunicación a través de la red se convierte en la puerta de entrada de procedimientos telemáticos que van directos al núcleo de los SI de gestión. La convergencia lógica suprime las fronteras entre software y hardware, entre informática personal e informática de empresa, entre recursos locales y recursos migrados.

En definitiva, en este universo que converge, de manera técnica y lógica, desaparecen los límites entre los campos de la estrategia y de la técnica. Entre el fin y los medios. Como en el debate sobre la relación entre el pensamiento y la palabra. ¿Hablo porque pienso? ¿Pienso porque me expreso mediante las palabras? ¿Por qué querer disociar el software del hardware, restringirlos a representaciones heteroespecíficas, cuando se comprueba que el rendimiento emerge de su simbiosis? En las páginas siguientes, exponemos que la gestión de los SI forma un todo que une en una misma simbiosis las elecciones tecnológicas y la gestión estratégica. Un todo que convierte al director de los sistemas de información en un miembro de pleno derecho de la junta directiva, con la responsabilidad de mantener la simbiosis entre la estrategia y la tecnología.

Por eso, el método 2MSI pretende ser operativo para el SI manager y para el IT manager. De esta manera, se organiza según una distribución y una terminología principalmente gerencial, dejando a un lado el argot tecnológico (al menos en la formulación del razonamiento).

2. Organizaciones cada vez más dependientes de su SI

Desde que, al principio de los años 80, el software de contabilidad sustituyó al libro contable, los responsables de la toma de decisiones se permitieron considerar la informática como una contribución de comodidad y de eficacia en un mundo siempre dispuesto a volver atrás. El registro en papel siempre estaba disponible, preparado para subsanar cualquier fallo del ordenador. Algunos contables incluso hacían el trabajo por duplicado, por si acaso. Era la época en la que los presupuestos informáticos no tenían ningún carácter prioritario, incluso si demostraban un retorno de la inversión positivo.

Hoy en día, esto pertenece al pasado. La transformación digital lo ha superado. Los sistemas de información de los que disponen las organizaciones están a un nivel de sofisticación tal que sería imposible transponerlos desde el mundo virtual al real. En la actualidad es impensable volver atrás, salir del sistema de información, y renunciar a sofisticaciones como, por ejemplo, contabilidades analíticas a múltiples niveles.

También es impensable prescindir del correo electrónico, de los sistemas de gestión del conocimiento, o incluso cortar las interfaces con los SI de terceros.

Lo sabemos: las organizaciones modernas (empresas, administraciones, estados) son adictas a la información, al enriquecimiento de la información, a la circulación, a la capitalización y a compartir la información. La consumen y la producen cada vez más y más rápido.

Esta dependencia que tienen las organizaciones de la información y de la potencia de tratamiento que ofrecen los sistemas de información se consolida mediante la actuación de dos grandes bucles de refuerzo:

- El primer bucle, intrínseco de la organización, reside en la convergencia de los sistemas, que ya hemos mencionado antes. La convergencia transforma las herramientas informáticas en fichas de dominó dentro de una partida de dominó a nivel de la organización. Si la ficha de la mensajería cae, la fotocopiadora multifunción no podrá enviar sus trabajos. Si la solución de gestión de relaciones con los clientes falla, todos los correos entrantes, cada vez más intangibles, no encontrarán el camino hacia las aplicaciones de negocio que se ocupan de procesarlos. Si no se puede acceder al servidor de datos, toda la organización espera delante de su ordenador que, de repente, se ha vuelto inútil. Así, la dependencia se nutre de la interdependencia. En el caso actual, una interdependencia intrínseca entre el ser humano y la tecnología que se complementa y se prolonga.
- El segundo bucle de refuerzo, extrínseco, reside en la interconexión de la información entre las distintas organizaciones. De esta manera, aunque una organización quisiera resistirse al aumento de la dependencia de los medios digitales, rompería inmediatamente con su propio medio. Porque ahora es imposible eludir la interdependencia digital: Tesoro público, fondos sociales, proveedores, clientes, socios, bancos, todo el entorno de las organizaciones se desmaterializa y se desvía de las antiguas formas de comunicación. De tal manera que la caída del SI de una organización ya no es una enfermedad interna y discreta, sino una crisis importante que aísla a la mencionada organización de su entorno y la deja incapaz de actuar.

La dependencia de las TIC es tal que ahora los responsables de la toma de decisiones deben considerar los sistemas de información, técnicos y lógicos, como infraestructuras fundamentales de la organización; elementos tan constitutivos de la herramienta de producción como los recursos humanos, los edificios o los equipos. Las TIC son infraestructuras fundamentales, es decir, creadoras de la organización (¿no es el ordenador la primera inversión que debe hacer el empresario del siglo XXI para que exista un proyecto, aunque sea muy modesto?).

Aquí proponemos una especie de traducción: una transición mental que nos lleva a dejar de considerar las TIC como atributos y a verlas como elementos constitutivos, órganos vitales y las bases de las organizaciones modernas.

En este nuevo paradigma organizativo, posterior a la transformación digital, los gestores de las organizaciones no pueden seguir ignorando la importancia de los problemas relacionados con el SI. Ya no pueden desentenderse de la cuestión informática, deben tenerla en cuenta e integrarla en sus prácticas de gestión. Sin embargo, para comprender estas problemáticas y definir su estrategia, los responsables de la toma de decisiones se enfrentan a la complejidad y a la falta de legibilidad de los SI. Entonces formamos el postulado de que los encargados de la toma de decisiones y los gestores de los SI deben disponer de una tabla de análisis y de un método de gestión que haga legible y comprensible el mundo complejo, convergente e interdependiente de los SI.

Por eso el método 2MSI toma el todo complejo para descomponerlo en piezas fácilmente identificables y aplica a estas piezas una tabla única de lectura, que se puede memorizar y usar día a día.

3. La segmentación de las competencias y de los recursos humanos

El 5 de mayo de 1992 se derrumbó la tribuna del estadio de Furiani, llevándose en su entramado mortal a más de 2300 espectadores. Sin embargo, todos ellos estaban en su lugar. El prefecto, el alcalde, la comisión de seguridad, los organizadores, la oficina de gestión de proyectos, el instalador, etc. Todos habían respetado los procedimientos. En un instante vertiginoso se derrumbaron todas las certezas sobre la infalibilidad de nuestros sofisticados sistemas sociales. Nos marcó a todos. Un recuerdo que marca. Un síndrome. El síndrome de Furiani.

Los SI que forman la arquitectura de nuestras organizaciones son como las tribunas metálicas de Furiani, el fruto de un intrincado entramado de decisiones, de experiencias y de direcciones técnicas. De un tiempo a esta parte tan complejas, tan amplias y diversificadas que el menor de los SI de una organización, incluso de tamaño modesto, requerirá conocimientos de redes, servidores, telecomunicaciones, seguridad, entorno de Internet, sistemas de impresión, ofimática, gestión de proyectos, gestión de calidad, derecho contractual, etc. Conocimientos que no podría dominar un solo individuo. Es decir, conocimientos que conducen a posturas contradictorias, que no pueden y no deben ser ejercidos por un mismo interviniente: diseñar y ejecutar; hacer y controlar: implementar y utilizar; actuar y documentar.

Para enfrentarse a esta limitación, las organizaciones deben rodearse de múltiples intervinientes. Según su tamaño, sus medios y el carácter crítico de sus decisiones, forman un conjunto de conocimientos procedentes de recursos internos y externos. De esta manera, el funcionamiento del SI de una organización, incluso de tamaño medio, puede necesitar varias decenas de intervinientes: gestores, director de SI, técnicos de operaciones, prestatarios de servicios, especialistas en infogerencia (externalización de servicios informáticos), proveedores de hosting, editores, operadores de telecomunicaciones, técnicos de mantenimiento, técnicos de compras, abogados, asistentes de dirección estratégica y expertos. Cada uno de estos intervinientes actúa según el mandato recibido, su comprensión del problema planteado, su conocimiento del entorno en el que interviene, los medios de los que dispone y la obligación más o menos fuerte de hacerlo rápido, o con los medios disponibles.

Entonces, la intervención de uno solo de ellos para resolver un problema en una parte del SI puede llevarle a degradar, de manera visible o momentáneamente invisible, otra parte del SI. La modificación de un parámetro en un servidor para resolver un problema de instalación de una aplicación de negocio puede desprogramar las copias de seguridad, hacer que una API deje de ejecutarse o que caiga una protección.

Para compensar esta multitud de conocimientos y de intervinientes, para mantener la coherencia y la integridad del SI, es indispensable aplicar una gestión muy estricta. Confiar la gestión a uno o varios directivos que tendrán la responsabilidad de no aceptar ninguna zona de sombra, ninguna omisión y ninguna aproximación. Un gestor que comprobará todo, que se hará preguntas que los otros no se hacen, que tendrá el historial o el acceso al historial, y que estará alerta donde la vigilancia de los otros esté inactiva.

Este gestor, aunque sea muy experto, no podría tener conocimientos de todo. Indudablemente, una parte de sus intuiciones se deberá a una vigilancia constante. También deberá tener los medios para acceder a una visión holística del SI del que es depositario y, para eso, tendrá que disponer de un cuadro de indicadores en el que apoyar su gestión.

Por eso el método 2MSI se aleja de los caminos utilizados por instrumentos como la biblioteca de buenas prácticas ITIL o la herramienta de gestión de los SI CobiT. Dos métodos cuya manipulación, a diario, por responsables de la toma de decisiones polivalentes resulta ser poco operativa porque es demasiado compleja. Que viene, de alguna manera, a añadir complejidad incluso cuando su esencia inicial es controlarla. Métodos a imagen de los planteamientos propuestos por los más sabios de la auditoría y del consejo informático. Estas grandes consultoras son tan complejas que solo pueden razonar a su imagen.

Nuestra ambición es que, a la inversa, con el 2MSI, el gestor dispone de un cuadro de indicadores poco refinado y robusto que le permite tener una visión de 360 grados de su SI, de sus campos de intervención y, por lo tanto, de sus responsabilidades.

4. El error y el fallo están en los resquicios

La creciente complejidad de los SI, la convergencia de las tecnologías, la dependencia de las organizaciones de su SI y la multiplicidad de los intervinientes debería devolvernos una imagen de gran solidez de los SI. ¿Cómo admitir que organizaciones, incluso sociedades humanas al completo, pueden establecerse en una dependencia tan grande de los SI sin asegurarse de que no se volverán contra ellas? Todo se desarrolla como si las tecnologías digitales, porque son tecnologías, estuvieran completamente bajo control. La representación más habitual que los gestores tienen de su SI es un poco como la que podría tener un conductor de su coche: una suma de tecnologías, que los ingenieros controlan y reúnen para producir una funcionalidad precisa y probada a la salida de fábrica.

Sin embargo, la realidad de los SI es otra muy distinta. Las tecnologías informáticas (hardware y software) están diseñadas a escala planetaria por una multitud de intervinientes con objetivos y competencias heterogéneas y heteróclitas. Al contrario que en el ejemplo de los coches, los SI resultantes son un conjunto de piezas diseñadas sin visión de conjunto. Un poco como si cada conductor fuera a comprar a los constructores y eligiera cada pieza maestra de su vehículo en un fabricante distinto: el volante de Renault, las ruedas de Ford, la carrocería de Toyota, y fuera responsable de montarlas para construir un vehículo fiable. Pero lo peor es que, tratándose de informática, algunos de los elementos que componen este conjunto pueden ser contradictorios o estar en conflicto entre ellos. Como si, sin que sea previsible, el volante Renault resultara incompatible con la carrocería Toyota, lo que podría llegar hasta a hacer girar las ruedas en el sentido contrario al volante. Así, tal parámetro de un sistema operativo puede entrar en conflicto con el código máquina de un componente principal de la infraestructura y crear un desorden contagioso para los SI en su conjunto.

Entonces decimos que los SI son construcciones frágiles, con funcionamientos a veces imprevisibles o aleatorios, y cuya estabilidad siempre está amenazada. Como prueba, a continuación presentamos la lista corta de las fuentes de debilidad:

- La multiplicación de las tecnologías y de los intervinientes conduce de manera inevitable a la multiplicación de las **zonas de incertidumbre**: estos resquicios entre los sistemas son tan numerosos que nada permite afirmar que un SI moderno sea estable y esté bajo control.
- Un error intersticial no solo es un fallo. Puede resultar un desencadenador temible de **efectos sistémicos**, e incluso corromper todo un SI.
- Los defectos intersticiales son especialmente peligrosos porque pueden ser **silenciosos**. Agazaparse a la sombra del SI, ronronear con él y pasar completamente desapercibidos hasta el día, siempre inesperado y sorprendente, en que se desata el efecto mariposa. Preferiblemente de noche, durante una intervención leve y en un momento de sobrecarga o de urgencia.
- Los defectos intersticiales parecen aún más ocultos e imprevisibles porque **se desplazan entre las zonas de competencias** de los distintos intervinientes. Provocado por un interviniente especialista del sistema, el fallo se propaga, se multiplica y termina por saturar y corromper los elementos activos de la red, que están gestionados por los especialistas de red. Al querer restablecer el servicio a cualquier precio, y no cargar con la responsabilidad de la avería, estos últimos encuentran soluciones que dan rodeos y abren fallos de protección que los especialistas de seguridad ni siquiera contemplan. Tres o cuatro rebotes más lejos, nadie es capaz de aislar las causas de los efectos. La única solución es parar todo, volver a iniciarlo pieza a pieza y comprobar cada subsistema; la forma más frecuente es la empírica, aunque de manera metódica.
- Por último, recordemos que, en muchos campos, los sistemas informáticos tienen la **obligación de una integridad perfecta**. No pueden funcionar parcialmente o en modo reducido. Funcionan o no funcionan. Y, entre estas alternativas, a veces solo hay una coma anidada en algún lugar de las 100 000 líneas de código.

Experiencia

El vuelo 501, vuelo inaugural del cohete Ariane 5, tuvo lugar el 4 de junio de 1996 y se saldó con un fracaso. El cohete se rompió y explotó en vuelo, 40 segundos después del despegue, como consecuencia de un fallo del sistema de navegación. El incidente, debido a un error informático del piloto automático, provocó la destrucción del cohete y de la carga útil (cuatro sondas de la misión Cluster) con un valor total de 370 millones de dólares, lo que lo convierte en el error informático más caro de la historia.

El origen del error residía en el ordenador usado por el piloto automático. Este había hecho pruebas en la serie de cohetes Ariane 4 y no parecía necesitar un presupuesto para revisarlo, por lo que se conservó idéntico. Sin embargo, parece que la variable usada para integrar en los cálculos la aceleración de los cohetes Ariane 4 estaba codificada en 8 bits. Un valor ampliamente suficiente porque 8 bits permiten codificar números que van de 0 a 255 y la aceleración máxima de este modelo de cohetes era del orden de 64. Olvidaron que la aceleración del nuevo cohete Ariane 5 podía alcanzar el valor 300, sobrepasando así la posible codificación en 8 bits y requiriendo una codificación en 9 bits como mínimo. Así, la variable codificada en 8 bits sufrió un desbordamiento de capacidad. El resultado de este desbordamiento fue un valor absurdo en la variable que no se correspondía con la realidad. Por efecto dominó, a partir de este dato erróneo, el software provocó la autodestrucción del cohete.

Sin embargo, conscientes de las numerosas fuentes de fragilidad de los sistemas de información, los buenos informáticos han aprendido a controlar las consecuencias de estas. Para ello, se apoyan en la existencia de los factores de solidez que también caracterizan a los sistemas de información:

- Los SI tienen la particularidad de ser **replicables**. Entonces es posible hacer copias de seguridad de ellos y conservar una imagen del estado en el que se encontraban antes de que se produjera una degradación. Abren el derecho al error mediante el retorno hacia atrás.
- Los equipos de los SI están industrializados, así que son **reemplazables**. Por lo tanto, es posible tener en el almacén los equipos más usados de una infraestructura para enfrentarse con rapidez a la avería de uno de ellos.

- Las tecnologías de los SI también tienen la capacidad de ser **redundantes**, lo que permite enfrentarse en tiempo real al fallo de una parte de la infraestructura donde las funciones seguirán estando garantizadas por otros elementos similares y que no fallan.
- Por último, las tecnologías han cambiado. Ahora pueden ser **fortalecidas**. Es decir, diseñadas para resistir a los usos más agresivos.

Ayudados por este conocimiento de las características sólidas y frágiles, los SI managers se asignan la función de transcender las características de solidez para prevenir y oponerse a las consecuencias de las características de fragilidad. Para ello disponen de una herramienta metodológica organizada bajo el concepto de política de seguridad de los SI (PSSI) y de plan de recuperación de actividad (PRA) o plan de continuidad de actividad (PCA).

La PSSI representa la acción preventiva. ¿Cuáles son las debilidades potenciales de mi SI? ¿A qué ataques y agresiones está expuesto? ¿Qué protocolos y tecnologías puedo poner en práctica para anticipar las consecuencias de estas fragilidades? El PRA parte del principio de que el accidente es inevitable, lo que conduce a definir con anticipación los protocolos que se seguirán para poner el SI que falla en posición de funcionamiento.

Por último, el PCA identifica las actividades que no autorizan la interrupción y define medidas propias para garantizar una continuidad de funcionamiento o, al menos, una permanencia de las funciones operativas.

En la gestión de estos procesos, anticipadores y reparadores, la matriz 2MSI se convertirá en matriz de supervisión con que las políticas de seguridad se completan. Genera una tabla de lectura sobre la que el SI manager podrá apoyar sus investigaciones y sus reflexiones.

5. Del riesgo financiero al riesgo penal, la gestión de los riesgos

Desde los orígenes de la informática, el patrimonio de la información de una organización ha representado un valor suficientemente importante para adquirir los medios de luchar contra la pérdida, el robo o la alteración de este patrimonio. Los primeros sistemas de tratamiento de la información han visto llegar bastante rápido los sistemas de copia de seguridad y los medios de reconstruir su funcionamiento normal en plazos más o menos largos según la importancia otorgada a estos sistemas. Durante mucho tiempo, las consecuencias del riesgo que afecta tanto al patrimonio de la información como al buen funcionamiento de los sistemas solo han sido de tipo financiero. La posible interrupción de un sistema de información de producción o de gestión, como la pérdida o la alteración de datos, comportaba principalmente un riesgo de pérdida financiera: bajada o retraso de la cifra de negocios, coste de restauración de los sistemas o incluso coste de reconstitución de los datos perdidos o alterados.

Actualmente, Internet ha agravado de forma considerable la vulnerabilidad de los sistemas de información mediante su apertura a los socios y clientes de las empresas o a los usuarios de los servicios públicos. Pero también ha aumentado la complejidad de la naturaleza de los riesgos: las consecuencias ya no son solo de tipo financiero. Así, ¿la reputación y la imagen de una empresa se pueden ver afectadas indefinidamente en caso de fuga de información, y aún más si se trata de datos de carácter personal? De hecho, la legislación ha reforzado las obligaciones de todas las organizaciones mediante el Reglamento General de Protección de Datos (RGPD), aplicable a los países de la Unión Europea. Esta normativa ha reforzado al mismo tiempo las obligaciones y las sanciones en caso de fallo en la protección de los datos personales. La publicidad en caso de filtración de datos personal, debido a la obligación de informar a las autoridades y a las personas víctimas de esta filtración, representa un gran riesgo para la reputación y la imagen.

Aún peor, si se considera que no se han adoptado las medidas técnicas y organizativas apropiadas para aplicar la protección de datos desde el diseño, se considera una infracción grave del RGPD con riesgo penal en algunos países europeos. La tormenta en la que se vieron inmersos Facebook y su fundador cuando se descubrió el desvío de datos personales durante la elección presidencial de los Estados Unidos en 2016 es un ejemplo de ello. La sociedad Cambridge Analytica, al servicio de la campaña electoral del candidato Donald Trump, analizó y utilizó los datos de decenas de millones de americanos usuarios de Facebook sin su conocimiento (https://cnnespanol.cnn.com/2018/03/22/que-es-cambridge-analytica-guia-para-entender-el-polemico-caso-del-que-todo-el-mundo-habla/). Este escándalo hizo que una cuarta parte de los usuarios de Facebook en los Estados Unidos desinstalara la aplicación (https://www.diariovasco.com/tecnologia/empresas/estadounidenses-borran-facebook-20180907154914-ntrc.html). La Federal Trade Commission (FTC) ha condenado a Facebook a una multa de 5000 millones de dólares y su fundador ha debido reducir su poder en beneficio de un comité independiente que vela por la protección de la vida privada (https://elpais.com/economia/2019/07/12/actualidad/1562962870_283549.html).

Según el ámbito en el que actúa el sistema de información, un fallo incluso puede tener otras consecuencias. En 2017, todo el sistema sanitario británico se vio perturbado por el ataque del ransomware WannaCry, que paralizó 16 hospitales (https://elpais.com/tecnologia/2017/05/12/actualidad/1494602389_458942.html). No hubo un análisis preciso de las consecuencias sanitarias de estas anulaciones, pero es muy probable que, para muchos enfermos, no fueran inocuas. Más recientemente, en septiembre de 2020, la prensa anunció la primera defunción en Europa a causa de un ciberataque: la clínica universitaria de Düsseldorf no pudo operar a una paciente en estado crítico debido a la parálisis de su sistema de información por un ransomware (https://www.europapress.es/portaltic/ciberseguridad/noticia-muere-mujer-ataque-ransomware-hospital-dusseldorf-alemania-20200918100804.html).

La variedad de la naturaleza de los riesgos obliga a concentrarse tanto en las amenazas y en la forma de protegerse como en su impacto en la manera de enfrentarse a ello cuando se produce el incidente. Es lo que hacen las aseguradoras para gestionar los riesgos y entonces evaluar su prima: primero estiman la probabilidad de que no se produzca un evento que provoque un daño y después evaluan las consecuencias que provocará un daño de este tipo. La combinación de la probabilidad y de las consecuencias determina el importe de la prima. Cuanto mayor es la probabilidad y más graves son las consecuencias, más alta será la prima de la aseguradora.

La matriz 2MSI integra la gestión de los riesgos, en primer lugar, mediante la identificación de las amenazas y de los medios para protegerse; después mediante el análisis del impacto y de los medios para contenerlo, siempre ponderando las acciones mediante su probabilidad de realización.

6. La gestión de los SI es especialmente adecuada para el análisis sistémico

El análisis sistémico es una forma de pensar que permite al hombre llegar a conocer los entornos complejos en los que evoluciona. En primer lugar, se basa en una segmentación reductora (porque no puedo conocerlo todo, es demasiado complejo, lo corto en piezas elementales) y luego se alarga mediante herramientas conceptuales como:

- La finalidad: como percepción de un todo complejo, no mediante su descripción mecánica, sino mediante su descripción dinámica.
- El conjunto: el todo es distinto de la suma de sus partes.
- La interacción: la complejidad solo está en los componentes, sobre todo se encuentra en los mecanismos que administran las relaciones entre los componentes.
- La información: circula dentro y entre los elementos del sistema.
- El sistema: es el resultado global del conjunto de los componentes y de las interacciones.
- Etc.

El análisis sistémico es especialmente aplicable a la gestión de los sistemas de información porque estos pueden caracterizarse por principios similares de finalidad, globalidad, interacción, información y sistema:

- La **finalidad** expresa la necesidad absoluta de conservar en el punto de mira el sentido otorgado al SI. De manera predeterminada, el SI puede liberarse del sentido y considerarse a sí mismo como un objeto, algo parecido al narcisismo que gira en torno a la tecnología. El riesgo es que, en última instancia, la informática solo esté al servicio de su propia sofisticación, sin idoneidad productiva para la organización de donde obtiene sus recursos.
- La **globalidad** significa que las piezas del SI, sea cual sea su nivel, de hardware a software, no pueden analizarse solo por sí mismas y no pueden reducirse a sus funcionamientos intrínsecos. El gestor siempre deberá garantizar la coherencia de conjunto del SI del que es depositario. El riesgo es que, en ausencia de este planteamiento global, solo se expresen decisiones en silos y se corre el riesgo de perjudicar al todo.
- La **interacción** recuerda que cada uno de los componentes del SI interactúa con su entorno dentro de una lógica, no simplemente mecánica (la relojería), sino biomecánica, es decir, capaz de pasar de la interacción a la agresión, a la invasión, incluso a la destrucción. Entonces, el gestor debe asegurarse de controlar la urbanización de su SI, dedicándose a limitar a lo estrictamente necesario las interacciones entre las piezas del sistema. Por último, si hay interacciones, se asegurará especialmente de documentarlas y supervisarlas.
- La **información** es la materia real de la que está hecho el SI: una materia tan concreta como las tecnologías con las que vive en simbiosis. La principal dificultad para el gestor es asegurarse de la pertinencia de la información que riega el sistema de información. El riesgo es que esta se degrade por el hecho, el más habitual, del desgaste y de la diversidad de los intervinientes.
- El **sistema** le da toda su resonancia al concepto de sistema de información. Un concepto que de ahora en adelante ya no se puede recibir como objeto (como se podría hablar de sistema operativo), pero que cubre la dimensión de un producto (en el sentido de producción) resultante de la dinámica compleja de interacciones de origen interno y externo. El riesgo es que la lógica del sistema se aleje de los objetivos inicialmente asignados sin que sus creadores se den cuenta.

Ponemos la matriz 2MSI al servicio de esta lectura sistémica de los SI, en la medida en que permite abordar el todo trabajando con las partes y autoriza a controlar lo complejo usando la herramienta del análisis sistémico.

Capítulo 2
Aplicar el método 2MSI

1. La matriz de monitorización de los sistemas de información

La matriz de monitorización de los sistemas de información, 2MSI, está dispuesta según dos ejes.

- El eje vertical representa las capas del SI, que están organizadas desde el hardware hasta el software. Hemos elegido una descomposición en siete capas (infraestructuras, servidores, dispositivos, edición e impresión, usuarios, aplicaciones y riesgos) de manera que siga siendo sencillo, según la norma que nos hemos fijado. Mantendremos este análisis en siete capas en todas las páginas de este manual, teniendo en cuenta que un usuario que ha adoptado el método 2MSI podrá adaptarlo a la realidad del SI del que es responsable, así como a la precisión de análisis que desee. Nada le impide descomponer el SI en diez capas si eso se adapta mejor a su gestión.
- El eje horizontal caracteriza el nivel de intervención en la capa considerada. De izquierda a derecha: descripción, gestión y protección del recurso. El objetivo es llevar al usuario del método a sistematizar una gestión específica para cada nivel y aplicada a todas las capas del SI. Aquí encontramos un vocabulario que se puede aplicar a cualquier ecosistema, informático o no, y que, por lo tanto, debería ser fácil de recordar.

Matriz 2MSI

Nivel de intervención →

Hardware ↓ Software

Recurso	Gestión	Protección
Infraestructuras de red y telecomunicaciones	Supervisión y operación de la red. Gestión operadores de red y telecomunicaciones	Integridad, seguridad y PRA de red y telecomunicaciones
Servidores (alojamiento y OS)	Supervisión y operación de servidores	Integridad, seguridad y PRA de datos y configuraciones
Dispositivos (PC, tableta y smartphone)	Soporte y operación de dispositivos. Helpdesk	Seguridad dispositivos
Edición e impresión	Soporte y operación flota edición e impresión. Helpdesk	Seguridad Confidencialidad Costes
Usuarios (directorios, correo y ofimática)	Gestión de derechos, correo y ofimática	Seguridad y PRA directorios, correo y acceso
Aplicaciones de negocio	Supervisión y operación de las aplicaciones de negocio. Relaciones editores	Seguridad, integridad y PRA aplicaciones de negocios
Riesgos	Supervisión de los riesgos. Evaluación de los efectos	Aseguradoras, asesoría legal. Gestión de crisis

2. Las siete capas del sistema de información

Para definir las capas del SI, hemos procedido por paralelismo de forma con las divisiones encontradas con más frecuencia en la organización de las DSI. La idea es hacer sencillos y legibles los campos de acción por los que se interesa la matriz 2MSI. No olvidemos que esta división solo es una convención y que es factible cualquier otra división.

Las siete capas seleccionadas se clasifican desde el hardware hasta el software.

- La capa **infraestructuras de red y telecomunicaciones** agrupa el conjunto de las infraestructuras pasivas y activas que autorizan la circulación de los datos. A esta capa están vinculados el conjunto de los cableados, conexiones (internas y externas), los enrutadores y los servidores asociados a la gestión o a la seguridad de los flujos de datos.
- La capa **servidores** incluye todos los dispositivos dedicados a la organización de las herramientas compartidas, ya sea hardware o entornos de software.
- La capa **dispositivos** es el conjunto de los dispositivos, hardware y entorno de software, cuyo uso es principalmente personal: PC, PC portátiles, tabletas y smartphones.
- La capa **edición e impresión** engloba todos los recursos dedicados a la adquisición y a la impresión de documentos en papel. Incluye las funciones de digitalización, fotocopia e impresión.
- La capa **usuarios** se interesa por los recursos humanos que utilizan herramientas informáticas, así como por los entornos destinados a gestionar la relación entre los usuarios y los otros recursos.
- La capa **aplicaciones** está relacionada con lo que denominamos «las aplicaciones de negocio», es decir, el conjunto del software dirigido a actos de producción extrínsecos del SI, por oposición a los dedicados a la organización intrínseca del SI, que se encuentran en la capa servidores o en la capa dispositivos.
- La capa **riesgos** anticipa la aparición potencial de un desgaste en el sistema de información, ya sea como consecuencia de una avería, un accidente o una agresión, más concretamente desde el punto de vista de los impactos y de su gestión después de producirse el incidente.

3. El recurso, la gestión y la protección

El eje horizontal de la matriz 2MSI constituye el concepto nemotécnico básico del método. Invita al SI manager a organizar en todos los aspectos su gestión del SI según tres niveles de responsabilidad.

- El primer nivel se interesa por los componentes del SI como **recurso**. En este caso se trata de un enfoque un poco estático, incluso contable, que deja mucho espacio para el conocimiento de los componentes del SI y se manifiesta bajo la forma de inventarios, características o localizaciones. Sin embargo, el término «recurso» invita a considerar que aquello por lo que nos interesamos constituye una riqueza. También permite establecer el vínculo entre las distintas capas de la matriz abriendo un camino hacia la capa recursos humanos.

Experiencia

La atención prestada a un buen conocimiento del SI puede aparecer como una evidencia, especialmente porque hay muchas herramientas de inventario automático para todos los equipos conectados a la red. Sin embargo, nuestra experiencia nos ha permitido comprobar que, entre las dificultades que se encuentra un SI manager, el acceso a la información básica, aunque solo sea un sencillo recuento geolocalizado, es una preocupación habitual. Así, uno de nuestros clientes, una empresa con varias sedes, se ha visto obligada a lanzar una amplia y costosa operación de inventario de sus activos de red (informática y de telefonía IP) dispersos en 120 edificios. Este inventario ha movilizado a tres personas durante seis meses. Se ha manifestado mediante problemas de localización de los espacios técnicos, de gestión de los accesos (llaves, información de los responsables de la instalación y horarios) y de caracterización del material.

- El segundo nivel está dedicado a la dinámica de la acción. Está orientado hacia los flujos y los procesos. Se trata de la operación, mantenimiento, administración y supervisión. Todas ellas, operaciones que agrupamos bajo el término genérico de «**gestión** de recursos».

– El tercer nivel observa los componentes del SI desde el punto de vista de su **protección**. Una protección que, por supuesto, se interesa por la seguridad y la prevención (política de seguridad, plan de continuidad y plan de recuperación de actividad), pero también por la gestión de la calidad que conduce a la activación de una dinámica de mejora continua (en virtud del principio de que lo que no se mejora se deteriora). Este nivel también aborda temas como la gestión dinámica del conocimiento (CMDB, base documental u otra) para los individuos de los que se percibe que contribuyen a la seguridad, diariamente (control del sistema de información), por ejemplo, cuando se trata de gestionar un cambio de especialista en infogerencia (no dejarse privar del SI abandonando el conocimiento a un proveedor).

Experiencia

Una empresa aplica la infogerencia a su infraestructura de servidores. Descontenta con el servicio, rompe el contrato para transferírselo a otro especialista. Durante los primeros meses de la incorporación de esta infraestructura de servidores con el nuevo especialista, no hay ningún problema. Después, hay que modernizar una parte de la infraestructura. Para ello, se lleva a cabo un estudio de manera adecuada y se elige una solución nueva. El piloto de prueba funciona perfectamente y se inicia la extrapolación. En ese momento se detectan incoherencias de datos y comienzan los problemas graves.

Después de investigar y estudiar, resulta que una pequeña parte del conocimiento del sistema de información no se ha documentado conforme evolucionaba. Especialmente, scripts de tipo batch que se ejecutan en una gran cantidad de servidores y que hacen que interactúen. Así, en el entorno, nuevo algunos scripts ya no encuentran la información correcta en los servidores migrados y las interacciones ya no pueden operar. El restablecimiento del caos provocado implica largas búsquedas, hace que el precio de la operación de modernización se duplique y necesita la intervención de las compañías de seguros para compensar los prejuicios causados.

4. Sinopsis de la matriz en 21 piezas

Combinando los tres niveles de intervención (el recurso, su gestión y su conservación) y las siete capas (infraestructuras, servidores, dispositivos, edición e impresión, usuarios, aplicaciones y riesgos), obtenemos un SI descompuesto en 21 piezas:

	Recurso (adquisición, inventario y descripción)	**Gestión (actividad, proceso y soporte)**	**Protección (integridad, seguridad y continuidad)**
REDES	Infraestructuras de redes físicas y lógicas, pasivas y activas.	Supervisión y administración de redes, configuraciones, flujo y operadores de telecomunicación.	Seguridad física y lógica de las redes, gestión de riesgos y plan de recuperación de actividad.
SERVIDORES	Servidores físicos y virtuales, OS, alojamiento y seguridad física (eléctrica, intrusión, etc.).	Supervisión, operación y administración de los servidores. Gestión de configuraciones y de mantenimiento.	Protección de los datos y de las configuraciones, gestión de incidentes, gestión de riesgos y plan de recuperación de actividad.
DISPOSITIVOS	Herramientas personales de trabajo: PC fijos, móviles, tabletas y smartphones.	Soporte, operación y gestión de las configuraciones de las herramientas personales. Asistencia a los usuarios (helpdesk).	Política de integridad y de seguridad de las herramientas personales. Masterización. Protección antivirus. Plan de recuperación de actividad.

	Recurso (adquisición, inventario y descripción)	**Gestión (actividad, proceso y soporte)**	**Protección (integridad, seguridad y continuidad)**
EDICIÓN E IMPRESIÓN	Herramientas de edición e impresión (adquisición e impresión).	Soporte, operación y gestión de configuraciones de herramientas de edición e impresión. Asistencia a usuarios.	Seguridad de edición e impresión y, especialmente, gestión de confidencialidad. Control de costes. Mantenimiento en condiciones operativas.
USUARIOS	Directorios de usuarios. Correo electrónico. Ofimática.	Gestión, operación y administración de directorios, del correo, de elementos ofimáticos compartidos y gestión de los derechos de los usuarios.	Seguridad y trazabilidad de las actividades de los usuarios. Seguimiento de las restricciones de acceso. Plan de recuperación de actividad.
APLICACIONES	Aplicaciones de negocio.	Supervisión, operación y administración de las aplicaciones de negocio y gestión de las relaciones con los editores.	Seguridad, integridad y plan de recuperación de actividad de las aplicaciones de negocio.

	Recurso (adquisición, inventario y descripción)	Gestión (actividad, proceso y soporte)	Protección (integridad, seguridad y continuidad)
RIESGOS	Identificación de los riesgos de todo tipo.	Supervisión de los riesgos y de las responsabilidades, evaluación de los impactos.	Seguro de los riesgos SI, asistencia jurídica, gestión de crisis, estrategia de comunicación.

La aproximación de los SI en 21 piezas no pretende de ninguna manera resolver todos los problemas de documentación y de estudio de los sistemas de información. No obstante, desea proporcionar un marco suficientemente completo y operativo para abordar problemáticas complejas descomponiéndolas en unidades, con unas dimensiones que permiten la descripción y el análisis. Es una simplificación práctica que permite a los responsables de la toma de decisiones, a los directores de SI y a los auditores dominar la materia del SI.

Descomponiendo el sistema de información en piezas, el método 2MSI hace posibles simultáneamente la organización de los conocimientos, la formulación de los problemas, concretar una política de administración y el desarrollo de la experiencia. Permite responder de manera bastante directa a las preguntas «¿qué me interesa?» y «¿por qué me interesa eso?». Le proporciona al encargado de la toma de decisiones una tabla de lectura que le permite salir del «todo está en todo» y abordar problemas de su SI de manera organizada. Así, si se trata de escribir y organizar el conocimiento, la matriz ofrece una estructura para la distribución de la información. Si se desea definir el perímetro del contrato y de la misión de un proveedor, la matriz aporta un punto de apoyo para reflexionar sobre la articulación entre los distintos intervinientes. Si se introduce en la organización de los recursos humanos de una DSI, la matriz permite reflexionar sobre el organigrama y la distribución de las descripciones de puestos de trabajo.

En los capítulos siguientes veremos que la matriz 2MSI, como todas las tablas de lectura sistémicas, funciona para todos los niveles de intervención de la gestión: la descripción, la auditoría, el plan de acción y la dirección de la modificación. Pero antes, y para terminar con los fundamentos, tenemos que dar vida a nuestra matriz equipándonos con una tabla de análisis universal que nos permitirá calificar el estado del SI y dar un marco para la acción. Se trata de determinar la calidad del funcionamiento de todas las piezas. ¿Qué hay que observar? ¿Cuáles son los criterios que permiten decir que todo está en orden, o todo lo contrario si la situación es crítica? Para eso, proponemos tres criterios, cada uno de los cuales se descompone a su vez en tres subcriterios.

5. Tres criterios comunes para calificar cada pieza del SI

Para calificar el estado de cada una de las piezas del SI, usamos los tres criterios siguientes: la calidad de gestión del SI, la pertinencia de los medios movilizados y el rendimiento de los resultados obtenidos. Cada uno de estos criterios se define mediante tres subcriterios.

La **calidad de gestión del SI** se observa mediante:

- La **calidad de la dirección estratégica**: identificación, unicidad y gestión de proyecto.

  Se trata de verificar que la organización de la dirección estratégica hace posible una gestión efectiva y responsable del SI. La dirección estratégica debe ser capaz de tener una visión de conjunto de su SI y, en ningún caso, dejarse llevar por la complejidad. Lo que implica, por ejemplo, que la dirección estratégica tenga un nivel de competencia que le permita supervisar a los distintos intervinientes e identificar las zonas de incertidumbre generadas por las recuperaciones o rupturas de los perímetros de intervención.

- La **calidad de la dirección técnica**: identificación, unicidad y gestión de proyecto.

Se trata de asegurarse de que la multiplicación de los intervinientes (internos o externos) no conduce a yuxtaposiciones o diluciones que terminan por desestructurar la dirección técnica. Esto lleva a examinar la organización de la dirección de los sistemas de información (la dirección técnica interna) y su articulación con la intervención de los titulares de los contratos de especialistas de infogerencia y de prestaciones (la dirección técnica externa).

- La **calidad de la información**: documentación del SI, gestión del conocimiento y política de reversibilidad.

  El control de la información es una condición indispensable para poder gestionar los SI.

Observación

Consejo: presas de una especie de huida hacia adelante, muchas organizaciones dejan que aumente la complejidad de su SI sin preocuparse de conservar el registro y la memoria de sus componentes técnicos y metodológicos. Así, la dirección estratégica ya no actualiza sus conocimientos del SI y ya no es capaz de proporcionarle a la dirección técnica la información necesaria. El resultado de esta forma de actuar es un aumento de los costes de gestión, cada interviniente tiene que incorporar en su prestación costes de reconstrucción de la información que a veces son superiores al coste de la propia prestación.

La **adecuación de los medios movilizados** se manifiesta mediante:

- La **pertinencia de los recursos humanos** asignados internamente y la **calidad de las relaciones contractuales** en relación con las prestaciones externalizadas (*outsourcing*).

  La cuestión de los recursos humanos (identificación, especialización, cualificación, cantidad y estabilidad) es una apuesta considerable para el futuro de los SI. Comprometidas con la digitalización de su actividad, últimamente las organizaciones modernas dependen por completo de una ingeniería que se segmenta al mismo ritmo que los SI se vuelven más complejos. Así, hoy en día la conceptualización de la necesidad de formación, y sobre todo su realización, se enfrenta a la excesiva rapidez de evolución de los sistemas. Entonces, la distribución de las competencias choca con dos grandes limitaciones: la imposibilidad de contratar colaboradores operativos y la rápida obsolescencia de las competencias asumidas por los equipos en funcionamiento.

El resultado de todo ello es una degradación de la zona de cobertura entre competencias requeridas y competencias movilizables, que conduce de manera inevitable a un aumento de la fragilidad, e incluso a poner en peligro el sistema de información.

La cuestión de los RR HH se vuelve más compleja según las dificultades asociadas a los vehículos (empresas) que involucran a estos RR HH. Las relaciones entre dirección estratégica y dirección técnica, infogerenciada u otros, se organizan en contratos de outsourcing y es determinante que estos contratos formalicen con precisión las funciones y responsabilidades de cada una, así como los procesos según los que se armonizan las colaboraciones. En un universo de complejidad, es raro que el contrato inicial (una petición de ofertas, por ejemplo) sea suficientemente preciso para formalizar la realidad y la calidad de la relación contractual. Esta última tendrá (tendría) que ganar en madurez dentro de una lógica de duración, estabilidad y mejora continua, lo que es en sí mismo un reto si consideramos, por un lado, la rapidez con la que evolucionan los SI, el objeto del contrato, y, por otro lado, la inestabilidad (que parece aumentar) de las empresas de servicios (sus modelos económicos y capitalistas se alinean con ciclos de cambio cuya duración es actualmente inferior a la de los contratos). Esta reordenación permanente de la oferta de servicios no permite capitalizar la experiencia necesaria para que las relaciones contractuales alcancen la madurez.

Con frecuencia, el resultado son dinámicas alteradas donde los contratos cambian entre perdedor y ganador, incluso entre perdedor y perdedor, llevando a los prestatarios y ordenantes a desarrollar estrategias de rodeo o de optimización que están en contradicción con la calidad de la prestación.

- La **calidad intrínseca de las herramientas y soluciones tecnológicas**.

  Se trata de observar las tecnologías implantadas como objetos por lo que son, su estado y su condición de mantenimiento respecto a las normas. Entonces se calificará la calidad tecnológica intrínseca de estas herramientas independientemente de su eficiencia. Este criterio permite determinar la localización de cada objeto tecnológico dentro de su ciclo de vida: edad, obsolescencia programada, calidad de su mantenimiento en estado de funcionamiento, nivel de rendimiento intrínseco respecto a la gama de soluciones a la que pertenece.

- El punto de referencia de los **costes** y el **análisis del valor**. Este último se entiende como el análisis de la relación entre los costes y los efectos.

  En un universo complejo, donde «todo está en todo», la gestión de los costes de un SI es especialmente difícil de objetivar. Con frecuencia, los encargados de la toma de decisiones se ven reducidos a enfoques lapidarios (¿cuánto me cuesta el SI?), que en ningún caso permiten gestionar la decisión. Para paliar esta dificultad, de manera gradual se han desarrollado métodos de análisis basados en la caracterización de los costes globales de posesión o de uso. El punto de referencia de estos costes, ya esté dentro de una misma organización, entre organizaciones similares o entre organizaciones comparables, aporta mucha luz. Este enfoque debe completarse mediante un protocolo de análisis del valor. El protocolo consiste en confrontar el coste global de posesión de un sistema con su utilidad para la organización: en términos de productividad para una empresa, en términos de utilidad «social» en el caso de un actor público. El objetivo en este caso es que no se quede satisfecho con producir al menor coste, sino que se pregunte por el interés de lo que se produce y, sobre todo, sobre la relación entre este interés y la importancia de los medios financieros movilizados para servirlo.

El **rendimiento de los resultados obtenidos** se caracteriza por:

- El nivel de **satisfacción de los usuarios**, evaluado, si es posible, por los indicadores estructurados.

  La gestión de los grandes sistemas de información hace imprescindible recurrir a indicadores de satisfacción de los usuarios. En efecto, no hay obligatoriamente una correlación entre la satisfacción que obtiene la dirección estratégica de los SI de su acción (tengo una solución técnica «elegante») y la realidad de lo que experimenta el usuario final sobre el terreno. Los indicadores de satisfacción deben permitir identificar las diferencias entre la comodidad de uso objetiva y la comodidad real, así como entre las prácticas objetivo y las prácticas reales.
- La calidad de supervisión y de **gestión proactiva de los incidentes** se manifiesta mediante la capacidad de resolverlos y de mantenerse dentro de los plazos de resolución.

Sea cual sea la pieza del SI que nos interese, el día a día se manifiesta mediante incidentes. Y, paradójicamente, a veces el incidente es la única herramienta de gestión (solo despierta interés lo que se avería). Entonces, aquí se trata de garantizar que la gestión de los incidentes es objetiva (política de SLA *Service Level Agreement* o contrato de nivel de servicio) y está organizada (protocolos de responsabilidad y de resolución).

– La **dinámica de calidad** y de **mejora continua**.

Resolver los incidentes está bien. Pero hacer lo necesario para corregir la causa es mejor. La política de gestión de la calidad debe permitir llamar la atención sobre la frecuencia y la gravedad de los incidentes para controlarlos y desplegar políticas de acciones correctivas. Así, el incidente solo es un problema inmediato que resolver de manera adicional. Con frecuencia constituye una alerta, un síntoma de una problemática más profunda. Por eso hay que controlar la gestión de los incidentes como punto de apoyo para una dinámica de mejora continua de la calidad de funcionamiento del SI.

Sinopsis de los criterios y subcriterios de supervisión

Criterios		Subcriterios		
Calidad de gestión del SI	➤	Calidad de la dirección estratégica	Calidad de la dirección técnica	Documentación del SI
Adecuación de los medios movilizados	➤	Adecuación de los RR HH Calidad de las relaciones contractuales	Calidad intrínseca de las herramientas tecnológicas	Costes y análisis del valor
Rendimiento de los resultados obtenidos	➤	Satisfacción de los usuarios	Gestión proactiva de los incidentes	Dinámica de calidad

Para comprender y transformar esta tabla de análisis, vamos a tomar un ejemplo:

A usted le interesa la pieza edición e impresión y desea hacer un balance de la situación para evaluar la solidez de su experiencia. Va a plantearse nueve series de preguntas (lista no exhaustiva):

- **Calidad de la dirección estratégica**

  ¿Cómo estoy presente y organizado en calidad de director estratégico? ¿Dedico tiempo a este recurso? ¿De qué cuadros de indicadores dispongo? ¿Tengo una visión de conjunto? ¿Tengo capacidad estratégica?

- **Calidad de la dirección técnica**

  ¿Quién ostenta la dirección técnica de esta pieza? ¿Están identificadas todas las responsabilidades? ¿Cómo está organizada? ¿Hay procedimientos? ¿Se aplican?

- **Documentación del SI**

  ¿Dispongo de documentación sobre mi recurso? ¿Está actualizada? ¿Me permitiría resolver un problema? ¿Puede servir de punto de apoyo para una intervención operativa? ¿Sería suficiente si el director técnico desapareciera sin darnos información?

- **Adecuación de los RR HH y de la calidad de las relaciones contractuales**

  ¿Quién interviene para dominar el conocimiento de este recurso? ¿Están formados estos intervinientes? ¿Cuál es la solidez de los contratos? ¿Cómo está organizada la finalización del contrato?

- **Calidad intrínseca de las herramientas tecnológicas**

  Desde un punto de vista tecnológico, ¿mis herramientas de edición e impresión están al nivel de lo que puede aportar el mercado como respuesta a mis necesidades? ¿Aprovecho todo el potencial que me ofrece esta tecnología?

- **Costes y análisis del valor**

  ¿Cuál es la política de suministro de este equipo? ¿Tengo una política de gestión de flota? ¿Cuál es el coste global de adquisición de mi equipo? ¿El nivel de sofisticación, y por lo tanto el coste, de mi equipo es proporcional a lo que aporta a la capacidad de producción de mi organización?

- **Satisfacción de los usuarios**

  ¿Cuál es el nivel de uso del potencial de esta tecnología por los usuarios? ¿Están satisfechos con él?

- **Gestión proactiva de los incidentes**

  ¿Cuál es el índice de no disponibilidad de estos recursos? ¿Qué soluciones están implantadas para limitar la no disponibilidad efectiva de estos recursos en caso de problema? ¿Es necesario prever este tipo de soluciones?

- **Dinámica de calidad**

  ¿Los incidentes están en relación con el estado de la flota o con el tipo de hardware? ¿Se trata de problemas de uso?

Experiencia

Para explicar qué es el análisis del valor, a menudo hacemos referencia a una experiencia pasada:

El municipio de Villarriba (menos de 2 000 habitantes) requiere nuestros servicios para estudiar la informatización de la taquilla del salón municipal de espectáculos. Hacemos un estudio rápido de coste global que incluye el hardware, el software, la seguridad y la ayuda en caso de avería, la formación de operadores, el mantenimiento, la interfaz con la contabilidad municipal, etc.

En paralelo, ponemos el importe calculado y el nivel estimado de asistencia del salón (capacidad de 100 plazas y 10 eventos al año), ponderamos todo según el precio medio de una entrada. Entonces le recomendamos al responsable del área de cultura que vaya a la papelería del pueblo y compre un montón de talonarios con matriz. Una solución barata y robusta.

El administrador está molesto por el consejo (amistoso y gratuito), que limitaba descaradamente su capricho informático.

6. Los puntos de referencia en el ecosistema metodológico de los SI

En esta sección, indicamos algunos modelos de referencia y fuentes documentales que nos han sido útiles para diseñar y conceptualizar el método 2MSI. Esta lista no pretende de ningún modo ser exhaustiva. Le da perspectiva a nuestro método, su objetivo de simplicidad y su vocación de herramienta multiusos.

eSCM-CL (eSourcing Capability Model for Client Organizations)

El eSCM-CL ofrece un sistema de referencia de buenas prácticas en materia de suministro para los sistemas de información. El interés de este sistema de referencia reside principalmente en el hecho de que basa el éxito de un proyecto de eSourcing en la calidad de la relación cliente/proveedor (director estratégico/especialista en infogerencia). En esto, se corresponde con nuestro enfoque, que calificamos de ganador/ganador. Además, se articula perfectamente con las otras metodologías, principalmente destinadas a gestionar el SI (CobiT, CMMI o ITIL).

Las buenas prácticas del eSCM-CL tratan a la vez los ciclos de vida de la infogerencia (análisis, inicio, suministro y reversibilidad), así como las prácticas permanentes (gobernanza, relaciones, valor, riesgos, etc.).

El sistema de referencia eSCM-CL garantiza una visión macroscópica de la gestión del suministro en el cliente. Todas las prácticas del sistema de referencia se sitúan en la intersección de las tres dimensiones del modelo. Así, este modelo se puede representar esquemáticamente con un gráfico de tres ejes:

- El eje de las prácticas.
- El eje de los campos de aptitud.
- El eje de los niveles de aptitud.

Respecto a las prácticas, se descomponen en dos partes: las que afectan específicamente a cada ciclo de vida de un proyecto de suministro, y las que se denominan permanentes y que se aplicarán durante todo el proyecto de suministro. Cada práctica está formada por actividades descompuestas en tres tipos: preparación, diseño e implantación.

Modelo de eSCM-CL de las buenas prácticas de infogerencia

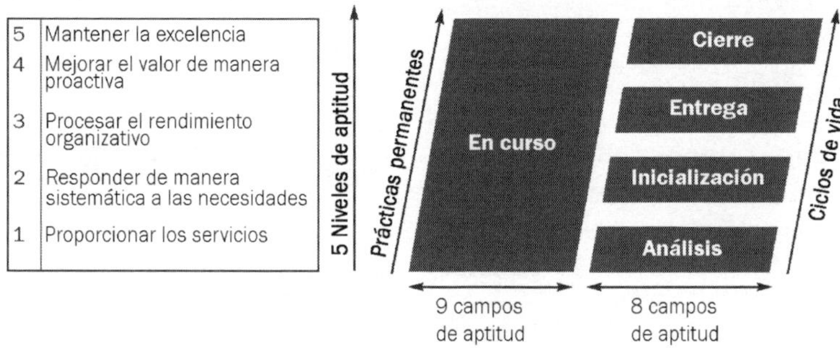

Este sistema de referencia identifica los campos de aptitud necesarios para un proyecto de suministro y los califica según cinco niveles (numerados del 1 al 5).

Conforme al esquema de principio, cada práctica pertenece a un campo de aptitud y persigue un nivel de aptitud.

Los ocho campos de aptitud vinculados a los ciclos de vida van desde el estudio de la oportunidad al planteamiento de suministro para el ciclo de análisis, la reversibilidad para el cierre, pasando por la planificación, la evaluación de los prestatarios, la contractualización, la transferencia del servicio para el ciclo de inicialización y la gestión del servicio suministrado para el ciclo de entrega.

Los nueve campos de aptitud relacionados con las prácticas estipuladas como permanentes son:

- gestión de la estrategia de suministro,
- gestión de la gobernanza,
- gestión de las relaciones,
- gestión del valor,
- gestión de los recursos humanos,
- gestión de los conocimientos,
- gestión de los cambios organizativos,
- gestión de la tecnología,
- gestión de los riesgos.

Los niveles de aptitud determinan los niveles de madurez de la ejecución del suministro y, por lo tanto, los niveles de la calidad perseguida. Estos cinco niveles van desde el simple suministro del servicio hasta la excelencia que hay que mantener. El primer nivel corresponde a una gestión empírica, el segundo supone usar un procedimiento para todas las actividades del suministro, el tercero necesita alinear perfectamente el suministro con la estrategia global de la organización. Los niveles cuarto y quinto persiguen respectivamente aumentar el valor del suministro de manera proactiva, mediante innovaciones, por ejemplo, y mantener la excelencia alcanzada de esta manera.

En esta fase de definición de una estrategia de infogerencia nos interesaremos más específicamente por el primer ciclo de vida definido en el punto de referencia, el análisis, así como por el conjunto de las prácticas permanentes y más concretamente en esta fase por la estrategia, la gobernanza, el valor, los recursos humanos, los cambios y los riesgos.

CobiT (Control Objectives for Information and related Technology)

El CobiT (Objetivos de control de la Información y de las Tecnologías Asociadas) es una herramienta unificadora que permite instaurar un lenguaje común para hablar de la gobernanza de los sistemas de información mientras intenta integrar otros puntos de referencia, como ISO 9000, ITIL, etc.

El CobiT se basa en un conjunto de «buenas prácticas» recogidas junto a expertos del SI. Se desarrolló en 1994 (y se publicó en 1996) por ISACA (*Information Systems Audit and Control Association*). ISACA se creó en 1967 y en España está representada por distintos capítulos en Madrid, Barcelona y Valencia que trabajan estrechamente entre ellos. Es un marco de control que busca ayudar a la dirección a gestionar los riesgos (seguridad, fiabilidad y conformidad) y las inversiones. CobiT ha evolucionado, la versión 4 apareció en 2007.

CobiT es un enfoque orientado a los procesos, que agrupa en cuatro campos (planificación, construcción, ejecución y metrología, por analogía con la Rueda de Deming), 34 procesos distintos que comprenden 215 actividades en total y una cantidad aún más importante de «prácticas de control». Una estructura «evaluación de los sistemas de información», conocida como Val IT, intenta completar este planteamiento.

La versión 5 de CobiT está disponible desde junio de 2012. Esta versión aporta modificaciones importantes. Los niveles de madurez se han ajustado y aparecen siete facilitadores. Además, se ha publicado un conjunto de guías que viene a apoyar el punto de referencia (implantación, seguridad, etc.).

Los 37 procesos de CobiT:

1. Evaluar, dirigir y supervisar:

- Asegurar la definición y el mantenimiento de un punto de referencia de gobernanza
- Asegurar la entrega de los beneficios
- Asegurar la optimización del riesgo
- Asegurar la optimización de los recursos
- Asegurar a las partes tomadoras la transparencia

2. Alinear, planificar y organizar:

- Gestionar el marco de gestión de las TI
- Gestionar la estrategia
- Gestionar la arquitectura de la empresa
- Gestionar la innovación
- Gestionar la cartera
- Gestionar el presupuesto y los costes
- Gestionar las relaciones humanas
- Gestionar las relaciones
- Gestionar los acuerdos de servicio
- Gestionar los proveedores
- Gestionar la calidad
- Gestionar el riesgo
- Gestionar la seguridad

3. Construir, adquirir e implantar:

- Gestionar los programas y los proyectos
- Gestionar la definición de las exigencias
- Gestionar la identificación y la construcción de las soluciones
- Gestionar la disponibilidad y la capacidad
- Gestionar el cambio organizativo
- Gestionar los cambios
- Gestionar la aceptación del cambio y de la transición
- Gestionar el conocimiento
- Gestionar los activos
- Gestionar la configuración

4. Entregar, servir y mantener:

- Gestionar las operaciones
- Gestionar las peticiones de servicios y los incidentes
- Gestionar los problemas
- Gestionar la continuidad
- Gestionar los servicios de seguridad
- Gestionar los controles de los procesos de negocios

5. Supervisar, evaluar y cuantificar:

- Supervisar, evaluar y cuantificar el rendimiento y la conformidad
- Supervisar, evaluar y cuantificar el sistema de controles internos
- Supervisar, evaluar y cuantificar la conformidad con las exigencias externas

ITIL (Information Technology Infrastructure Library)

ITIL (Biblioteca para la infraestructura de las tecnologías de la información) es un conjunto de obras que hacen una lista de las buenas prácticas de gestión del sistema de información. Originalmente escrita por expertos de la Oficina de comercio gubernamental británica, a partir de su versión 3 la biblioteca ITIL hizo intervenir a expertos procedentes de muchas grandes empresas de servicios.

Es un punto de referencia muy amplio que aborda los siguientes temas:

- ¿Cómo organizar un sistema de información?
- ¿Cómo mejorar la eficacia del sistema de información?
- ¿Cómo reducir los riesgos?
- ¿Cómo aumentar la calidad de los servicios informáticos?

Después de un desarrollo fundamentalmente europeo hasta finales de los años 90, ITIL se implantó en el mercado norteamericano mediante empresas de consultoría sobre transformación de los sistemas de información. La versión 3, en 2007, se tradujo en una adopción todavía más amplia, especialmente por la multiplicación de las traducciones del sistema de referencia.

Más recientemente, en 2019, la versión 4 de ITIL persigue sobre todo tener en cuenta las últimas evoluciones tecnológicas, como la nube, la computación sin servidor, la inteligencia artificial, etc.

Sin embargo, la complejidad de algunos volúmenes y la presencia de ciertas incoherencias han llevado al gobierno británico a actualizar los libros en 2011, con el nombre ITIL versión 2011. Además, la OGC ha abandonado la propiedad de ITIL a merced de otro organismo gubernamental británico, el Cabinet Office.

Las recomendaciones de ITIL determinan la posición de los bloques organizativos y flujos de información. Muchos softwares operativos de informática cumplen con estas recomendaciones.

ITIL es especialmente adecuado cuando se trata de formalizar y de modelizar el funcionamiento y la gestión de una DSI.

Ver en el capítulo Definir y gestionar una política de infogerencia - Definir de manera contractual el perímetro de la prestación de un infogerente un ejemplo de descripción de la prestación esperada de un especialista en infogerencia apoyada en la lista de los procesos ITIL.

CMMi (Capability Maturity Model + Integration)

CMMi es un modelo de referencia, un conjunto estructurado de buenas prácticas, destinado a comprender, evaluar y mejorar las actividades de las empresas de ingeniería.

CMMi fue desarrollado por el *Software Engineering Institute* de la universidad Carnegie-Mellon, inicialmente para comprender y cuantificar la calidad de los servicios prestados por los proveedores de software informático del departamento de Defensa de los Estados Unidos. Ahora es ampliamente empleado por las empresas de ingeniería informática, los directores de los sistemas informáticos y los industriales para evaluar y mejorar sus propios desarrollos de productos.

El modelo CMMi define una escala de medición de la madurez en cinco niveles, así como los indicadores necesarios para evaluar las actividades realizadas por un equipo en relación con esta escala. El equipo puede ser un grupo de trabajo, uno o varios proyectos, una sociedad e incluso una institución estatal.

Según la definición dada en el CMMi, la madurez de una organización es el grado hasta el que ha desplegado, de forma explícita y coherente, procesos que están documentados, gestionados, cuantificados, controlados y mejorados continuamente.

Un nivel de madurez (*Maturity Level*) corresponde a alcanzar un nivel de capacidad uniforme para un grupo de procesos. Un nivel de capacidad (*Capability Level*) cuantifica el alcance de los objetivos de un proceso para el nivel dado.

Los cinco niveles son:

- **«Inicial» (nivel de madurez 1)**

  No hay un gran pilar direccional, no hay ninguna manera de hacerlo ni estándares establecidos (o bien están documentados, pero no se utilizan), hay que hacerlo todo. No hay supervisión (monitoring), ninguna evaluación de rendimiento y la comunicación está ausente. No se han identificado las debilidades y los empleados no están al corriente de sus responsabilidades de manera definida y absoluta. Las reacciones a los incidentes se hacen en modo de emergencia, sin identificación clara de las prioridades. A este nivel, las soluciones y los proyectos se deciden, desarrollan e implantan por un individuo. Las competencias y los recursos propios de este individuo son el motivo del éxito o del fracaso del proyecto (en broma, este nivel también se llama heroico o caótico). No hay descripción del nivel de madurez 1 en el modelo.

- **«Gestionado» (nivel de madurez 2)**

  Se establece una disciplina para cada proyecto y se materializa fundamentalmente mediante planes de proyecto (plan de desarrollo, de garantía de la calidad, de gestión de configuración, etc.) El jefe de proyecto tiene una gran responsabilidad en el nivel 2: debe definir, documentar, aplicar y mantener actualizados los planes. De un proyecto a otro, capitaliza y mejora sus prácticas de gestión de proyecto y de ingeniería.

- **«Definido» (nivel de madurez 3)**

  Este nivel se caracteriza por una estandarización adecuada de las prácticas, una capitalización centralizada (en particular en las medidas realizadas en los proyectos) y un dominio del punto de referencia interno (o sistema de calidad). Hay líneas directrices, un plan estratégico y una planificación de mejora de procesos para el futuro, en línea con los objetivos de negocios de la organización. Los empleados están formados y son conscientes de sus responsabilidades, así como de sus deberes.

- **«Gestionado cuantitativamente» (nivel de madurez 4)**

  La dirección de los proyectos se basa en objetivos cuantitativos de calidad de producto y de proceso. La capacidad de las actividades (o subprocesos) críticas está determinada por la organización, así como los modelos de rendimiento y de previsión asociados. La expresión de la calidad solicitada por el cliente se tiene en cuenta para cuantificar los objetivos del proyecto y establecer planes según la capacidad de los procesos de la organización.

- **«Optimizando» (nivel de madurez 5)**

  Los procesos que se gestionan de manera cuantitativa para la dirección de proyecto (nivel de madurez 4) están en constante optimización para anticipar las evoluciones previstas (necesidades de los clientes, nuevas tecnologías, etc.).

Capítulo 3
Auditar y evaluar un sistema de información

1. Auditar es describir y calificar

Auditar un sistema de información consiste en comprenderlo en su globalidad y complejidad, identificando lo que constituye su fuerza, su debilidad y los riesgos de degradarlo. Para eso, tenemos que disponer de una herramienta que permita, por un lado, describir la situación sin omisiones y sin dejar nada en la sombra y, por otro lado, calificar lo existente para tener una visión crítica. La 2MSI nos aporta el soporte metodológico necesario:

- La matriz de 21 piezas nos permite organizar las investigaciones y no dejar nada al margen.
- Los tres criterios de supervisión, y sus nueve subcriterios, nos dan las herramientas para calificar el nivel de funcionamiento del SI.

A continuación, suponemos que la auditoría se realiza en la totalidad del sistema de información tomado como objeto.

2. La matriz 2MSI estructura la metodología de la auditoría

La realización de la auditoría supone identificar y recopilar los datos necesarios para caracterizar el sistema de información de la organización. Para cada una de las piezas de la matriz 2MSI, se trata de realizar una dinámica de evaluación.

Así, si consideramos la pieza infraestructuras de red y telecomunicaciones, la primera en la parte superior izquierda de la matriz, habrá que aplicarle los tres criterios y nueve subcriterios anteriormente definidos, para establecer el estado del SI en este campo.

Análisis de la pieza infraestructuras de red y telecomunicaciones

Infraestructuras de red y telecomunicaciones

Criterios	Subcriterios		
Calidad de gestión del SI	Calidad de la dirección estratégica	Calidad de la dirección técnica	Documentación del SI
Adecuación de los medios movilizados	Adecuación de los RR HH Calidad de las relaciones contractuales	Calidad intrínseca de las herramientas tecnológicas	Costes y análisis del valor
Rendimiento de los resultados obtenidos	Satisfacción de los usuarios	Gestión proactiva de los incidentes	Dinámica de calidad

Para calificar este estado, atribuimos una nota de 1 a 10 a cada uno de los tres subcriterios. La nota depende de su nivel de satisfacción. La media de los subcriterios permite obtener una valoración del criterio, que se considera satisfecho si obtiene al menos 8.

Valoración de la pieza infraestructuras de red y telecomunicaciones

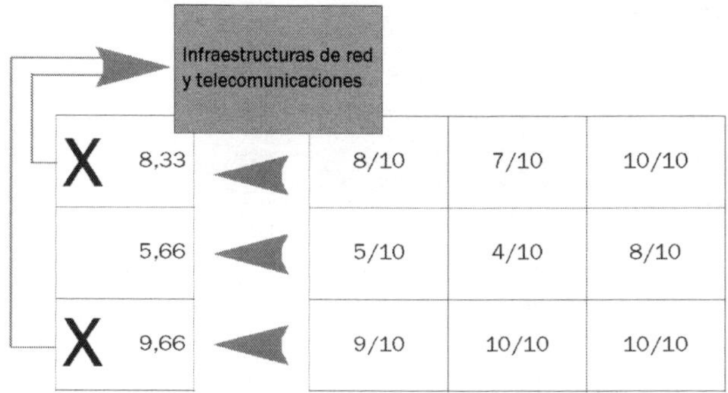

Cada pieza (en este caso, la pieza infraestructuras de red y telecomunicaciones) se evalúa según la cantidad de criterios satisfechos y lleva un color:

- Pieza gris claro: tres criterios satisfechos. Quizás es necesario hacer mejoras, pero la política aplicada en este ámbito funcional es suficientemente madura para garantizar su parte dentro de la coherencia del SI.
- Pieza gris medio: dos criterios satisfechos. Hay una política activa, pero está incompleta. Acciones indispensables.
- Pieza gris oscuro: un único criterio satisfecho. La política aplicada es pobre y pone en peligro la coherencia del SI. Es conveniente iniciar inmediatamente un plan de acción.
- Pieza negra: ningún criterio satisfecho, lo que expresa una casi ausencia de política de gestión del SI en el campo interesado. Estamos en presencia de una zona de peligro absoluto.

En este ejemplo, dos criterios satisfechos, la pieza es de color gris medio.

Así, el método 2MSI permite una monitorización gráfica de la situación del SI. Proporciona, de manera muy visual, un informe de los campos prioritarios de acción.

Ejemplo de monitorización coloreada tras la auditoría del SI por una pyme de servicios

Infraestructuras de redes y telecomunicaciones	Supervisión y operación de red. Gestión operadores de red y telecomunicaciones	Integridad, seguridad y PRA red y telecomunicaciones
Servidores (Alojamiento y OS)	Supervisión y operación de servidores	Integridad, seguridad y PRA de datos y configuraciones
Dispositivos (PC, tableta y smartphone)	Soporte y operación de dispositivos, Helpdesk	Seguridad dispositivos
Edición e impresión	Soporte y operación de flotas de edición e impresión, Helpdesk	Seguridad Confidencialidad Costes
Usuarios (directorios, correo y ofimática)	Gestión de derechos, correo y ofimática	Seguridad y PRA directorios, correo y acceso
Aplicaciones de negocio	Supervisión y operación aplicaciones de negocio. Relaciones de editores	Seguridad, integridad y PRA aplicaciones de negocios
Riesgos	Supervisión de riesgos. Evaluación de impactos	Aseguradoras, asesoría legal. Gestión de crisis

En el ejemplo que aparece aquí arriba, se observa que la política de gestión del SI comporta dos zonas negras (seguridad de los entornos de usuarios y seguridad de los entornos de negocio), dos zonas en alerta (seguridad de los entornos de servidores y gestión de los entornos de usuarios) y seis zonas debilitadas (gestión de los activos de red, soporte de los usuarios, seguridad de las herramientas personales, gestión de las relaciones de editores, supervisión de riesgos y gestión de impactos en materia de riesgos). Esta monitorización coloreada permite identificar inmediatamente los ámbitos donde se deben iniciar acciones prioritarias.

3. La matriz 2MSI organiza la información necesaria para la realización de la auditoría

Una vez definido el método, la cuestión principal que se plantea el auditor es inventariar la materia que necesita para calificar lo que tiene que auditar. Dentro de esta perspectiva, nos apoyamos en los nueve subcriterios de valoración para organizar este inventario, respondiendo para cada uno de ellos a dos preguntas: ¿qué debo observar o recoger? ¿Qué método voy a usar para recoger y tratar esta información?

A continuación, retomamos un ejemplo de inventario elaborado para auditar el SI de uno de nuestros clientes, Spicojeu, como un importante establecimiento público industrial y comercial:

Calificar la calidad de la dirección estratégica

Elementos a observar o recoger	Métodos de recogida y tratamiento
Organigrama y definición de las responsabilidades.	Observación. Entrevistas. Estudio de descripciones de puestos de trabajo. Si es necesario, reconstitución de las descripciones de puestos de trabajo.
Herramienta de gestión de proyectos: informes de comités de dirección, cuadros de indicadores, herramientas de creación de informes, posición de la dirección estratégica en los procedimientos.	Observación. Entrevistas. Estudio de los documentos.
Competencia del interviniente delegado de la dirección estratégica. Posición en la organización.	Observación. Entrevistas. Estudio de los CV. Entrevistas con la dirección superior.

Calificar la calidad de la dirección técnica

Elementos a observar o recoger	Métodos de recogida y tratamiento
Organigrama y definición de las responsabilidades.	Observación. Entrevistas. Estudio de las descripciones de puestos de trabajo. Si es necesario, reconstitución de las descripciones de puestos de trabajo. O estudio de los contratos de prestaciones o de infogerencia.
Herramientas de gestión de proyectos: informes de comités de dirección, cuadros de indicadores, herramientas de creación de informes y posición de la dirección técnica en los procedimientos. Herramientas de gestión de procedimiento.	Observación. Entrevistas. Estudio de los documentos. Estudio de los procedimientos y de los métodos de intervención operativa.
Competencia de las direcciones técnicas. Posición en la organización.	Observación. Entrevistas. Estudio de los CV. Entrevistas con la dirección superior. Entrevistas con los directores estratégicos.

Calificar la política de documentación del SI

Elementos a observar o recoger	Métodos de recogida y tratamiento
Herramientas de gestión de la documentación básica: instrucciones, manuales, licencias, programas y códigos. Base de conocimientos. Método de protección y de clasificación.	Verificación durante la auditoría *in situ*. Análisis de los documentos entregados. Verificación mediante sondeo aleatorio.
Herramientas de gestión de la documentación operativa del SI: inventarios, textos descriptivos, planos e informes de intervención. Base de conocimientos. Método de protección y de clasificación.	Verificación durante la auditoría *in situ*. Análisis de los documentos entregados. Verificación mediante sondeo aleatorio.
Herramientas de gestión de la documentación de estructuración operativa del SI: fichas de procedimiento, listas de verificación, plan de gestión de los riesgos y plan de recuperación de actividad.	Verificación durante la auditoría *in situ*. Análisis de los documentos entregados. Verificación mediante sondeo aleatorio.

Calificar la conveniencia de los recursos humanos (internos) y la calidad de las relaciones contractuales

RR HH (internos)	
Elementos a observar o recoger	**Métodos de recogida y tratamiento**
Organigrama. Descripciones de puesto de trabajo. CV.	Observación. Entrevistas. Estudio de descripciones de puestos de trabajo. Si es necesario, reconstitución de las descripciones de puestos de trabajo. Verificación de las capacidades de habilidad.
Complementariedad de las competencias. Exhaustividad de las habilidades.	Análisis de los CV y campos de habilidad. Análisis del índice de cobertura de los campos de habilidad apoyado en la matriz 2MSI. Análisis de conformidad entre política de internalización y campo de acción de las habilidades.
Política de formación. Política de transmisión y compartir conocimientos. Vigilancia profesional.	Observación. Entrevistas. Análisis del plan y resultado de formación. Análisis de las herramientas y métodos de gestión de conocimientos y de vigilancia profesional.
Gestión de los recursos humanos. Gestión previsional de los empleos y de las competencias. Conjunto de los indicadores de repercusión social a nivel de la DSI.	Estudio de la repercusión social de la dirección de los sistemas de información. Análisis de la política de GPEC de la DSI.

RR HH (internos)	
Elementos a observar o recoger	**Métodos de recogida y tratamiento**
Presupuesto de RR HH. Política de remuneración. Concordancia: competencias/mercado/ remuneración.	Estudio de la repercusión social del departamento de los sistemas de información. Si es necesario, extracción de datos anuales pagados. Análisis de la política de remuneración de la DSI.

Relaciones contractuales (outsourcing)	
Elementos a observar o recoger	**Métodos de recogida y tratamiento**
Solidez intrínseca de los contratos: técnica, operativa, jurídica y económica.	Análisis de los contratos. Análisis de los incidentes. Entrevista con los directores estratégicos y los directores técnicos.
Rendimiento de la política de compras. Rendimiento económico.	Análisis de los procedimientos de pedido. Evaluación del rendimiento económico de los contratos: unidades de trabajo, precios unitarios y costes globales. Calidad de los procedimientos de ingreso y de admisión.
CV de los intervinientes externos.	Análisis de los CV. Verificación de las habilidades. Conformidad prestación satisfecha/ nivel de habilidad.

Relaciones contractuales (outsourcing)	
Elementos a observar o recoger	**Métodos de recogida y tratamiento**
Protocolos de gobernanza de las relaciones contractuales. Reversibilidad.	Estudio de los procedimientos previstos por los contratos. Observación de la realidad de aplicación de los procedimientos. Realidad de los protocolos de supervisión y de control.

Calificar la calidad intrínseca de las herramientas tecnológicas

Elementos a observar o recoger	Métodos de recogida y tratamiento
Rendimiento de la política de compras. Modo de posesión. Rendimiento económico. Estrategia de renovación.	Análisis de los documentos entregados. Verificación mediante sondeo aleatorio.
Gráfico de la antigüedad de los equipos. Extensiones de garantías. Estrategia de mantenimiento.	Análisis de los documentos entregados. Verificación mediante sondeo aleatorio.
Gestión de las configuraciones. Estado de los firmwares. Estado de los sistemas.	Verificación durante la auditoría *in situ*. Análisis de los documentos entregados. Verificación mediante sondeo aleatorio.

Análisis de los costes y análisis del valor

Elementos a observar o recoger	Métodos de recogida y tratamiento
Métodos de seguimiento y de procesamiento de los costes.	Estudio de las herramientas de gestión. Análisis de la conveniencia de los agregados y de los indicadores. Evaluación de la fiabilidad de los datos agregados. Entrevistas con los gestores y el control interno. Análisis de las relaciones existentes.
Política de dirección presupuestaria. Preparación, ejecución y control del presupuesto.	Análisis de los protocolos de dirección presupuestaria. Calidad de previsión presupuestaria. Control de la ejecución. Entrevistas con los gestores y el control interno. Análisis de los presupuestos.
Costes unitarios. Costes globales. Costes de posesión.	Exhaustividad de la política de análisis de los costes. Análisis intrínseco de los costes. Punto de referencia de los costes con las ratios del mercado (TCO).
Protocolos de integración de la dimensión presupuestaria dentro del proceso de decisión. Existencia y calidad de los estudios de ayuda a la decisión.	Entrevistas con los encargados de la toma de decisiones. Estudio de los documentos de ayuda a la decisión. Procesamiento de los presupuestos desde el punto de vista del análisis del valor.

Calificar la satisfacción de los usuarios

Elementos a observar o recoger	Métodos de recogida y tratamiento
Nivel de satisfacción percibido. Estudios de satisfacción.	Aprovechamiento de la documentación y de los estudios existentes. Entrevistas con los usuarios finales. Encuestas de satisfacción complementarias.
Índice de incidentes y de averías.	Análisis de datos de aprovechamiento. Entrevistas con los usuarios. Encuestas de recuento de los incidentes.

Calificar la gestión proactiva de los incidentes

Elementos a observar o recoger	Métodos de recogida y tratamiento
Protocolos de responsabilidad y de realidad de tratamiento de los incidentes.	Diario de los helpdesk. Análisis del seguimiento de las intervenciones. Monografías de incidentes.
Procedimientos de tratamiento de los incidentes. Política de gestión de los niveles de servicio. Protocolos de escalada.	Análisis de los datos producidos por las herramientas de creación de informes. Verificación del respeto de los compromisos de calidad de servicio (SLA). Análisis de los incidentes no superados.
Gestión del tiempo de RR HH internos. Gestión de las obligaciones. Planificación de las intervenciones. Política de intervención fuera del horario laborable.	Análisis del reglamento interior del tiempo de trabajo y de la política de gestión de las obligaciones. Estudio de los planes de trabajo de intervención. Identificación y análisis de las interrupciones de servicio.

Calificar la dinámica de calidad

Elementos a observar o recoger	Métodos de recogida y tratamiento
Protocolos de control de la calidad. Política de certificación. Puntos de control. Lista de verificación. Autómatas de control o de alerta.	Estudio de los protocolos y carpetas de certificación. Conveniencia de los protocolos. Verificación del respeto de los protocolos.
Protocolos de análisis de los incidentes (frecuencia y gravedad), de escalada y de procesamiento de los incidentes graves para búsqueda de soluciones correctivas.	Entrevistas con los responsables de calidad y los directivos. Monografías de bucles de mejora continua, que han tenido éxito o han fallado.

La recogida de información, y luego su tratamiento, crean la lógica de desarrollo de una misión de auditoría. Dentro de la sinopsis de una misión de auditoría (a continuación), distinguimos distintos niveles de información: el auditor puede movilizar recursos documentales existentes, como pedir a los expertos de su cliente que produzcan los estudios anteriores necesarios para su misión, o producir él mismo el material del estudio basándose en sus observaciones, sus análisis o su propia experiencia. Este reparto toma necesariamente en consideración el nivel de conocimiento que tiene el auditor de los negocios de su cliente.

Según los retos, los volúmenes de misión de auditoría y el nivel de experiencia objetivo, la metodología de la auditoría se puede afinar en dos direcciones:

- Elaborar, antes de la auditoría, un inventario de recogida de la información especializada pieza a pieza 2MSI. Este método permite afinar y especializar la investigación documental y la dinámica de auditoría operacional. Sin embargo, a continuación es necesario proceder a una validación de los 21 inventarios realizados para hacer una síntesis. Porque, desde luego, no es factible tener 21 encuentros distintos con un mismo encargado de la toma de decisiones para mantener una entrevista de manera separada sobre cada una de las piezas de la auditoría.

Sinopsis de una misión de auditoría de SI

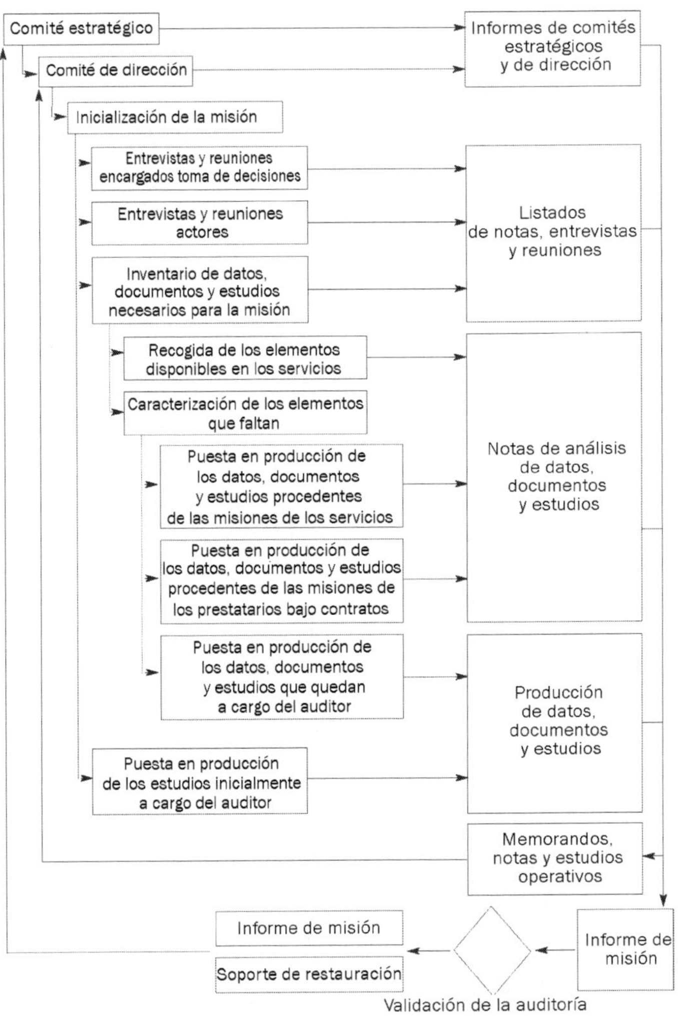

– Monitorizar una primera auditoría basada en la documentación proporcionada espontáneamente por la DSI, después profundizar en la dinámica de estudio y luego monitorizar un segundo nivel de auditoría. Este método permite distinguir el estado real del SI (la realidad del SI según la visión de sus gestores) y el estado objetivo del SI (el real según el auditor).

4. Del diagnóstico a las recomendaciones operativas

Las recomendaciones operativas, es decir, las acciones que hay que realizar, se elaborarán usando a la vez la división en piezas de la matriz y las nueve puertas de entrada de la tabla de los criterios detallados de supervisión del sistema de información.

Son posibles dos modos de presentación: tomar cada una de las piezas y trabajar las acciones que hay que iniciar para mejorar la situación en cada uno de los nueve subcriterios, o bien, usar los criterios para estructurar el análisis, aplicando cada uno de ellos a un recurso y a sus tres niveles de intervención.

Informe de auditoría pieza a pieza, criterio a criterio

Infraestructuras de red y telecomunicaciones

Criterios		Subcriterios		
Calidad de gestión del SI	➤	Calidad de la dirección estratégica	Calidad de la dirección técnica	Documentación del SI
Adecuación de los medios utilizados	➤	Adecuación de los RR HH Calidad de las relaciones contractuales	Calidad intrínseca de las herramientas tecnológicas	Costes y análisis del valor
Rendimiento de los resultados obtenidos	➤	Satisfacción de los usuarios	Gestión proactiva de los incidentes	Dinámica de calidad

Este método nos lleva a producir 21 análisis (uno por pieza), cada uno descompuesto según los nueve criterios, es decir, 189 elementos de estudio. Lo que, salvo por el inconveniente del volumen, tiene el valor de la simplicidad y de la operatividad. Es especialmente adecuado para la auditoría de SI grandes, donde el dimensionamiento necesita una división fuerte del plan de acción.

Informe de auditoría por criterios

Criterios	Subcriterios		
Calidad de gestión del SI	Calidad de la dirección estratégica	Calidad de la dirección técnica	Documentación del SI
Adecuación de los medios utilizados	Adecuación de los RR HH Calidad de las relaciones contractuales	Calidad intrínseca de las herramientas tecnológicas	Costes y análisis del valor
Rendimiento de los resultados obtenidos	Satisfacción de los usuarios	Gestión proactiva de los incidentes	Dinámica de calidad

Infraestructuras de red y telecomunicaciones	Supervisión y operación de las redes. Gestión operadores de red y telecomunicaciones	Integridad, seguridad y PRA de red y telecomunicaciones

El método que se apoya en los criterios consiste en construir el informe de auditoría en nueve capítulos (cada uno de los criterios) y en aplicarlos a cada una de las siete capas del SI. Entonces esto conduce a una división menor (63 elementos) y ofrece una lectura del plan de acción organizada de manera inmediata por grandes temáticas. Este método se adapta, de manera más particular, dentro de los SI de tamaño intermedio.

Por ejemplo, dentro de un enfoque por criterios en relación con las redes, bajo la perspectiva de cada criterio se analizarán tanto la identificación de los recursos como su gestión y protección. Todas las debilidades identificadas en la línea infraestructura de red y telecomunicaciones serán objeto de recomendaciones que tratarán tanto de la corrección del defecto como de la causa. Así, en nuestro ejemplo de la línea infraestructura de red y telecomunicaciones, una debilidad en la calidad de la dirección estratégica causada por un desconocimiento preciso de la flota de activos nos conducirá a dos tipos de acciones.

Por un lado, reconstituir el inventario de todos los activos y, por otro lado, definir y controlar los procedimientos de actualización (gestión de las configuraciones y de los cambios) para que no se produzca ninguna degradación de este inventario. La primera acción permite restablecer el estado del recurso, la segunda corrige su gestión.

5. Las prioridades y el plan de acción

La matriz 2MSI coloreada resultante de la auditoría del SI identifica con mucha claridad las piezas para las que se debe iniciar una acción prioritaria (en negro y en gris oscuro). Así favorece un enfoque jerarquizado y planificado del plan de acción.

La matriz coloreada destaca las acciones prioritarias

Infraestructuras de red y telecomunicaciones	**Supervisión y operación de las redes. Gestión operadores de red y telecomunicaciones**	**Integridad, seguridad y PRA de red y telecomunicaciones**
Servidores (alojamiento y OS)	**Supervisión y operación de servidores**	**Integridad, seguridad y PRA de datos y configur**
Dispositivos (PC, tableta y smartpho	**Sopo**	

Por supuesto, la actualización de una pieza superior (protección del recurso) puede necesitar una acción previa en una pieza inferior. Igualmente, las adhesiones entre capas pueden implicar tratar con prioridad una pieza gris medio que desbloquea la acción que hay que realizar en una pieza negra.

6. Experiencia: la auditoría SI de la nueva empresa de transporte

Con ocasión de la auditoría del SI de la nueva empresa de transporte, de tamaño mediano y a nivel nacional, hemos establecido la matriz coloreada a continuación, enriquecida con comentarios breves. Este nivel de formulación estaba especialmente destinado a los encargados de la toma de decisiones que no son informáticos (presidente, directivos administrativos y comerciales) con el objetivo de reproducir los puntos destacados de la auditoría y poner de relieve las interacciones entre el estado del SI y el estado general de la empresa. El uso de la matriz coloreada ha demostrado ser especialmente pedagógico para crear representaciones ilustradas de la situación del SI.

La matriz resulta igualmente eficaz para derribar las barreras que con demasiada frecuencia llevan a los encargados de la toma de decisiones a, por un lado, subestimar los riesgos que pesan sobre su SI y, por otro lado, minimizar las consecuencias que tendría un fallo del SI sobre el funcionamiento de la empresa de la que son responsables.

	Recurso	Gestión	Protección
Infraestructura de red y telecomunicaciones	LAN: Las infraestructuras de red se han renovado con ocasión de distintas reorganizaciones de edificios, así como acompañando al despliegue de la ToIP. La situación es positiva. Sin embargo, quedan algunos edificios conectados entre ellos por cables RJ45, y no por fibra óptica. Además, las quejas de muchos usuarios en cuanto a la lentitud de la velocidad nos llevarán a profundizar en el diagnóstico. WAN: dudas sobre el dimensionamiento de algunas conexiones de sitios lejanos (2 MB podrían ser insuficientes). Dudas sobre la realidad de aplicación de la calidad de servicio de operadores (prioridad a la voz). A pesar de algunas dificultades, lo básico está garantizado.	LAN: Los acuerdos «mantenimiento de la red», por un lado, y «despliegue y mantenimiento de la ToIP», por otro lado, garantizan un buen nivel de seguimiento técnico. Estamos menos convencidos por la calidad de la supervisión implantada por el equipo de red, que podría traducirse en un déficit de dirección. Además, encontramos un déficit de herramientas de supervisión. También nos llama la atención la cantidad tan pequeña de VLAN. Una situación que no permite objetivar el rendimiento de la red, que además critican los usuarios.	Sobre el riesgo intrínseco de fallo, no hemos tenido ningún indicio concreto de preocupación. Sin embargo, nos llaman la atención las elecciones minimalistas hechas por la DSI en cuanto a supervisión y protección de la red. Hay que profundizar en esta cuestión. Sobre el riesgo de penetración ilícita de las redes, la ausencia de una estrategia de defensa en profundidad, la obsolescencia de los equipos de seguridad de la red (firewall, VPN, etc.), sumado a la ausencia en términos generales de una verdadera política de seguridad, crean una situación alarmante.

	Recurso	Gestión	Protección
Servidores	Actualmente, el alojamiento de los servidores está garantizado en buenas condiciones. En cambio, muchos elementos de la infraestructura están obsoletos (hardware y virtualización), no actualizados (firmware y sistemas operativos) o no conformes con las normas (bahía SAN y virtualización). El resultado es una situación muy frágil que podría traducirse en una caída parcial, o en cascada, del sistema de información.	Las prestaciones de supervisión de los servidores asegurados por el prestatario se encuentran dentro de los procesos industriales de buena calidad. Sin embargo, la administración del servidor está reducida al mínimo por obsolescencias que necesitan operaciones de actualización que no se encuentran en el perímetro de supervisión diario.	Los fundamentos de la seguridad de los servidores no están garantizados: equipos activos obsoletos y dotados de licencias no actualizadas; no implementación de los parches de actualización de los entornos de servidor y ausencia de las herramientas de análisis de los registros.

	Recurso	Gestión	Protección
Dispositivos	Bajo reserva de informaciones complementarias, nos preocupa mucho el estado general de la flota de dispositivos. La primera constante es el déficit de herramientas de gestión, y el más flagrante es la decisión de dejar de utilizar Landesk. La obsolescencia muy próxima del sistema operativo del PC (Windows XP) denota la ausencia de anticipación.	El helpdesk está en buenas condiciones de funcionamiento para cargar los pedidos, pero no para procesarlos. El servicio al cliente está abandonado. Los clientes se quejan de la lentitud y de la imprecisión del procesamiento de sus pedidos de asignación de material. La gestión de los incidentes está en progreso, pero la gestión de los problemas no funciona. El despliegue de la telefonía IP, como elemento del puesto de trabajo, ha sido deficiente. Quedan muchas dificultades.	La seguridad de los dispositivos solo se trata en parte y únicamente el antivirus para los PC. El sistema de despliegue y de actualización del antivirus está subdimensionado en relación con las necesidades y representa un riesgo. Para las otras problemáticas de seguridad intrínsecas del PC (prevención de intrusión, control de los periféricos extraíbles, desactivación de los puentes entre conexiones, control de conformidad y políticas de seguridad contextuales, etc.), no se ha implantado nada.

	Recurso	Gestión	Protección
Edición e impresión	Todavía no hemos estudiado el estado de la flota de edición e impresión. Sin embargo, estamos bastante tranquilos porque los usuarios parecen satisfechos en general con los equipos de los que disponen. No obstante, habrá que cuestionar el reparto geográfico de la flota y sus consecuencias sobre el mantenimiento de una cantidad de impresoras personales que sigue siendo importante. También habrá que observar la problemática del envejecimiento de la flota. Lo que nos llevará a examinar los distintos montajes que permiten su mantenimiento a un nivel aceptable y su renovación.	Los usuarios no se quejan del mantenimiento de la flota. En cambio, están descontentos con la pesadez y la lentitud de las condiciones de reabastecimiento de tóner. Condiciones que llevan a inmovilizar el material de manera inútil. También desearían más flexibilidad en cuanto a la gestión del modo compartido de las impresoras, para poder pasar de una máquina a otra en caso de problemas.	La seguridad no se procesa. Las impresiones llegan a impresoras compartidas, en autoservicio, sin posibilidad de control, salvo correr para recuperar inmediatamente el documento imprimido o disponer de una impresora dedicada.

	Recurso	Gestión	Protección
Usuarios	Correo electrónico obsoleto. Ofimática obsoleta. No hay herramienta de gestión de derechos.	La cuestión de los usuarios, de los derechos y de los usos solo se ha abordado parcialmente y, cuando se hace, es desde el punto de vista técnico. Debería abordarse desde el punto de vista funcional y organizativo. Los usuarios se quejan de esta mala gestión.	Contraseñas, habilitaciones, derechos en directorios, firmas electrónicas, etc.: la seguridad no está gestionada. No hay un auténtico estatuto de usuarios; eso integra el conjunto de los problemas del SI.

	Recurso	Gestión	Protección
Negocios	La eficiencia de la flota de aplicaciones es diversa. Sin embargo, detectamos demasiadas situaciones de retraso en las versiones. También demasiadas situaciones de rodeo que llevan a adosar al SI herramientas caseras: bases Access, por ejemplo. Hay campos que se pueden informatizar, algunos industriales, y que no lo están.	Los servicios son poco críticos respecto a la DSI y con razón. Los fundamentos metodológicos están presentes y la estructuración de los proyectos es eficaz a nivel global. Sin embargo, todavía detectamos dificultades: directrices que se autocensuran, zonas de incertidumbre en el reparto de las funciones, sentimiento general de depender del ritmo de la DSI y urbanización funcional no explicitada. Por otro lado, quedan dificultades procedentes de la dirección de negocio: como el hecho, por ejemplo, de que los grandes sistemas funcionales (financiero, RR HH, decisiones, etc.) no sean satisfactorios o estén infrautilizados. Los grandes SI transversales (GRC, GED, libro de firmas, toma de decisiones, etc.) solo están en proyecto.	En materia de seguridad y de protección, todo está por hacer: - Protección general contra las intrusiones a nivel de aplicación. - Prevención de los riesgos de ruptura del servicio. - Gestión de la recuperación de la actividad. En materia de gestión de los accesos, la política de trazabilidad no parece ser sistemática. El reparto de las tareas entre los editores o TMA y especialistas en infogerencia no está optimizada.

	Recurso	Gestión	Protección
Riesgos	Una buena identificación del riesgo en caso de interrupción del SI. No hay identificación de los riesgos vinculados a un ciberataque con éxito ni a comportamientos inapropiados de los usuarios.	El riesgo de interrupción de la continuidad de actividad no está supervisado. No se ha revisado el estado de los impactos desde hace varios años y se ha vuelto obsoleto.	Un seguro de pérdida de operación informática forma parte del contrato del seguro, pero no se ha actualizado desde hace muchos años y no se ha tenido en cuenta el aumento de complejidad del SI y la creciente gravedad de los impactos en caso de siniestro.

También hemos tenido la ocasión de probar una versión más simbólica de la matriz, usando códigos procedentes de la meteorología. Esta versión ha resultado ser especialmente impactante para crear representaciones robustas y memorizables en los encargados de la toma de decisiones.

Versión meteorológica de la matriz, especialmente elocuente para los encargados de la toma de decisiones

	Recursos	Gestión	Protección
Red			
Servidores			
Dispositivos			
Edición e impresión			
Usuarios			
Negocios			
Riesgos			

Situación bajo control	
Situación de riesgo	
Situación crítica	
Situación incontrolable	

Capítulo 4
Formular una estrategia para el SI

1. Una empresa es un organismo vivo

Todo organismo vivo necesita una estrategia donde mantener su acción. Para sobrevivir y desarrollarse, debe optimizar su posición dentro de su ecosistema, identificar y destinar lo mejor posible los recursos de los que dispone, elegir sus líneas de desarrollo, conservarse y protegerse.

El sistema de información y sus actores no son una excepción a esta norma, que, si no se respeta, conduciría a la precariedad y al fracaso.

Pero una vez expresada esta evidencia, una vez planteado que un SI no puede prosperar sin estrategia, quedan algunas preguntas: ¿cuáles son los límites de esta estrategia? ¿Qué es apropiado formular? ¿Bajo qué forma? Porque en nuestras organizaciones complejas, la cuestión es tanto definir la estrategia como saber cómo formularla para que los actores puedan comprenderla, introducirla y ponerla en marcha de manera colectiva.

Para eso, hemos elegido un modelo que se ha revelado a la vez concreto y dinámico, el modelo de la alineación estratégica, que presentamos en primer lugar. A continuación, proporcionamos los elementos de una experiencia bajo la forma, por un lado, de algunos ejemplos de procesos de alineación estratégica y, por otro lado, produciendo un modelo de presentación sinóptica de la estrategia SI de la central de compras de las empresas de vivienda (CashSA), una empresa de tamaño nacional que emplea a 650 colaboradores.

2. El modelo de la alineación estratégica

En primer lugar, y como postulado inicial, proponemos partir de una formulación sencilla y depurada de lo que es la estrategia de una organización, definiéndola como:

- un conjunto de principios de acción,
- a los que hacen referencia los actores,
- cuando actúan,
- al servicio de sus objetivos en la vida.

Dentro de esta definición, abordamos a la vez los fundamentos sobre los objetivos que hay que alcanzar y los fundamentos sobre la forma de alcanzarlos. Partimos del principio de que los dos (objetivos y medios), salvo esquizofrenia, están en interacción y participan de un todo que constituye la estrategia. Aquí no buscamos resolver, ni teorizar sobre los objetivos, motivación o efectos que sustentan el concepto de estrategia. Al contrario, aceptamos tal cual los distintos espacios estratégicos sin los que no puede desplegarse la vida y nos interesamos por la dinámica resultante. Mantenemos que estos espacios estratégicos son cuatro:

- La **estrategia de vida**, que se refiere al sentido y a los objetivos que se ha asignado (o se ha visto asignar) un organismo vivo.
- La **estrategia de gestión de las funciones vitales**, que permite al organismo mantenerse vivo y con un funcionamiento coherente.
- La **estrategia de respuesta a las exigencias del entorno**.
- La **estrategia de optimización de los recursos y limitaciones del ecosistema**.

Los sistemas de información son nuestro objeto de estudio, así retomamos y reformulamos estos cuatro espacios estratégicos:

- La estrategia SI se considera como uno de los medios de servir a los objetivos a largo plazo de la empresa.

  La estrategia de vida de la empresa, o más generalmente de una organización, está determinada por sus finalidades comerciales o societarias. Se manifiesta mediante un perímetro de intervención que los profesionales se apropian para transformarlas en principios de acción. Las soluciones informáticas están al servicio de las finalidades y, con frecuencia, organizadas en concordancia con la distribución de la organización que deriva de estas finalidades. Los responsables del SI dirán que se trata de responder a un pedido de negocios. Este es el caso, por ejemplo, cuando se pide a la DSI desplegar una solución de gestión de los stocks.

- La estrategia SI es un componente de la estrategia de gestión de operaciones de la empresa.

  La estrategia de gestión de las funciones vitales de una organización se manifiesta mediante sistemas y procesos, mayoritariamente internos, pero también mediante intercambios con el exterior. Este espacio estratégico no está necesariamente conectado con la lógica comercial de la organización. En primer lugar, está determinado por su coherencia organizativa, su gobernanza, su gestión y los intercambios e interacciones con su sistema jurídico-comercial. Toma forma mediante los gestores de las funciones de soporte. Por ejemplo, este es el caso de un director administrativo y financiero que le pide a la DSI desplegar una solución que permita estructurar y aumentar la fiabilidad de la circulación interna del correo entrante y saliente.

- Diremos que la estrategia SI es igualmente, sobre todo, una respuesta a exigencias del entorno comercial y societario de la empresa. Un enfoque especialmente más significativo porque se trata de una empresa cuya primera función es escuchar a sus clientes.

  Al tratarse del SI, este espacio estratégico convoca a la vez una respuesta a la petición del cliente desde el punto de vista de sus necesidades y de una integración de la evolución de sus usos digitales. Lo que se manifiesta, por ejemplo, mediante proyectos de desarrollo de los portales de servicios en línea y de teleservicios, portadores de una evolución en profundidad de las relaciones entre el cliente y la empresa.

- La estrategia SI también tiene una dimensión de optimización de la relación beneficios/inconvenientes que resulta de las evoluciones del ecosistema de las tecnologías de la información.

  Principio de realidad, la estrategia SI no puede estar desconectada de su propio ecosistema. Así, la capacidad del SI para desempeñar una función de la organización encuentra su respuesta en una interacción con la oferta del mercado TI. Oferta que aúna, por un lado, las tecnologías y, por otro lado, los servicios asociados. Así, cuando una empresa elige migrar a la nube una parte de las infraestructuras de su SI, es porque considera que el mercado le aporta una respuesta suficientemente madura para autorizar el riesgo que representa la externalización. Y que esta externalización será más eficaz que una gestión interna.

Basándonos en este análisis, obtenemos el esquema que aparece aquí debajo y que representa los cuatro espacios estratégicos en interacción cada uno con uno de los cuatro grandes componentes de un sistema de información.

Esquematización del modelo de alineación estratégica aplicado a un SI

Según este esquema, vemos que:

- la estrategia de vida de la organización interactúa con la dimensión funcional (necesidades de negocio) del SI;
- la estrategia de gestión interactúa con la dimensión organizativa (automatización de los procesos) del SI;
- la demanda comercial interactúa con la política de usos ofertada por el SI;
- el ecosistema TI interactúa con la respuesta tecnológica que estructura el SI.

Estos cuatro componentes también interactúan entre ellos para producir, al final, la estrategia global de los sistemas de información. Así obtenemos un modelo donde la producción de la estrategia está en constante adaptación porque es el resultado permanente de las «alineaciones estratégicas» que se producen entre los cuatro espacios, los cuatro componentes y la estrategia global de los SI. Este modelo de alineación estratégica (*strategic alignement model*) descansa sobre la idea de que **cuanto mejor es el ajuste entre la estrategia general y el desarrollo de los sistemas de información, mayor es el rendimiento de la organización**.

Desde luego, el modelo de la alineación estratégica no responde a todas las necesidades de representación estratégica. Sin embargo, tiene el mérito de ser relativamente completo y ofrecer una puerta de entrada para una lectura compleja y dinámica de la producción de las estrategias SI. Sobre todo, recordaremos que es portador de una visión dinámica de la estrategia SI que se caracteriza por:

- Múltiples espacios de entorno y de coherencia, que dibujan un sistema complejo y sometido a numerosas interacciones.
- Un sistema permanentemente estresado, porque la capacidad que tienen los SI de reordenarse generalmente es inferior a la rapidez con la que cambia la combinación resultante de las distintas modificaciones del entorno.
- Tensiones entre órdenes contradictorias y asíncronas. Al menos mientras la alineación estratégica entre los distintos espacios no esté estabilizada.
- Estrategias de actores bajo tensión, porque este sistema complejo involucra a múltiples intervinientes y cada uno de ellos tiene espacios de limitaciones específicas que entran en conflicto con los de los otros actores.

Representación simplificada y nemotécnica del modelo de alineación estratégica

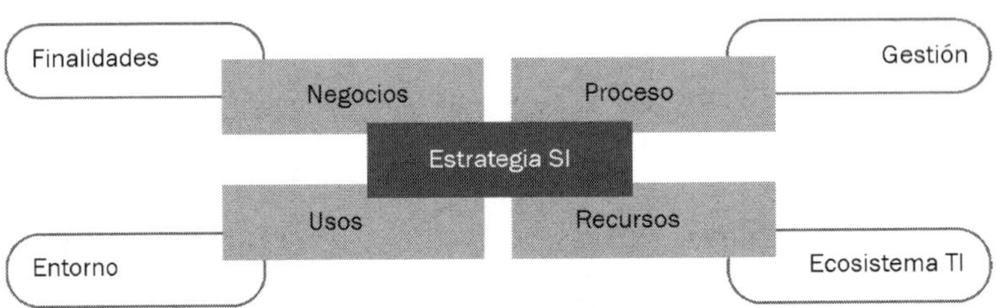

3. Algunos ejemplos de alineaciones estratégicas

¿Cómo se traduce lo anterior cuando se trata de caracterizar la estrategia SI de una organización? Aquí debajo podemos ver algunos ejemplos procedentes de nuestros trabajos para la formulación de la estrategia SI de una empresa de servicios, la central de compras de las empresas de vivienda (CashSA).

En esta experiencia, partiendo de las expectativas expresadas por los actores, habíamos buscado identificar procesos de alineación estratégica elementales, específicos para cada esfera de la estrategia. Estos ajustes se representaban mediante encadenamientos lógicos según el siguiente modelo:

Así se reveló que este método tenía la ventaja de una dinámica más detallada que la que, por lo general, consiste en una sencilla compilación de las expectativas. Incorpora una dinámica de ajuste estratégico que obliga a hacer la reflexión más compleja y, al hacer esto, evita la trampa de la facilidad y de los «solo hay que».

Aquí podemos ver algunos ejemplos para cada una de las cuatro esferas estratégicas:

– Evoluciones y expectativas que se originan en la esfera de negocios

Desplegar soluciones que ofrecen reingeniería e industrialización

Los negocios piden soluciones con un gran valor añadido funcional porque, cada vez más, colocan el SI en el centro de su organización. Para ello, pueden ir más lejos en el uso de soluciones existentes, o considerar soluciones nuevas. Con el objetivo de mejorar el rendimiento, los negocios están abiertos a soluciones de negocio estandarizadas, lo que puede limitarlos a reordenar sus procesos para adaptarlos a los potenciales de las soluciones informáticas elegidas. Esta línea estratégica afecta a la DSI en su misión de acompañamiento del cambio y en el rendimiento de las infraestructuras del SI.

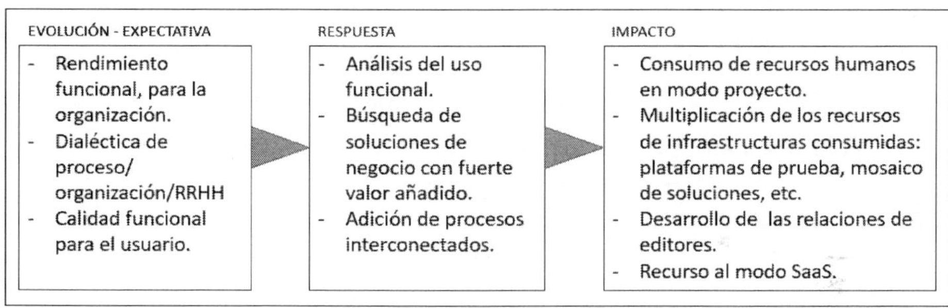

Desplegar procesos transversales estructurantes

La petición procede tanto de los negocios como de la gestión, porque la organización de CashSA tiene un déficit de herramientas transversales: SI RR HH tiene un perímetro limitado, SI finanzas se utiliza lo mínimo, ausencia de gestión electrónica de los documentos, etc. Esta línea estratégica influye en la DSI en sus misiones de ADO.

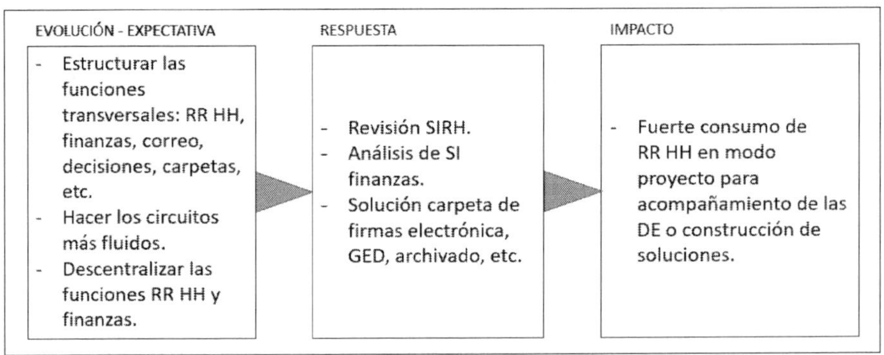

– **Evoluciones y expectativas que se originan en la esfera de la gestión**

Desarrollar las herramientas de dirección y de control a disposición de los encargados de la toma de decisiones

La gestión de CashSA está en espera de reforzar sus herramientas de dirección y de control (de gestión, de rendimiento, de satisfacción, etc.) de la empresa. La respuesta a esta petición se sitúa dentro de la instalación de procesos estructurantes compartidos y dentro de la construcción de un sistema de información de gestión y de análisis de los datos (SI de toma de decisiones). Esta línea estratégica influye en la arquitectura del SI, que debe integrar una herramienta de toma de decisiones transversal.

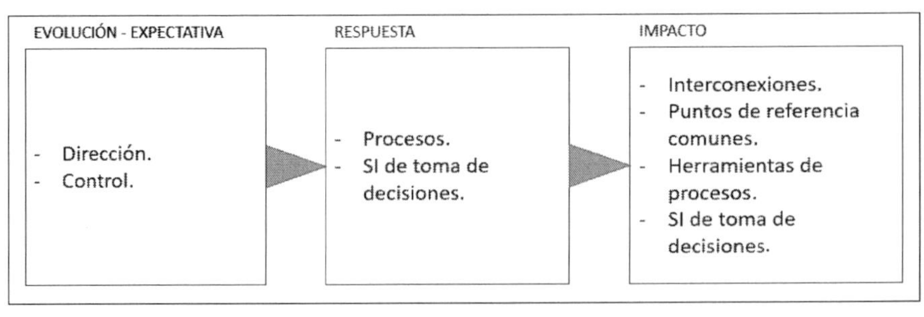

Reforzar la seguridad general del SI y de su gestión

La dirección general de CashSA ha hecho el trámite intelectual que consiste en trasladar al plano virtual las representaciones que tiene, además, en el plano real. Esto se traduce, principalmente, en una demanda genérica por su parte, que busca el refuerzo de la seguridad del SI y recuperar tres dimensiones: la protección contra los ataques internos y externos, la garantía de sostenibilidad de funcionamiento del SI minimizando el riesgo y las consecuencias de una posible interrupción; la capacidad de responder a las crisis graves que podrían, entre otros, afectar al funcionamiento del SI hasta el punto de obligarle a cambiar de paradigma. La respuesta a estas peticiones conduce a trabajar en la gestión de los derechos y habilitaciones; a construir una política de seguridad de los sistema de información (PSSI) basada en un plan de continuidad de la actividad (PCA) y en un plan de recuperación de actividad (PRA); y a considerar qué soluciones se podrían implantar para conservar un funcionamiento en modo degradado, como respuesta a crisis graves. Todo ello tiene un gran impacto en la estrategia SI.

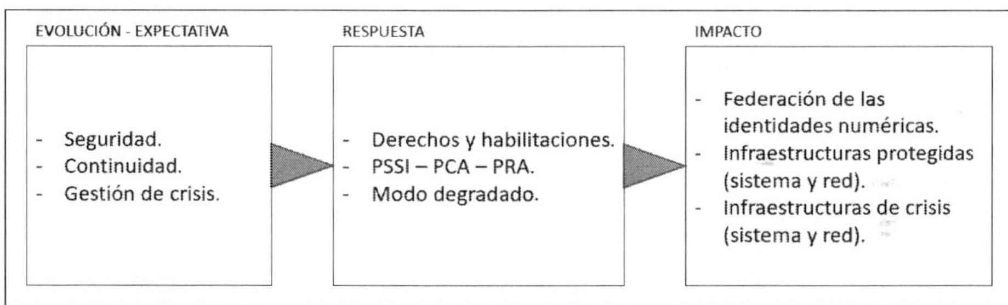

– Evoluciones y expectativas que se originan en el entorno exterior de la organización

Incluir el SI en la dinámica de los nuevos usos digitales

Los usos de las empresas, aunque sean pequeñas, evolucionan y actualmente una parte significativa de los clientes solicita virtualizar sus relaciones con CashSA. Estos usos nuevos se imponen por sí mismos porque los beneficios que proporcionan les garantizan la mejor promoción. Una evolución ganador/ganador porque, además, CashSA podrá automatizar el tratamiento de los flujos de pedidos y verá disminuir la carga de los servicios de atención al cliente. Incluso se contempla, con el tiempo, abandonar toda relación presencial para establecer relaciones solo por Internet.

Otra evolución de fondo: las interfaces de uso se diversifican. Todos quieren acceder al servicio de su elección en la ubicación y con la herramienta de la que disponen en ese momento. Por eso, la interfaz de cliente debe adaptarse a todos los tipos de terminales, fijos y móviles.

El corolario de este desarrollo, y además lo que podría conducir a frenar este movimiento, se llama complejidad: multiplicación de las interfaces, multiplicación de las contraseñas, ergonomías heterogéneas, etc.; todo tipo de obstáculos que influyen en la capacidad de los clientes para evolucionar en los entornos digitales. El segundo nivel de respuesta para favorecer el desarrollo de usos nuevos consiste en concebirlos dentro de los entornos de gran calidad ergonómica.

Esta línea estratégica influye en profundidad en la urbanización funcional del SI, la política de seguridad y la arquitectura técnica.

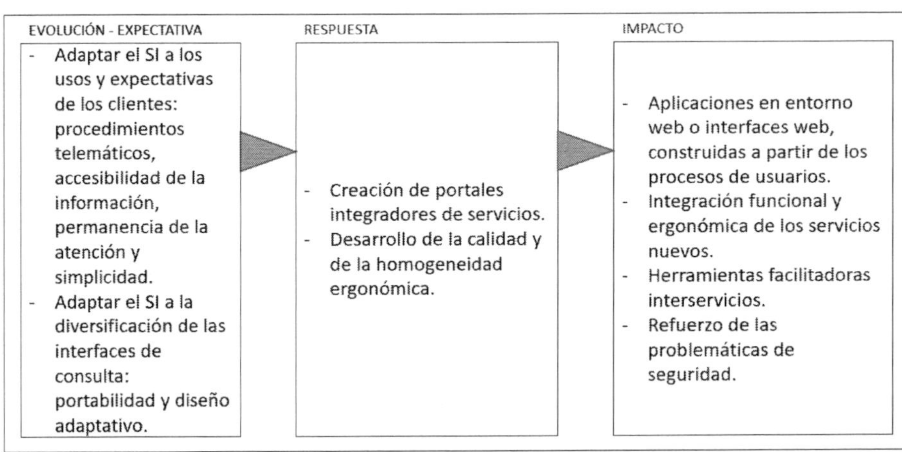

Incluir el SI dentro de un proceso de conformidad con el reglamento general de protección de datos (GDPR - General Data Protection Regulation)

La Ley Orgánica de Protección de Datos Personales y garantía de los derechos digitales, impulsada por el derecho europeo, refuerza la responsabilidad de las empresas en materia de protección de datos personales. Impone, especialmente, los principios de protección de los datos desde el diseño y de la seguridad predeterminada. Va acompañada de la posibilidad de sanciones económicas que llegan hasta los 20 millones de euros o el 4% del volumen de negocio global anual del ejercicio financiero anterior de la compañía infractora .

Entonces, el SI de CashSA debe incluir esta nuevas normativas y responsabilidades.

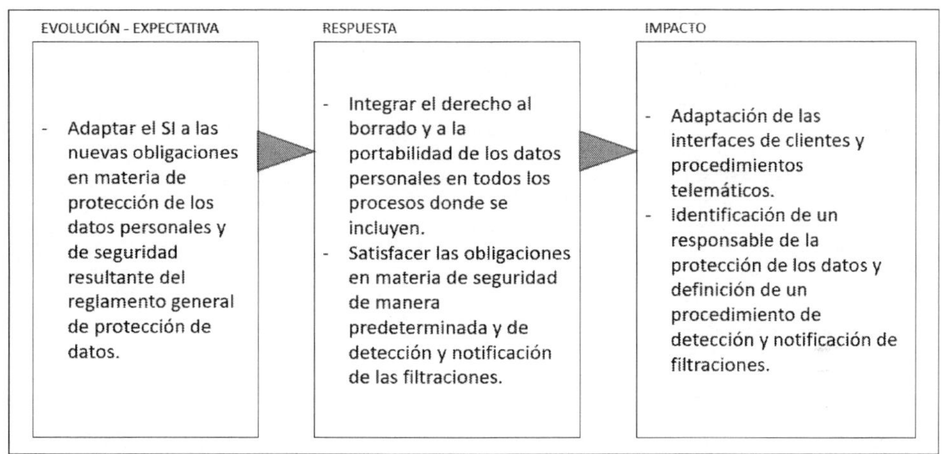

– Evoluciones y expectativas que se originan en la esfera del ecosistema TI

Aprovecharse de la sinergia entre los modos de gestión del SI y las evoluciones del mercado de los servicios informáticos

CashSA debe desarrollar una concepción de su SI, y la política de compra que va con ella, en sintonía con las evoluciones de la oferta del mercado. Así, la dialéctica demanda/oferta podrá esperar una optimización calidad/costes de las prestaciones a las que recurre.

Las principales evoluciones de la oferta recaen sobre:

- *El desarrollo continuo y la llegada a la madurez del mercado de la infogerencia.*
- *La aceleración del mercado de servicios informáticos dentro de la dinámica de desarrollo de la computación en la nube (cloud computing).*
- *La sistematización de las ofertas de servicios alquilados, tanto si se trata de plataformas, infraestructuras, software o de entornos de trabajo.*

Para aprovechar las ventajas de estos modelos nuevos, CashSA debe integrarlos dentro del radio de acción de sus convocatorias de licitación y para eso adaptar su política de compra.

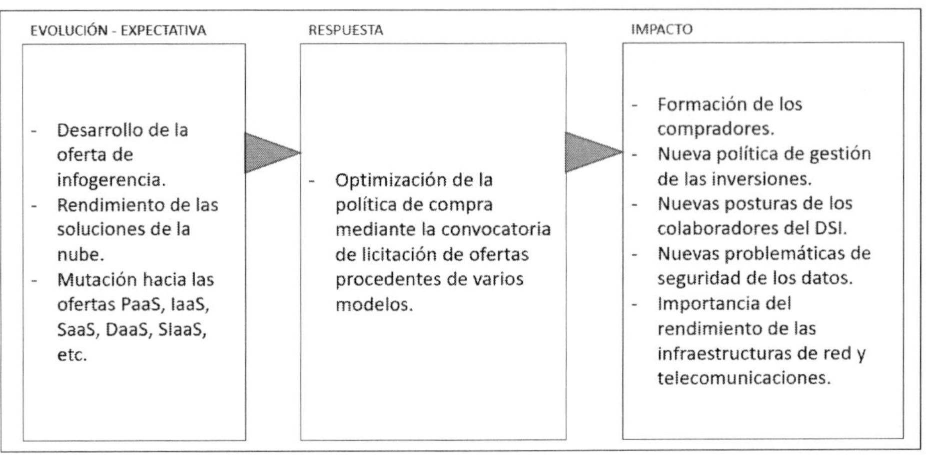

4. Síntesis de la estrategia para los sistemas de información de la central de compras de las empresas de vivienda (CashSA)

Como ilustración, a continuación reproducimos la síntesis de la estrategia SI de CashSA, bajo la forma de un esquema conforme al modelo de alineación estratégica.

Los encargados de la toma de decisiones y de operaciones han construido su hoja de ruta a tres años en torno a esta visión compartida de la estrategia de SI.

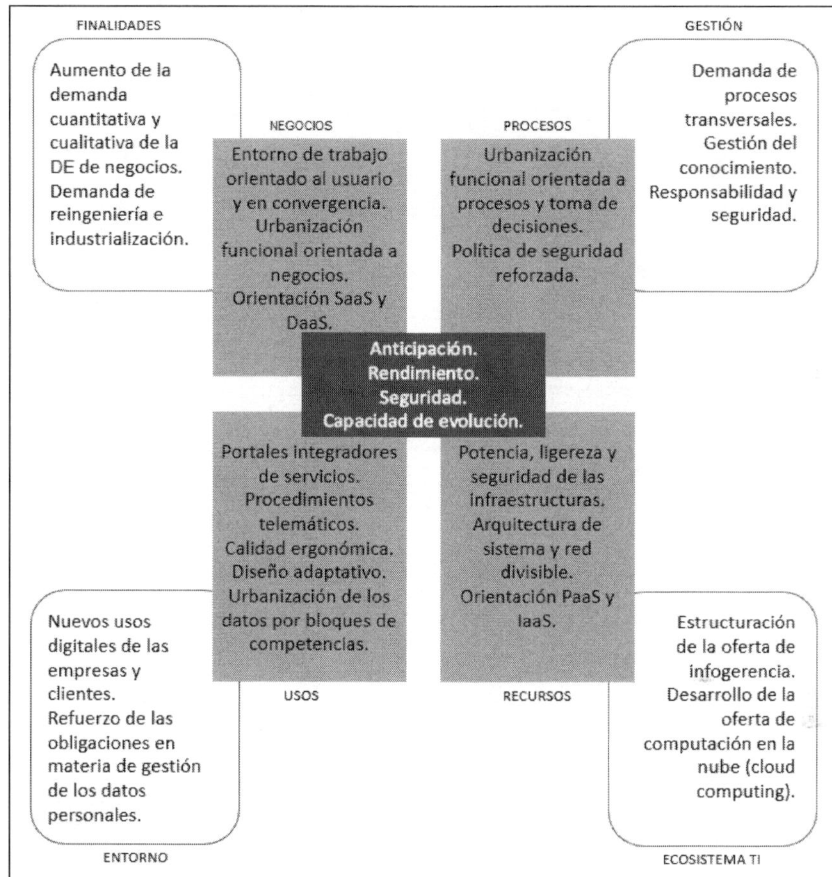
FINALIDADES
Aumento de la demanda cuantitativa y cualitativa de la DE de negocios. Demanda de reingeniería e industrialización.
GESTIÓN
Demanda de procesos transversales. Gestión del conocimiento. Responsabilidad y seguridad.
NEGOCIOS
Entorno de trabajo orientado al usuario y en convergencia. Urbanización funcional orientada a negocios. Orientación SaaS y DaaS.
PROCESOS
Urbanización funcional orientada a procesos y toma de decisiones. Política de seguridad reforzada.
Anticipación. Rendimiento. Seguridad. Capacidad de evolución.
Portales integradores de servicios. Procedimientos telemáticos. Calidad ergonómica. Diseño adaptativo. Urbanización de los datos por bloques de competencias.
USOS
Potencia, ligereza y seguridad de las infraestructuras. Arquitectura de sistema y red divisible. Orientación PaaS y IaaS.
RECURSOS
Nuevos usos digitales de las empresas y clientes. Refuerzo de las obligaciones en materia de gestión de los datos personales.
ENTORNO
Estructuración de la oferta de infogerencia. Desarrollo de la oferta de computación en la nube (cloud computing).
ECOSISTEMA TI

Capítulo 5
Gestionar con un esquema director del SI

1. El concepto de esquema director

Hay varias concepciones de qué es un esquema director de los sistemas de información (EDSI). Estas concepciones se caracterizan por su nivel de objetivos, su nivel de precisión o su temporalidad.

El **nivel de objetivos** expresa el posicionamiento del SI en una escala de objetivos que van desde una definición insertada dentro de la estrategia de empresa hasta una definición puramente tecnológica, pasando por un enfoque funcional. En general, el EDSI estratégico lo llevan los gestores que formulan cómo debe servir el SI a los objetivos de la empresa. El EDSI funcional traduce la petición de los actores de negocio que, todos, inscriben las intenciones del SI dentro de la lógica de sus imperativos de producción. Muy a menudo, el EDSI tecnológico es competencia de la dirección de los sistemas de información y se aplica más a los medios que a los fines.

EDSI estratégico — EDSI funcional — EDSI tecnológico

El **nivel de precisión** (en el sentido de entrar en los detalles de los análisis y en los detalles de las acciones que hay que realizar) define el EDSI dentro de sus ambiciones como documento de referencia. Cuanto más preciso sea el EDSI, más se convertirá en marco imperativo para la acción. Al contrario, un EDSI demasiado general podrá causar desconcierto cuando haya que realizar las acciones de conciliación necesarias para traducir las intenciones en hechos.

La **temporalidad** expresa la relación entre el EDSI y los tiempos de vida de los componentes del sistema de información. Esta relación con el tiempo va desde el EDSI de síntesis, que trabaja para dar una coherencia inmediata a lo que ya existe, hasta un EDSI de proceso que se alinea con un movimiento de cambio continuo, pasando por un EDSI que estaría determinado por un ciclo de vida.

El EDSI inmediato (existente) permite conceptualizar una situación que se ha formado al avanzar y observarla en un tiempo T como si fuera una instantánea fotográfica. El EDSI de ciclo de vida considera que la temporalidad del SI está dominada por evoluciones, incluso revoluciones, muy frecuentemente tecnológicas, que obligan a fracasos recurrentes y a cambios relativamente bruscos. En cuanto a él, el proceso EDSI se inscribe dentro de una lógica de mutaciones múltiples temporales, todas distintas y acopladas.

EDSI de proceso — EDSI de ciclo de vida — EDSI existente

Nuestro concepto de qué es un EDSI, en relación con los objetivos, el nivel de precisión y la temporalidad, podría representarse de la siguiente manera:

EDSI estratégico — EDSI funcional — EDSI tecnológico

EDSI general — EDSI preciso

EDSI de proceso — EDSI de ciclo de vida — EDSI existente

Niveles de objetivos. Según nuestro punto de vista, el EDSI no debe omitir ninguno de los niveles de objetivos que le corresponden a un SI: debe ser al mismo tiempo estratégico, porque es lo que le da sentido y perspectiva; debe estar al servicio de los negocios de la empresa; y se traduce, por supuesto, en elecciones tecnológicas de gran importancia. Nuestro concepto agrupa las tres proposiciones abordándolas como tres componentes indivisibles.

Nivel de precisión. El EDSI no puede ser preciso hasta el punto de convertirse en rígido. Como se trata de dotar de una hoja de ruta para la gestión de un sistema complejo y cambiante, es conveniente fijar un marco general y bajar hasta un nivel de detalle suficiente para hacer que la acción sea posible. Es tradicional decir que el SI debe ser ágil. Conservamos esta imagen en el sentido de que expresa la capacidad de saltar de una rama a otra dentro de un contexto compuesto a la vez por anticipación, eficacia y seguridad. Ponemos aquí el cursor a medio camino, para un EDSI pragmático y operacional, que fija los principios y da los medios necesarios, sin por ello paralizar la hoja de ruta.

Temporalidad. Por último, el EDSI está diseñado como proceso permanente. Es estratégico, no se puede limitar a observar lo existente. También rechazamos la idea, reductora, de un ciclo de vida único: cada tecnología tiene un ciclo de vida, y el EDSI está compuesto de varios conjuntos tecnológicos; cada proceso de negocio tiene un ciclo de vida, vinculado con las particularidades y el entorno del negocio: la empresa misma, dentro de su estrategia, no sabría reducirse a una oscilación homogénea. Y lo que es más, la suma de estos ciclos y oscilaciones no puede imaginarse síncrona. Así, incluso si reconocemos que la historia de la informática ha podido conocer ciclos de vida (mini, micro, web, cloud, etc.), no creemos que sean representativos de la gestión operacional de los SI. Nos identificamos con la idea de un proceso continuo, completado, por supuesto, por fases de cambios más densas que otras. Dentro de este proceso continuo, el SI manager está invitado a desplegar una dirección permanente, vigilante y anticipadora.

Entonces estamos dentro de una representación compleja y dinámica del proceso al servicio del que se coloca el EDSI. Postulamos que una disposición demasiado formal y limitadora del EDSI, aunque sea muy segura, chocaría con problemáticas de gestión de la complejidad y de la temporalidad que serían más delicadas de superar que las resultantes de una visión cinética. Para eso vamos a tomar el ejemplo de la definición de una política de infogerencia. Respecto a este tema, constatamos muy especialmente que la articulación de las misiones, las inercias de decisión y de compra, la presunta obligación de producir resultados estables y los plazos de implantación chocan con la rápida evolución de las tecnologías y la oferta de servicios de un mercado en constante restructuración. De todo ello resulta una especie de desarticulación de la acción dentro de un sistema que escapa a la coherencia de la visión estratégica del encargado de la toma de decisiones. Entonces, el encargado de la toma de decisiones se ve como un director de orquesta frustrado que, frente a un conjunto musical desordenado y ruidoso, no encuentra el espacio necesario para levantar la batuta. El espacio necesario para poner fin a la cacofonía de los talentos que intentan coordinarse sin conseguirlo. Un encargado de la toma de decisiones condenado a no lanzarse nunca dentro de la sinfonía.

Nuestra **visión ágil y dinámica del EDSI** nos conduce a proponer al encargado de la toma de decisiones que cambie su postura. A invitarle a tomar nota definitivamente de que nunca tendrá espacio para levantar la batuta y poner en marcha el orden sincrónico de los músicos. Que nunca tendrá una concordancia estricta entre la necesidad y el estado de la tecnología, ni entre la demanda y el mercado, ni entre los fracasos y la temporalidad, ni entre el contrato y el derecho. Le invitamos a concluir que hoy en día los sistemas de información tienen un nivel de complejidad tal que deben considerarse como un ecosistema propiamente dicho. Un ecosistema donde no sabrían implantarse ni una disposición estable ni una armonía espontánea.

Esto nos conduce a incluir el EDSI dentro de un modo de representación que combina la claridad de la intención (la formulación de la estrategia) y la capacidad de introducirla como un objeto operacional que hace la acción posible a pesar de la complejidad del ecosistema. Y para eso usamos la matriz 2MSI, que no autoriza a organizar el EDSI de manera que sus distintas piezas puedan evolucionar dentro de los espacios de decisión de tecnología y de temporalidad desconectadas, aunque interdependientes.

2. Formular directrices para cada una de las piezas de la matriz 2MSI

El proceso sistémico propuesto por la 2MSI permite caracterizar, pieza a pieza, en primer lugar un estado de las cosas previo al EDSI, y luego los fundamentos del mismo EDSI. Estos fundamentos se articularán bajo la forma de directrices: líneas que expresan las intenciones estratégicas de carácter operacional y que, por lo tanto, deben redactarse en términos a la vez conceptuales y apropiados para el carácter muy concreto de los objetos a los que se aplican (por oposición a formulaciones abstractas y teóricas que no podrían transformarse en plan de acción).

El concepto de directriz

Una empresa toma la decisión fundamental de «externalizar» su SI. De esta manera, los encargados de la toma de decisiones formulan una línea estratégica fuerte, que para el SI manager constituye una invitación a buscar recursos en el exterior de la organización. Sin embargo, dentro de esta formulación, el principio de externalización no contiene la respuesta a las muy numerosas preguntas que se plantean: ¿se trata de externalizar las infraestructuras, la explotación o la segurización, o las tres? ¿Esto afecta a los hombres, a las máquinas o a los softwares, o incluso a los tres en este caso? Podemos comprobar que el concepto demasiado general de externalización no es operativo cuando se trata de introducirlo para transformarlo dentro de la acción.

En cambio, si la misma empresa formula su directriz diciendo: «Somos demasiado pequeños para alcanzar el umbral crítico que nos permitiría tener internamente el nivel de seguridad y de continuidad de administración para nuestros servidores. Para eso necesitamos aprovechar las soluciones de alojamiento y de computación en la nube, mientras conservamos el control de la explotación y de nuestros datos», obtenemos una directriz delimitada (la pieza servidores) y definida (las infraestructuras, no la explotación) que entonces podrán apropiarse los SI managers para convertirla en su hoja de ruta operativa.

Si al principio están organizadas pieza a pieza (enfoque sistémico para ser operativos), las directrices también podrán ser comunes a varias piezas y venir a delimitar perímetros de aplicación de políticas más transversales. Como podemos ver en el esquema que aparece a continuación, la matriz 2MSI ofrece apoyo para mapear las piezas afectadas por una elección estratégica.

Mapeado de las directrices transversales

Recurso	Gestión	Protección
Infraestructuras de red y telecomunicaciones	Supervisión y operación de red. Gestión de operadores de red y telecomunicaciones	Integridad, seguridad y PRA de red y telecomunicaciones
Servidores (Alojamiento y OS)	Supervisión y operación de servidores	Integridad, seguridad y PRA de datos y configuraciones
Dispositivos (PC, tableta y smartphone)	Soporte y operación de dispositivos. Helpdesk	Seguridad de dispositivos
Edición e impresión	Soporte y operación de flotas de edición e impresión. Helpdesk	Seguridad Confidencialidad Costes
Usuarios (directorios, correo y ofimática)	Gestión de derechos, correo y ofimática	Seguridad y PRA de directorios, correo y acceso
Aplicaciones de negocio	Supervisión y operación de aplicaciones de negocio. Relaciones de editores	Seguridad, integridad y PRA de aplicaciones de negocios
Riesgos	Supervisión de los riesgos. Evaluación de los impactos	Aseguradoras, asesoría legal. Gestión de crisis

Directriz A: virtualizar

Directriz B: Infogestionar

Una vez definidas las directrices, la formalización del EDSI se prolonga mediante su transformación en acciones operacionales. La transformación respeta la misma división, pieza a pieza, o común a varias piezas. Las acciones deben formularse dentro de los objetos y perímetros que se convierten en proyectos gestionables como tales. Es decir, recoger un campo que un responsable de proyecto puede introducir por su coherencia tecnológica, funcional, contractual o comercial. Desde este punto de vista, la división preparada por la matriz 2MSI ha eliminado forzosamente las trampas más visibles.

El concepto de perímetro de proyecto

Un establecimiento público se plantea la modernización de su flota de PC como se define en su esquema director, para disponer de recursos de procesador y de memoria más potentes. Dentro de la implantación de este proyecto, los prestatarios incluyen las licencias OEM de la suite ofimática usada por este organismo, sin que el responsable de proyecto (especialista en hardware) le preste una atención especial. Desgraciadamente, las versiones propuestas con este despliegue son las más recientes y por eso no son compatibles con las instaladas en el conjunto de la flota. De este modo, el responsable de proyecto de hardware ha incluido dentro de su acción problemas de software sin tomar en consideración los retos asociados (compatibilidad interna y externa, formación, proceso, etc.).

Al final del proceso de construcción del EDSI, las acciones se articulan entre ellas en función de las prioridades reveladas por los indicadores de la matriz coloreada y considerando las limitaciones de interdependencia entre acciones.

En algunos casos, la articulación entre proyectos no es discutible. Así, una acción de virtualización de servidores no puede intervenir antes que la de adquisición de los recursos tecnológicos correspondientes (compra, ubicación, alojamiento en la nube, etc.). Sin embargo, los proyectos suelen tener adhesiones e interdependencias que hacen que una priorización temporal se vuelva delicada, incluso imposible. Entonces deben llevarse en paralelo y en coordinación, o incluso dentro de un proyecto más global, si fuera el caso, dividido en zonas de construcción.

Hemos encontrado situaciones donde las interdependencias y adhesiones eran tan potentes que los encargados de la toma de decisiones ya no sabían por dónde abordar el problema. Al negar el obstáculo, aplazaban el tema con la secreta esperanza de que se mantuviera el mayor tiempo posible. Por supuesto, es muy frecuente que los que «no deciden» sean atrapados por una realidad que ve el sistema de información derrumbarse sobre sí mismo.

3. Un EDSI en constante renovación

Si incluye necesariamente un plan de acción, el EDSI no se puede reducir a las acciones. También debe tomar en consideración las técnicas de interacciones que, a partir de un objeto formal y acabado, hacen un objeto en constante renovación. Dentro de la lógica del análisis sistémico propuesta por el método 2MSI, en primer lugar esta dinámica resulta de las interacciones entre las piezas del sistema, y aquí, en este caso, entre las acciones que personifican las directrices asociadas a cada pieza. Así, la realidad comercial o tecnológica de un contrato firmado para concretar una acción asociada a la directriz de una pieza conducirá a modificar la formulación de la acción asociada a una pieza correlacionada. Desde este punto de vista, la operatividad del EDSI reside más en su dinámica de cambio que en un plan de acción por naturaleza paralizado. La dicotomía directriz/acción encuentra aquí toda su utilidad en el aspecto de que abre la posibilidad de conservar invariantes estratégicos, las directrices, haciendo vivir su transformación bajo la forma de acciones que tienen toda la libertad para evolucionar.

Al movimiento que nace de las interacciones entre piezas, hay que añadir el generado por la dinámica del proceso de calidad y de la política de mejora continua que tiene asociada. Una dinámica que significa que, para un SI, no hay estado estable: la única alternativa es progresar para no retroceder. La única opción es cuestionar constantemente lo existente para mejorarlo. Una vez más, se trata de tomar el control de la capacidad de evolución de las acciones para proteger la estabilidad de las intenciones formalizadas en directrices.

Esta lógica intrínseca del movimiento de vida del EDSI se completa y se refuerza con una lógica extrínseca que extrae su energía de las interacciones procedentes del exterior. En el esquema de la dinámica del EDSI que aparece más adelante, proponemos identificar dos grandes categorías: la primera procede de lo que calificamos como «demanda de los usuarios» y la segunda está formada por las evoluciones del entorno.

La demanda de los usuarios incluye el conjunto de las exigencias emitidas por los destinatarios y los beneficiarios del SI. En algunos casos, estos beneficiarios podrán ser internos de la organización y, en otros, se tratará de los clientes o usuarios de los servicios que produce. Pero al final, esta distinción le importa poco al SI manager, para el que todos los usuarios son un cliente que hay que satisfacer. Por lo tanto, las demandas podrán ser muy variadas: más velocidad, herramientas más eficaces, nuevas funcionalidades, fiabilidad, enfrentarse al crecimiento de las necesidades, comunicarse mejor, etc.

En cuanto al entorno, expresa todo lo que no entra en el perímetro de uso del SI. Podrá tratarse de mutaciones tecnológicas que se estará más o menos obligado a seguir (por ejemplo, para seguir siendo compatible con los otros actores de la profesión), normas que cambian o incluso problemáticas de interoperabilidad con socios o instituciones.

El esquema que aparece debajo refleja la dinámica del EDSI, incluye las interacciones entre acciones, la política de mejora continua, las exigencias procedentes de la demanda y las evoluciones del entorno.

Esquema dinámico del EDSI

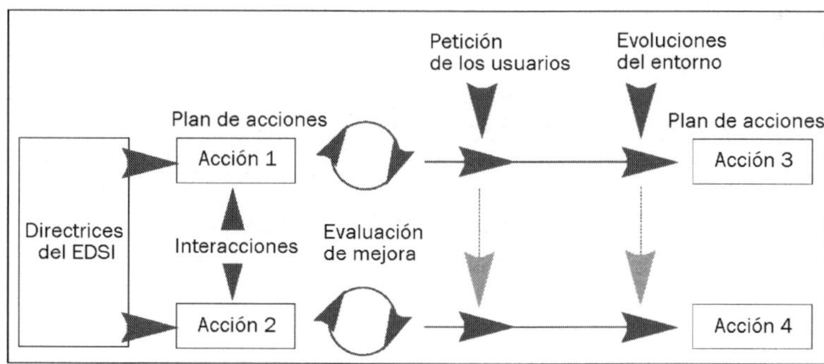

4. Los criterios 2MSI para gestionar el EDSI

Un EDSI construido sobre la base de las piezas de la 2MSI conduce a formular directrices orientadas a la acción. Sin embargo, si este proceso lleva a responder a la pregunta «¿qué?», podría llegar a exonerarse del «¿cómo?». Por eso nosotros proponemos usar igualmente la faceta gestión de la 2MSI para dedicar una parte del proceso de elaboración del EDSI a transformar los tres criterios y nueve subcriterios usados para la monitorización. Este enfoque complementario permite combinar, por un lado, las directrices que toman por objeto el SI y, por otro lado, las que se encargan de crear el entorno metodológico en el que se inscribe. Aquí encontramos nuestra tabla de criterios sobre la calidad del SI, a la que acompañamos de métodos como:

- Los estatutos de gobernanza y las herramientas de gestión de proyecto.
- Los documentos normativos: normas, puntos de referencia, contratos tipo, fichas de procedimiento, reglamento interior, normas de compra y descripciones de puesto de trabajo.
- Los documentos estimulantes: recopilación de buenas prácticas, proceso de mejora continua, plan de formación y política de vigilancia tecnológica.
- Los indicadores: encuestas, cuadros de indicadores, contabilidad analítica y alertas.

Estas directrices de carácter metodológico, en general, hallarán el medio para aplicarse de manera transversal en el conjunto de las piezas 2MSI, lo que no prohíbe, si fuera el caso, disponer de un enfoque específico en ciertas piezas.

La tabla siguiente muestra algunas directrices metodológicas que específicamente hallan el medio de aplicarse en cada uno de los nueve subcriterios.

Ejemplos de directrices metodológicas para el EDSI

DIRECCIÓN ESTRATÉGICA	**DIRECCIÓN TÉCNICA**	**DOCUMENTACIÓN**
– Estatuto de gobernanza del SI. – Prácticas de gestión de proyecto. – Herramientas de gestión de proyecto. – Formación para gestión de proyecto.	– Punto de referencia de buenas prácticas. – Herramientas de gestión de proyecto.	– Punto de referencia de documentación. – Buenas prácticas de documentación. – Herramientas de producción de la documentación.
RECURSOS HUMANOS	**RECURSOS TECNOLÓGICOS**	**COSTES Y VALOR**
– Organigrama operacional. – Descripciones de puesto de trabajo. – Plan de formación. – Contratos tipo.	– Vigilancia tecnológica. – Política de compra. – Plan de amortización y de renovación.	– Herramientas contables de análisis y de seguimiento de costes. – Cuadros de indicadores e indicadores de gestión. – Metodología de análisis del valor.
SATISFACCIÓN DE USUARIOS	**GESTIÓN DE INCIDENTES**	**CALIDAD**
– Encuestas de satisfacción. – Paneles de usuarios.	– Procedimientos de incidentes y flujos de trabajo asociados.	– Política de certificación. – Flujos de tratamiento de calidad de los incidentes. – Prácticas de mejora continua.

5. El perímetro del EDSI: ejemplo de aplicación de la matriz 2MSI

Dentro de la matriz 2MSI que apare debajo, damos, pieza a pieza, ejemplos de temáticas que puede tratar el EDSI. Conforme a nuestra concepción de las directrices, estas temáticas no pretenden ser ni demasiado abstractas y teóricas ni, a la inversa, demasiado cerradas.

Ejemplos de temáticas abordadas por un EDSI

INFRAESTRUCTURAS Y RED DE TELECOMUNICA-CIONES	SUPERVISIÓN Y OPERACIÓN DE LA RED - GESTIÓN DE OPERADORES DE RED Y TELECOMUNICA-CIONES	INTEGRIDAD, SEGURIDAD Y PRA DE RED Y TELECOMUNICA-CIONES
– Tecnologías. – Urbanización lógica. – Política de infogerencia técnica. – Documentación técnica.	– Estrategia de operadores. – Política de infogerencia operativa. – Plan de gestión. – Supervisión de las redes. – Monitorización de calidad y velocidades. – Puntos críticos. Alertas. – Documentación de operación.	– PSSI de red. – PRA de red. – Reversibilidad prestatarios. – Reversibilidad operadores. – Política de mejora.

SERVIDORES: ALOJAMIENTO Y OS	SUPERVISIÓN Y OPERACIÓN DE SERVIDORES	INTEGRIDAD, SEGURIDAD Y PRA DE DATOS Y CONFIGURACIONES
– Tecnologías de hardware y software. – Política de gestión de flota. – Política de alojamiento. – Política de infogerencia técnica. – Documentación técnica.	– Política de infogerencia operativa. – Plan de gestión. – Supervisión de los servidores. – Puntos críticos. Alertas. – Documentación de operación.	– PSSI servidores. – Gestión de los accesos remotos. – Gestión de las copias de seguridad. – PRA servidores. – Reversibilidad prestatarios. – Política de mejora.
DISPOSITIVOS	**SOPORTE Y EXPLOTACIÓN DE DISPOSITIVOS. HELPDESK**	**SEGURIDAD DE DISPOSITIVOS**
– Tecnologías de hardware y software. – Política de gestión de flota. – Política de alojamiento. – Política de infogerencia técnica. – Masterización. – Documentación técnica. – Política de reciclaje.	– Política de infogerencia de soporte. – Política de infogerencia helpdesk. – Política de atribución. – Documentación de usuarios. – Formación de usuarios.	– PSSI dispositivos. – Gestión de las copias de seguridad. – PRA dispositivos.

EDICIÓN E IMPRESIÓN	SOPORTE Y EXPLOTACIÓN DE FLOTA DE EDICIÓN E IMPRESIÓN. HELPDESK	SEGURIDAD. CONFIDENCIALIDAD COSTES
– Tecnologías de hardware y software. – Política de gestión de flota. – Política de implantación espacial. – Política de infogerencia técnica. – Documentación técnica.	– Política de infogerencia de soporte. – Política de infogerencia operativa. – Gestión de los derechos. – Estatuto de uso. – Documentación de usuarios. – Formación de usuarios.	– PSSI edición e impresión. – PRA edición e impresión.
USUARIOS (DIRECTORIOS, CORREO Y OFIMÁTICA)	**GESTIÓN DE DERECHOS, CORREO Y OFIMÁTICA**	**SEGURIDAD Y PRA DIRECTORIOS, CORREO Y ACCESO**
– Tecnologías de software. – Cortafuegos; filtros. – Política de alojamiento. – Política de infogerencia técnica. – Política de despliegue. – Documentación técnica.	– Gestión de las licencias. – Estatuto de uso. – Gestión de los derechos de usuarios. – Organización de los directorios. – Política de recursos colaborativos.	– PSSI ofimática. – PSSI web y correo. – Política de copia de seguridad. – PRA usuarios. – Restricciones web. – Filtros de contenidos.

APLICACIONES DE NEGOCIO	SUPERVISIÓN Y EXPLOTACIÓN. RELACIONES EDITORES	SEGURIDAD, INTEGRIDAD Y PRA APLICACIONES DE NEGOCIO
– Tecnologías de software. – Cortafuegos; filtros. – Política de alojamiento. – Política de infogerencia técnica. – Política de despliegue.	– Política de explotación de aplicación. Interfaces editor/JPU/JPI. – Política de gestión de las actualizaciones. – Documentación.	– Gestión de los accesos remotos y de los derechos de los editores. – PRA por aplicación/ editor. – Política de reversibilidad. – Política de conformidad GDPR.
RIESGOS	**GESTIÓN DE LOS RIESGOS. EVALUACIÓN DE LOS IMPACTOS**	**SEGURO, ASISTENCIA JURÍDICA. GESTIÓN DE CRISIS**
– Riesgos financieros (pérdidas de operación y reconstitución de datos). – Riesgos operativos (fallos de producción y dilatación de los plazos de entrega). – Riesgos sobre los datos personales. – Riesgos jurídicos.	– Gráfico de las responsabilidades jurídicas (interna/externa). – Escenarios de los riesgos financieros y operativos. – Estudio de impacto sobre la vida privada (EIVP).	– Pólizas de seguro (pérdida de operación informática y reconstitución de los datos). – Contrato de asistencia jurídica. – Función DPO. – Proceso de gestión de crisis.

Capítulo 6
Urbanizar el sistema de información

1. El concepto de urbanización

El proceso denominado «de urbanización» nació de la necesidad de aportar una respuesta a los problemas resultantes del desarrollo abundante (incluso anárquico) de los sistemas de información. Este concepto, y los métodos asociados, se construyen por analogía con el de la urbanización de las ciudades, incluida la toma de algunos elementos de vocabulario. Las ciudades se desarrollan en función de las necesidades del momento, en diversas formas, resultantes de una dinámica social y económica. Luego llega un día en el que el amontonamiento empírico de los componentes de la ciudad se vuelve contra ella: la empresa de carpintería es demasiado ruidosa para seguir estando cerca de las viviendas, las puertas de la ciudad vieja no permiten la circulación de los autobuses, los desplazamientos son demasiado numerosos para arterias demasiado estrechas, la multiplicación de los locales de atención sanitaria no permite construir un hospital integrado y moderno, etc. Se hace necesario dotarse de una visión de conjunto para organizar el espacio, especializar las funciones, minimizar y organizar los intercambios, eliminar los duplicados o desestresar los conflictos de uso. Todo ello mientras se permite seguir viviendo en una ciudad operativa. Por analogía, sucede los mismo con los sistemas de información.

Así, la urbanización del sistema de información tiene el objetivo de combinar los límites de lo existente (no se puede construir destruyendo todo, la organización tiene que seguir funcionando) con una visión anticipadora a medio y largo plazo (resultado de la estrategia de la organización) y un plan de gestión del cambio para conseguirlo. La urbanización es la respuesta a los problemas planteados a los responsables informáticos: gestionar la abundancia de las necesidades, construir de manera duradera, anticipar el cambio, gestionar las mutaciones, racionalizar los recursos, y proteger y valorizar el capital de la información. Cada vez más, la urbanización también tiene que preguntarse sobre la seguridad y la sostenibilidad de los sistemas informáticos imprescindibles para las empresas, e incluso para las sociedades humanas. Mientras que los planificadores urbanísticos de las ciudades construyen de una manera «antisísmica», con arterias accesibles para los bomberos y edificios con energía positiva, los urbanistas de los sistemas de información diseñan islas, depósitos y cortafuegos.

Sin urbanización, el SI se desmorona sobre sí mismo

El SI de la compañía de nuevas energías entrega a sus usuarios unos 500 entornos de aplicaciones distintos. Se trata de aplicaciones de negocio, de la más genérica (GRH, finanzas, etc.) a la más específica (gestión de los representantes dentro de las filiales); de aplicaciones de negocio listas para usarse o de desarrollos específicos; de soluciones ofimáticas universales (Word, Excel, etc.) o dedicadas a algunos usuarios; de aplicaciones redundantes que permiten utilizar varios entornos (navegadores, suites ofimáticas, etc.); de versiones completas o de visualizadores; de páginas web, en front y en back-office; de usuarios de teledistribución, de seguridad o de asistencia, y muchas otras funcionalidades más. Estos entornos de aplicaciones pueden estar aislados y ser independientes, a menudo interconectados y comunicativos, a veces redundantes, incluso en concurrencia siempre y cuando no estén en conflicto (de formato, de versión, de modelo de datos, etc.). En este nivel de abundancia, su simple recuento y enumeración provoca muchas dificultades; el seguimiento de sus actualizaciones es otra dificultad; la gestión de sus compatibilidades, entre ellos o con el sistema o los sistemas operativos, es improbable; las múltiples combinaciones de sus interfaces y de sus intercambios de datos hacen frente a cambios permanentes y no controlados; cada vez que un entorno de aplicaciones se resfría, todo el SI tose y amenaza con contagiarse. Desvalida, la DSI de la compañía de nuevas energías hace esquí acuático detrás de las obsolescencias y las averías, constantemente apagando fuegos, a veces ella misma, sin saberlo, en modo pirómano.

Hasta tal punto que algunos responsables han podido tomar la decisión de no tocar nada por temor a provocar una crisis sistémica.

2. El proceso de urbanización

La urbanización aspira a garantizar la alineación del sistema de información con los retos de la empresa. Persigue la coherencia y la capacidad de adaptación del SI. Crea las condiciones de una agilidad del SI al servicio de las mutaciones de la organización.

El esquema que aparece debajo representa los tres niveles de acción del urbanismo:

1. Con antelación: definir un SI objetivo y una trayectoria en línea con los retos del negocio.

2. Antes de los proyectos: garantizar la integración de los proyectos dentro de la trayectoria del SI.

3. Durante los proyectos, seguir las evoluciones que podrían afectar a la trayectoria del SI global.

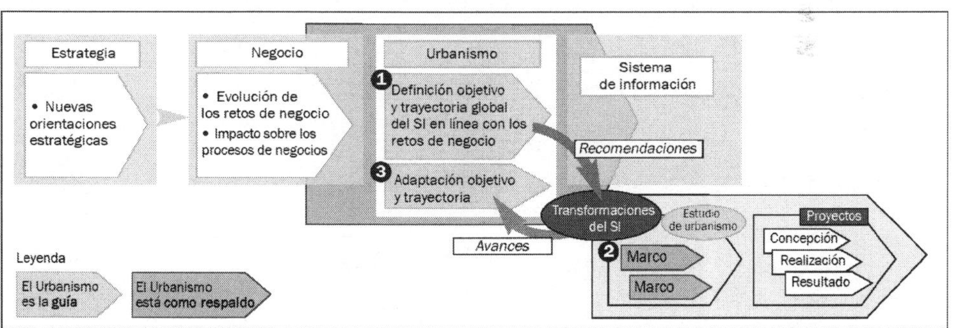

Es muy frecuente que este proceso de urbanización esté representado como un proceso de determinaciones sucesivas entre cuatro estratos:

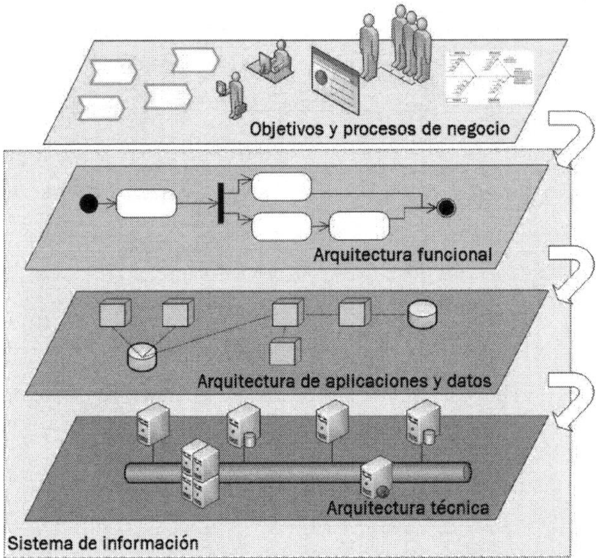

Los objetivos de la organización expresan las finalidades y la estrategia. Se traducen en procesos de negocio.

Los procesos de negocio determinan las grandes disposiciones y sistemas que constituyen la arquitectura funcional de la organización y del SI.

La arquitectura funcional se transforma dentro de las disposiciones de datos y las elecciones de arquitectura de aplicaciones.

Las elecciones de la arquitectura de aplicaciones determinan la arquitectura técnica.

Por supuesto, esta visión en cascada es un poco simplista. Hemos visto que la estrategia del SI se representa más bien como un conjunto de ajustes recíprocos entre los distintos componentes del SI. De ello deducimos, en el caso actual, que la arquitectura técnica no puede considerarse solo como un *determinado*, sino que también debe serlo como un *determinante*. En efecto, es habitual que una organización sea conducida a ajustar sus ambiciones funcionales a la realidad del potencial de sus infraestructuras informáticas.

Preferimos lo que sigue al esquema anterior, donde los distintos niveles de lectura de la urbanización (las vistas) interactúan y se combinan:

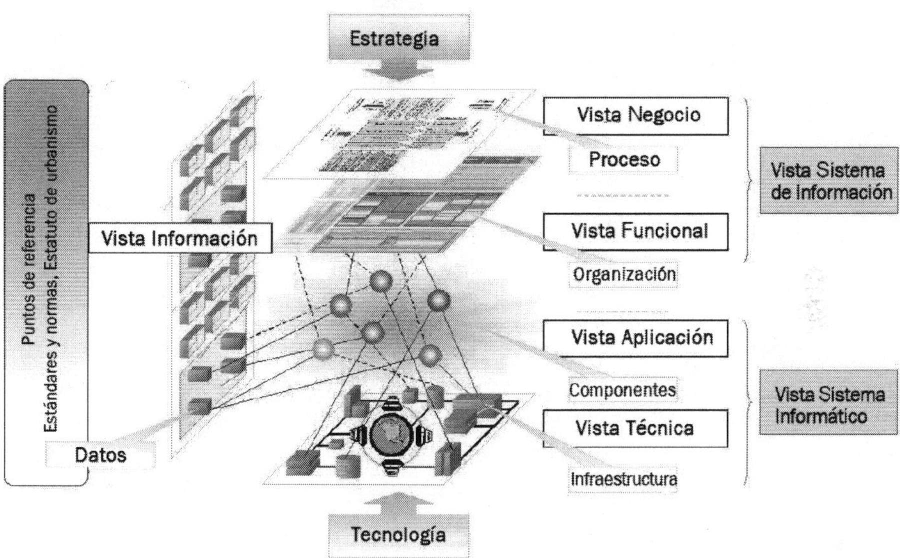

En esta representación, volvemos a encontrar los distintos estratos de disposición de un SI: una capa de negocios, que echa raíces en la realidad del funcionamiento de la organización; una capa funcional, que recompone la disposición de los negocios para traducirlos en grandes funciones informáticas; una capa de aplicación, que aspira a aportar una respuesta a la necesidad funcional; puntos de referencia de datos, que organizan la transversalidad y la compatibilidad de los datos entre aplicaciones; y una plataforma técnica, cuya vocación es poder absorber las necesidades funcionales, estabilizarlas y protegerlas.

Además, este esquema tiene el mérito de introducir un enfoque operacional de la urbanización, del que percibimos que se traducirá en representaciones de mapeo, disposiciones y la gestión de interacciones.

En este estadio, diremos que la urbanización consiste, por un lado, en conocer y organizar los distintos espacios de distribución de los sistemas de información y, por otro lado, en controlar la coherencia.

3. Los retos de la urbanización

La urbanización también se puede definir mediante los retos que incluye. Existe un vínculo entre urbanización y arquitectura de empresa. Así podemos encontrar los siguientes retos asociados:

Controlar el tiempo. Se trata de controlar el tiempo que transcurre entre la emisión de una idea por las direcciones de negocios y su implantación. Por supuesto, el objetivo es minimizar este plazo.

Demostrar agilidad. Es la capacidad de la empresa de razonar y actuar con rapidez en el conjunto de las capas, desde la estrategia hasta la infraestructura, y de analizar los impactos para todos los actores afectados.

Controlar el patrimonio SI. Se trata de ser permanentemente capaz de saber qué necesidades de negocio cubre el SI y cómo lo hace. Tener un valor correcto del SI respecto a la empresa. Ofrecer una visión global que asocia procesos de negocio y sistema de información.

Permitir la interoperabilidad. Se trata de tener una representación de la empresa polifacética (en capas, organizativa, funcional, etc.) que permita exponer la interoperabilidad para garantizar las cooperaciones dentro de los niveles y entre ellos. La interoperabilidad conduce a la adopción y al respeto de la normas y de los estándares que deben estar incluidos dentro de una estrategia de empresa.

Estar en consonancia con la estrategia de la empresa. Se trata de la alineación del SI con las actividades y negocios de la empresa. ¿Cómo facilitar esta alineación, tener en cuenta las perspectivas estratégicas, establecer el vínculo entre los procesos de negocio y el SI, tener en cuenta el ecosistema de negocios y al final participar activamente en el desarrollo de la «arquitectura de negocio» tanto como en la «arquitectura del SI»?

Proporcionar una plataforma de comunicación para las partes tomadoras. Se trata de construir un marco de representación de la empresa que permita a cada parte tomadora, interna o externa, a su nivel, comprender una misma visión de la empresa, darle vida y compartirla con los actores de los niveles adyacentes.

Controlar los riesgos. Mediante la descomposición de la arquitectura de empresa en componentes, se tiene más capacidad de asociar uno o varios riesgos a un perímetro restringido que puede limitarse a un componente y contribuir con más eficacia a la estrategia de gestión de los riesgos de la empresa.

Controlar la complejidad y la coherencia de la empresa. Hay que ser eficaz dentro de la concepción de la arquitectura de empresa, organizarla y controlar su coherencia dentro de su conjunto. La complejidad solo está vinculada al sistema de información.

Garantizar el control interno y dar soporte al control y a la conformidad. Hay que respetar los principios de normalidad y de conformidad.

Iluminar el futuro. La arquitectura de empresa define cómo opera la empresa (procesos, organización e informática) y se transforma para alinearse con los objetivos estratégicos. Los objetivos estratégicos no forman parte de la arquitectura de empresa, son una de las entradas. Pero como la decisión de objetivos estratégicos es un compromiso entre los deseos funcionales (el valor) y las posibilidades de la arquitectura de empresa, es necesario que la arquitectura de empresa proporcione los elementos de costes, plazos y riesgos que aportan luz a la decisión. Los procesos de transformación forman parte integrante de la arquitectura de empresa: incluyen los procesos de gobernanza de la arquitectura de empresa (plan director de la arquitectura de empresa, cimientos y cartera de soluciones) y los procesos de implantación de la arquitectura de empresa. Cada uno tiene en cuenta de manera simultánea el control de los procesos, de la organización y de la informática asociada.

El desafío principal de la arquitectura de empresa es preparar la transformación de la empresa. Dentro de este marco, debe permitir responder más fácilmente a las necesidades, ya sean de negocios o de SI; gestionar la evolución del SI y acompañar la de la empresa organizando lo que se va a construir, administrando con eficacia las carteras de proyectos. Entonces, la arquitectura de empresa puede convertirse en la base del plan director de los SI.

Controlar la adecuación de recursos de la empresa/objetivos. Este control implica una optimización de los recursos (identificar las bolsas de productividad, minimizar el cambio necesario identificando con más precisión lo que hay que cambiar, etc.), de la lógica de inversión, de los costes de TI y de funcionamiento, así como una reducción de los plazos.

Gestionar las evoluciones de TI. La incorporación de las evoluciones afecta a la vez a:

- las evoluciones tecnológicas (que pueden, entre otras cosas, crear oportunidad de negocio);
- las del mercado (que pueden ser limitadoras, como la obsolescencia, las prácticas comerciales y contractuales, etc.);
- y las del ecosistema TI.

La comprensión y la consideración de estas evoluciones de TI deben permitir anticipar las necesidades futuras de los negocios. El SI debe aumentar su capacidad de tener en cuenta e integrar las necesidades nuevas. Se convierte en un apoyo a la evolución de la empresa y debe gestionar esta evolución con suavidad.

Gestionar y valorizar los datos de la empresa. Los datos y, más ampliamente, todos los activos que constituyen una empresa, son un capital inmaterial y patrimonial. Controlar este patrimonio y valorizarlo al máximo por sus cualidades, convertirlo en una ventaja competitiva y de innovación para una empresa, son muchos desafíos a los que la arquitectura de empresa puede aportar elementos de respuesta importantes; la identificación de las funciones y de las responsabilidades de los actores respecto a los datos durante todo su ciclo de vida, así como medios de acceso a la información eficaces, forma parte integrante del proceso de la arquitectura de empresa.

Gestionar la calidad del SI. La optimización desarrollada de los sistemas informáticos implica una exigencia siempre más fuerte en términos de necesidades (especialmente seguridad, estándares, normas, etc.). La reducción de la diferencia, que se constata con demasiada frecuencia, entre el SI y las expectativas de los usuarios, en términos de fiabilidad, de funcionalidades o de características, es un campo de trabajo considerable para el control de la calidad del SI. Los sistemas deben seguir siendo operables, por eso hay que aumentar de manera continuada la calidad de los sistemas y favorecer la fiabilidad y la robustez. La arquitectura de empresa favorece el control de la calidad y contribuye de forma específica a la del SI en producción integrando especialmente sus limitaciones. Además, aporta luz y orienta las definiciones y los compromisos «solo calidad» de los SLA.

4. Los dilemas a los que debe responder el SI manager

La urbanización también puede verse como un método de resolución de problemas. Entonces se trata de identificar los problemas grandes que se le plantean al responsable del SI, caracterizarlos y realizar las elecciones que se imponen. Aquí volvemos a transformarlas en forma de «dilemas». Alternativas donde deberían reconocerse los SI managers:

- **El dilema del «todo está en todo»** que querría supervisar una visión completamente integrada de los sistemas de información y que choca con una realidad sencilla: para tener éxito, un proyecto debe estar acabado; para tomar forma, un objeto debe ser comprensible. Por lo tanto, la urbanización llevará a caracterizar y a disponer los objetos elementales que componen el todo, sin omisión y sin redundancia. Solo esta caracterización autoriza la acción. La experiencia lo demuestra: quedarse bloqueado en «el todo está en todo» no lleva a nada.
- **El dilema de la continuidad y del cambio**, que obliga a diseñar sistemas capaces de evolucionar (la agilidad) garantizando la continuidad de funcionamiento de la organización, lo que conduce a la cuestión de las interdependencias entre los objetos que componen el sistema de información. La urbanización intentará incluir la complejidad dentro de los objetos y disminuir las interdependencias (los informáticos dirán «adhesiones») entre los objetos, de manera que favorezca su capacidad de intercambio.

Lo contrario equivaldría a querer resolver la distribución de un cubo de Rubik donde todos los elementos serían distintos entre sí.

- **El dilema de la verticalidad y de la horizontalidad**, que lleva permanentemente a mediar entre las opciones de una integración del SI basada en procesos de negocio (verticalidad) y una integración basada en las relaciones transversales dentro de la organización (horizontalidad). La urbanización consistirá en hacer estas mediaciones entre la exhaustividad de las aplicaciones de negocio y la de las aplicaciones que implantan los procesos horizontales internos. En ausencia de esta aclaración, el SI se calcificaría en una trama de interdependencias que bloquearían su capacidad de evolucionar.
- **El dilema back-office y front-office**, que hace entrar en contradicción flujos de información basados en la lógica de los operadores de la organización y flujos de información construidos a partir de los clientes de la organización. Con frecuencia, la urbanización conducirá a mediar entre las zonas de confort del cliente y las zonas de confort de la producción. Fuera de esta aclaración, lo más probable es que prevalezca la comodidad de la producción, en detrimento de la del cliente.
- **El dilema de la especialización o de la integración de los datos**, que hace entrar en contradicción la calidad y la universalidad, tanto debido a la práctica imposibilidad de disponer de volúmenes de datos demasiado grandes como a la dificultad de los operadores para supervisar y garantizar la coherencia de estos datos. La urbanización se esforzará por disociar las piezas coherentes de datos, siempre garantizando su integración dentro de un sistema de información decisorio. Con demasiada frecuencia, encontramos soluciones tan integradas que ya nadie controla la fiabilidad de los puntos de referencia de datos que incluyen.
- **El dilema de la apertura y de la seguridad**, que opone el deseo de fluidez de la información al servicio de la creatividad colectiva y la obligación de introducir dentro de los SI barreras directamente para proteger la integridad frente a capacidades de intrusión y de agresión. Con frecuencia, este dilema es fuente de conflictos entre operadores y responsables de la seguridad del SI. Al menos, hasta el día del accidente.

- **El dilema de la mutualización y de la modularidad**, que obliga a hacer elecciones entre la necesidad de aislar algunas partes del SI para poder hacerlas evolucionar fácilmente y el objetivo de mutualizar (poner en común SI socios) para economizar o buscar coherencias. Dicho de otro modo, para retomar la metáfora del cubo de Rubik, podría tener la tentación de unir piezas entre ellas, dentro de la configuración correcta. Pero corriendo el riesgo de manipular las otras piezas con más dificultad.
- **El dilema de la relación calidad/costes/plazos** que introduce en el proceso de urbanización un principio de realidad que lleva a pasar de lo posible a lo deseable a la luz de lo que costará (energía, tiempo y presupuesto) para concretar un proyecto. Entonces la urbanización se permite ser oportunista: uso de recursos disponibles; mutualización de medios, etc. Nosotros introducimos aquí una dosis de análisis del valor. Dicho de otro modo: siempre se trata de preguntarse si el resultado deseado vale el gasto de energía necesario para conseguirlo.

5. Las respuestas a los dilemas: la experiencia de la Agencia Pública de Territorios Emprendedores

A continuación recogemos la experiencia de la auditoría del SI de la agencia francésa pública de territorios emprendedores (APTE). Estos elementos, extraídos de nuestro informe de auditoría, constituyen ejemplos de las respuestas que históricamente se han podido aportar a los dilemas. En ausencia de una visión de conjunto en el momento de las elecciones, constatamos que, con demasiada frecuencia, ganan la no decisión y el empirismo.

¿Todo está en todo?

El funcionamiento del servicio ADO de la DSI creó una cultura del proyecto favorable a la identificación de objetivos terminados y realizables (aquí remitimos al método SMART: un proyecto, en el sentido de un objetivo que hay que alcanzar, debe ser específico, cuantificable, alcanzable, realista y temporalmente definido).

Además, la demanda de los negocios se traduce, en la gran mayoría de los casos, en necesidades circunscritas, que de esta manera limitan los efectos de interdependencia.

Por lo tanto, podemos considerar que la urbanización general del SI evita la trampa del «todo está en todo». El SI está dividido en piezas, a un nivel proporcional a la diversidad de las misiones lanzadas por los servicios de la APTE.

La lectura no es la misma en relación con el estrato de las infraestructuras, donde los niveles de interconexión e interdependencia son extremadamente penalizadores.

***Continuidad contra cambio**. El SI de la APTE se desarrolló bajo la influencia de demandas de negocio con frecuencia compartimentadas. Esta lógica histórica minimiza las adhesiones entre aplicaciones y por ello debería favorecer la capacidad del SI para cambiar. Sin embargo, con demasiada frecuencia, la agencia ha recurrido a soluciones pesadas, largas y costosas de desplegar (fue difícil tomar la decisión de cambiar de SI de RR HH considerando los esfuerzos que costó hacer que triunfara la solución usada actualmente). También con demasiada frecuencia eligió desarrollar soluciones a medida (diseño y desarrollo largos) o demasiado segmentadas, cuya cohesión descansa sobre numerosas interfaces, que penalizan en gran medida la agilidad del SI.*

***Verticalidad contra horizontalidad**. La historia del SI de la APTE está muy claramente dominada por un diseño vertical.*

Incluso los SI de las grandes direcciones transversales, propicias a la horizontalidad, han sido diseñados verticalmente. Así, el software de contabilidad se usa como una herramienta contable, diseñado para los contables. Las funcionalidades que permitirían estructurar procesos colaborativos transversales no están activadas. Sucede lo mismo con el núcleo duro del SI de RR HH, que no está centrado en los RR HH, sino en el salario.

Dos SI pueden aspirar a la horizontalidad, sin por ello alcanzar una auténtica transversalidad colaborativa. Uno, la herramienta de seguimiento de las deliberaciones, personifica circuitos de producción colaborativa en materia de toma de decisiones. Sin embargo, en los aspectos funcional y técnico está obsoleto y, además, no está considerado como una herramienta colaborativa por su propietario (secretario general de la APTE), que en primer lugar lo ve como una herramienta de preparación material de las instancias de la toma de decisiones. El otro, el open data, es transversal, pero no puede pretender ser colaborativo porque, aunque su función consiste en recoger material informativo en todas direcciones, no se inscribe dentro de una reflexión general y transversal sobre el uso de estos datos al servicio de la organización.

Dos proyectos representan una auténtica transversalidad: la plataforma CRM-archivado, por un lado, y la plataforma Bo-decisión, por el otro. Tanto uno como otro, estos proyectos chocan contra la debilidad de la cultura transversal de las direcciones, contra el déficit de uso y de herramientas en materia de gobernanza transversal, y contra la complejidad técnica y funcional que incorporan.

Back-office y front-office*. El SI de la agencia es principalmente un SI de back-office. Sin embargo, la urbanización ha incluido muy pronto el uso de la web. Así, el sitio de Internet está muy terminado, pero tiene pocas funcionalidades distintas de las informativas. En general remite a servicios de atención físicos. Algunos dominios ofrecen la posibilidad de descargar formularios de inscripción. Otros, todavía más raros, contienen auténticos formularios en línea para realizar directamente un trámite a través de la red.*

El desarrollo del front-office es, sin lugar a dudas, un reto importante para el SI de la Agencia. Sin temor a equivocarnos, podemos afirmar que la promoción de los teleservicios suscita una fuerte expectativa.

Especialización o integración de los datos*. La cuestión de la construcción de un modelo de gestión de los datos no se ha abordado frontalmente. Sin embargo, la encontramos subyacente en varios documentos, como el de los puntos de referencia, el de la GRC o el del archivado. Se concluye que la DSI defiende una mayor integración de los datos dentro de las bases únicas y compartidas: un proceso a la vez coherente y loable, que aspira a la no redundancia y a la mutualización. Sin embargo, esta coherencia merece ser cuestionada y relativizada. La complejidad del SI de la agencia debería invitar a considerar que:*

- *La actualización de las bases de datos comunes mediante actores procedentes de direcciones distintas se expone necesariamente a una debilidad dentro de la regulación y la normalización de las prácticas. Puede dar como resultado bases de datos completadas de manera desigual y al final abandonadas por sus usuarios.*
- *La actualización de bases de datos demasiado amplias (perímetro y volumen) lleva a los contribuyentes a perder el control y dejar de tener el mínimo de visión de conjunto que les permitiría controlar la calidad de su contribución.*
- *La normativa obliga a la especialización de los datos, principalmente personales, por grandes campos de actividad, para prohibir una visión de 360 grados a los usuarios de la agencia.*

Apertura o seguridad. *La cuestión de la seguridad de la información está al mismo tiempo muy presente y poco formalizada. Muy presente en problemáticas concretas, como la construcción de los directorios de trabajo y la gestión de los derechos que tienen asociados. Unos desearían que se compartiera de manera generalizada, autorizando una amplia circulación de información. Los otros rebaten con problemas de confidencialidad, incluso de secreto profesional, y piden un planteamiento más estructurado.*

Cuando se abre una discusión sobre el carácter compartido, o no, del SI de RR HH, subyace la misma pregunta. Los primeros elementos de respuesta incluyen indistintamente necesidades de transversalidad y la herencia del secreto y de la centralización de la decisión mediante la centralización de la información.

Este dilema no se traslada ni al plano organizativo ni al de la seguridad. Resulta necesario darle vida a un arbitraje objetivo dentro de las elecciones que se harán entre una apertura que garantiza un mínimo de flexibilidad y limitaciones que por sí mismas permiten garantizar la seguridad necesaria.

Mutualización o modularidad. *El primer análisis que se impone cuando observamos el SI de la APTE es, sin ninguna duda, el déficit de mutualización. En primer lugar, el SI es la suma de SI de negocios diseñados de manera aislada, por dirección, sin visión de conjunto. Entonces es necesario trabajar la cuestión del desarrollo de la mutualización a la vez funcional y tecnológica. Sin embargo, la mutualización encuentra sus límites, por un lado, en la dificultad del dimensionamiento y de la complejidad (causa explicativa de muchas dificultades de la plataforma técnica) y, por otro lado, en la necesidad de aislar grandes bloques de competencia que podrían estar sujetos a transferencias hacia agencias departamentales.*

Relación calidad/costes/plazos. *¿Cómo se armonizan y se combinan estos tres parámetros? ¿Es suficiente con poner más medios (costes) para mejorar la calidad y los plazos (la agilidad)? Si tomamos como tema de estudio las recientes experiencias realizadas por la DSI (puesto de trabajo, correo y firewalls), podemos detectar que estos parámetros no tienen necesariamente una relación matemática homogénea. Así, si efectivamente el recurso a medios adicionales (expertos y recursos externos) tiende a mejorar el rendimiento de un proyecto, también puede traducirse en pesadez de montaje (decisión y mercados públicos) y falta de rendimiento (múltiples intervinientes, desvanecimiento de responsabilidades y pesadez de coordinación).*

6. Ejemplo aplicado: la urbanización funcional de la GRC y de la administración electrónica de la ciudad de Villaluz de Apagón

Cuando la ciudad de Villaluz de Apagón (60 000 habitantes) tomó la decisión de desarrollar y de generalizar su bloque funcional gestión de las relaciones con los ciudadanos (GRC), digitalización y administración electrónica, de inmediato se encontró enfrentada a dos dilemas de urbanización: el de «todo está en todo» y el de la «verticalidad contra transversalidad». La visión que tenían los representantes públicos del proyecto descansaba sobre el principio de una GRC transversal y universal, donde caían todos los flujos entrantes, de cualquier naturaleza y fuera cual fuera el canal que tomaran. Entonces, la orden política era del tipo «todo» y «transversalidad», con una visión de 360 grados de las peticiones del ciudadano-usuario como punto de mira.

La gestión se preguntaba por las consecuencias que podían tener estas orientaciones urbanísticas. Se preocupaba especialmente por las siguientes perspectivas:

- Hacer converger todas las aplicaciones de negocio hacia la GRC llevaba a multiplicar las interfaces y aumentaba la complejidad de los problemas de homogeneidad de los modelos de datos. De ahí el riesgo de la gran fragilidad de un edificio demasiado complejo, al que se añadía el riesgo de no terminar nunca el proyecto, por no poder resolver los problemas, demasiado numerosos, que implican a demasiados editores.
- ¿Había un valor real añadido en querer hacer converger hacia la GRC flujos ya incluidos en procesos verticales estructurados y virtualizados? En efecto, estos flujos ya respondían a los criterios del proyecto (virtualizados, garantizaban un seguimiento de las demandas, etc.). Entonces, ¿por qué querer desviarlos de una forma de GRC hacia otra forma de GRC?
- ¿Se podía estabilizar una GRC transversal mientras las evoluciones normativas y la virtualización evolucionan negocio por negocio, en una lógica vertical: hoy el urbanismo, mañana las finanzas, después el salario, etc.? Por lo tanto, ¿la prioridad no era hacer evolucionar los procesos verticales en tiempo real, en función de la evolución de los negocios, y sin adhesión con la GRC transversal de la colectividad?

– El desarrollo de los procedimientos telemáticos, que virtualizan e industrializan flujos entrantes negocio por negocio, ¿no entraba en competencia con la GRC? ¿Por qué guardar una factura en GRC cuando ya está pagada y trazada en el procedimiento telemático asociado a la contabilidad?

Entonces la ciudad de Villaluz de Apagón hizo una elección de urbanización de alto contenido estratégico, consistente en plantear el principio de una prioridad dada a la política vertical y que conducía a usar la política transversal solo como subsidiaria a la vertical. Así, cuando resultaba posible (estado de la oferta del mercado + análisis funcional) incluir las funcionalidades de GRC y de administración electrónica en un SI de negocio, se hizo la elección de apostar por esta solución. La ciudad elaboró la hipótesis de que las grandes aplicaciones de negocio, comercializadas por editores especializados, van a incluir de manera progresiva módulos del interior de tipo portal, administración electrónica, procedimientos telemáticos, flujos de trabajo y módulos de consentimiento de tipo archivado electrónico y transmisión telemática hacia los correspondientes negocios. Haciendo esto, la ciudad optaba por una visión industrial de los procesos (automatización y procesamiento en masa) con una ganancia de eficiencia *a priori* en relación con un planteamiento transversal, por definición más artesanal.

Entonces, su esquema dominante era, como figura en la parte azulada que aparece debajo, desarrollar la integración vertical de los flujos:

Tratamiento de las solicitudes entrantes orientadas a negocios y procedimientos telemáticos

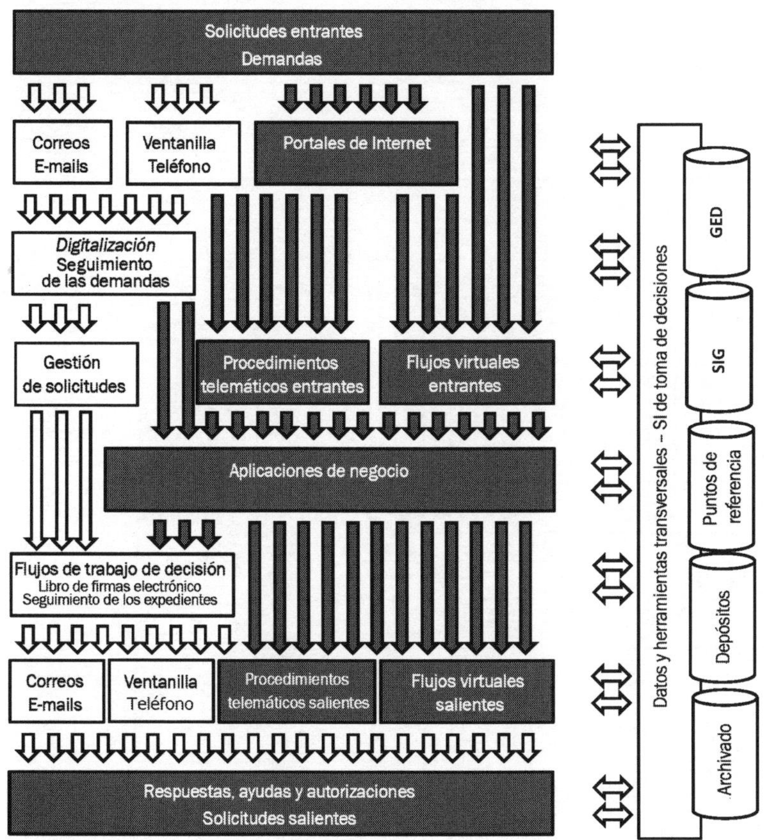

Sin embargo, de manera complementaria a este planteamiento, la ciudad de Villaluz de Apagón consideró que nunca habría un 100 % de flujos industrializables. Que los usuarios seguirían dirigiéndose a la administración local para cuestiones complejas, abiertas, informales y necesitadas de un tratamiento específico.

Entonces, la GRC trabajó en estructurar el manejo de estos flujos residuales informales, con la perspectiva, por una parte, de devolver los que lo necesitan hacia los procesos industrializados y, por otra parte, de seguir y responder de forma personalizada a las solicitudes no procedentes de los procedimientos telemáticos. Este proceso aparece de color salmón en el esquema siguiente, con un tratamiento homogéneo de las solicitudes entrantes al inicio del proceso, ya se trate de correspondencia, correos electrónicos, contactos directos o formularios de Internet:

Tratamiento de las solicitudes entrantes no asumidas por un negocio

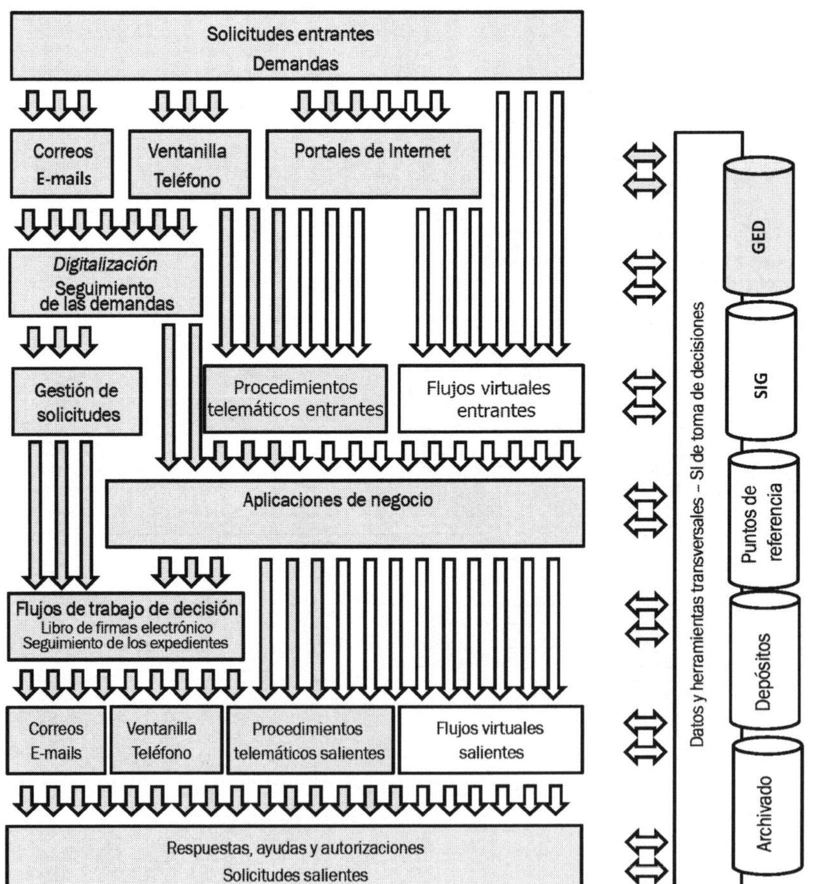

Dentro del mismo movimiento, este planteamiento llevaba a continuar la reflexión y, partiendo de los flujos entrantes, a observar el tratamiento de la decisión y la gestión de los flujos salientes. Lo que lleva a la funcionalidad de libro de firmas electrónico.

Por último, aunque respaldada por esta urbanización pragmática, la gestión no había descuidado la necesidad de tener una visión de conjunto de los flujos que atraviesan la organización, aunque estuvieran segmentados verticalmente. Entonces, la respuesta residía en el desarrollo de las herramientas transversales (SI de decisiones, GED, archivado, etc.) como los que aparecen en verde aquí debajo.

Este tercer espacio permite responder a la orden política de una GRC universal, es decir, que integra el conjunto de la información en el objetivo de una visión de 360 grados de la actividad de la colectividad.

Esquematización general de la GRC

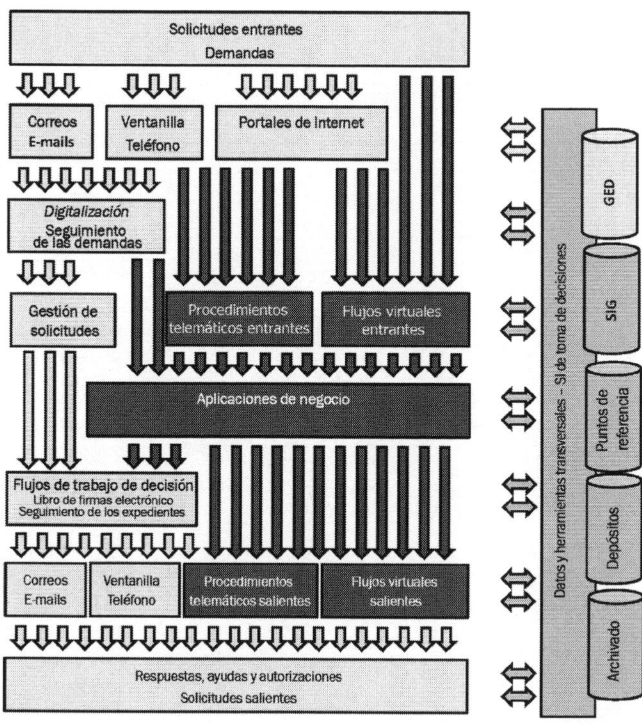

A principios de 2016, la ciudad de Villaluz de Apagón estaba bien encaminado hacia el éxito con la generalización de este modelo:

- Los flujos entrantes son en la práctica totalidad trazados y seguidos dentro de un proceso de calidad de la relación con el usuario.
- Todos los flujos entrantes se virtualizan y se procesan de manera virtual. Poco a poco, cuando el tratamiento de un flujo se estabiliza, los posibles originales en papel se retiran del circuito y se destruyen. El objetivo cero papel está en el punto de mira.
- Una parte significativa de los flujos de decisiones y salientes se procesa mediante el cuaderno de firmas electrónico. Una parte de los encargados de la toma de decisiones (directivos y representantes públicos) ha cambiado drásticamente al modo visado electrónico o firma electrónica.

Capítulo 7
Hacer frente a la amenaza fantasma: la shadow IT

1. ¿Qué es la shadow IT?

Desde hace mucho tiempo, en muchas organizaciones, los distintos departamentos consideran que los departamentos informáticos no están lo bastante disponibles, no son lo bastante rápidos o ponen demasiados límites para responder a sus expectativas, por lo que tratan de prescindir de su DSI. Ya en los años 80, en la era de la microinformática naciente en contraposición a los sistemas grandes y pequeños, vimos la aparición de equipos de "microinformática" en los departamentos empresariales, que desarrollaban sus propias soluciones, desconectadas del sistema central y completamente al margen del DSI de la organización. Tuvieron que pasar muchos años para que los DSI se apropiaran de la microinformática, la integraran en su estrategia y finalmente recuperaran el control del SI.

En los últimos años, la llegada de las ofertas de SaaS (*Software as a Service*) y, más en general, la nube, ofrecen infinitas posibilidades de prescindir del servicio informático e implantar soluciones de aplicación desconectadas del sistema de información de la organización. Estas soluciones "en línea", a las que se accede de forma muy sencilla a través de un navegador y el propio acceso a Internet de la organización, a menudo no requieren ninguna instalación especial en el PC y difícilmente activan alertas en el departamento de TI.

En la mayoría de los casos, no es necesaria la intervención de los servicios informáticos, no se necesitan derechos administrativos en el puesto de trabajo, no hay flujos de red que abrir ni normas de seguridad que eludir y el acceso no es más que una navegación web estándar, en principio autorizada para los usuarios. A menos que se identifiquen todos los servicios en línea potenciales y se prohíba el acceso a ellos en las normas de seguridad de acceso a Internet, en general será difícil para los departamentos de TI impedir técnicamente su uso.

Incluso aunque un departamento de TI consiguiera protegerse contra esta situación, sería igualmente necesario comprender por qué los departamentos pueden necesitar pasar por encima de su departamento de TI y desarrollar un sistema de información paralelo, comúnmente llamado "shadow IT".

Por un lado, el desarrollo de la shadow IT se debe muy a menudo a la frustración de los departamentos de negocio que no tienen soluciones con los servicios ofrecidos por su departamento de TI: falta de funcionalidades, complejidad de las herramientas internas, plazos demasiado largos, etc.

Por otra parte, el importante desarrollo de la informática personal, que ofrece a los usuarios acceso gratuito a soluciones en línea a menudo de alto rendimiento, incita a estos usuarios a seguir utilizando estas soluciones gratuitas en la oficina. De hecho, no entienden por qué en casa pueden hacer tantas cosas, fácilmente y gratis, mientras que en la oficina las herramientas internas no parecen ofrecerles las mismas posibilidades y, si lo hacen, a menudo es con limitaciones.

Cuando, por ejemplo, un departamento informático exige una autorización específica para compartir documentos con personas externas a la organización, o si, en función de la naturaleza del documento que desea compartir, su sistema de SI lo prohíbe, buscará naturalmente librarse de estas limitaciones y, sin pensar en las consecuencias, recurrirá a soluciones gratuitas que le permitirán compartir documentos sin ninguna dificultad.

O incluso, si se habla de falta de presupuesto como razón para no poner a disposición nuevas funcionalidades que consideran importantes y que utilizan a título personal, es probable que no pidan el acuerdo del DSI para utilizar sus soluciones personales.

En los últimos años, el teletrabajo, que a veces se ha desarrollado a marchas forzadas por los sucesivos confinamientos y sin que las organizaciones hayan tenido tiempo de implantar todas las soluciones adecuadas, también ha llevado a los usuarios a encontrar soluciones para seguir trabajando, colaborando y, en definitiva, siendo productivos. En este contexto de emergencia, los Departamentos de TI se enfrentaron al difícil dilema de elegir entre limitar las restricciones, o incluso animar a los usuarios a que se las arreglaran por su cuenta, o mantenerse dentro de las normas, a riesgo de impedir que los usuarios trabajaran, ya que el SI no estaba preparado para tanto teletrabajo durante un periodo de tiempo tan largo. Al final de la crisis de Covid y de vuelta a las prácticas normales de teletrabajo, a estos usuarios les resultaba difícil volver a las restricciones habituales del SI.

Actualmente, ya se trate de departamentos empresariales que contratan directamente servicios en la nube para sus propias necesidades, de usuarios que eluden voluntariamente al departamento de TI o de usuarios que trabajan con soluciones gratuitas en línea, la shadow IT representa una parte significativa de los SI en la mayoría de organizaciones. Por definición, es difícil estimar realmente la proporción de shadow IT en los SI, y las situaciones varían mucho entre las organizaciones que han aplicado políticas para contenerla y las que no han hecho nada al respecto. Los escasos estudios realizados en este ámbito parecen apuntar a una fuerte presencia de la shadow IT en las empresas y las administraciones públicas, sea cual sea su tamaño.

En el informe de febrero de 2022 sobre tendencias de uso digital elaborado por Appspace y Beezy, editores de plataformas digitales e intranets (2022 Workplace trends & insights report: Building a hybrid future that works for everyone - https://www.beezy.net/2022-workplace-report), se desprende que el 32% de los usuarios encuestados admitió en 2022 seguir utilizando soluciones informáticas no aprobadas por su organización.

Pero más allá de los usos individuales de la shadow IT, el análisis del gasto en TI que escapa al control de los departamentos de TI y queda enterrado en los presupuestos operativos (OPEX) de los servicios empresariales o de soporte, revela una proporción aun mayor de uso de la shadow IT. Varios estudios señalan que el gasto en aplicaciones no controladas por los departamentos de TI y a cargo de otros departamentos representa entre el 30 y el 50% de los presupuestos de aplicaciones de las organizaciones.

Según un estudio de Productiv (editor de soluciones de gestión de plataformas SaaS - SaaSOps) sobre la evolución de las plataformas SaaS en 2021 (https://productiv.com/wp-content/uploads/2021/09/productiv-the-state-of-saas-sprawl-in-2021.pdf), las empresas utilizaban una media de entre 270 y 364 aplicaciones SaaS, de las cuales el 52% no estaban autorizadas. Más recientemente, BetterCloud (proveedor de soluciones SaaSOps), en su estudio anual de 2023 sobre el estado de la gestión de plataformas SaaS en las empresas (https://www.bettercloud.com/resources/stateofsaasops23/), revela que el 65% de todas las aplicaciones SaaS no están autorizadas, ya que los usuarios las adoptan sin el conocimiento o la aprobación del departamento de TI. Y ello a pesar de que el 58% de los DSI haya aumentado el número de aplicaciones SaaS gestionadas y soportadas por la informática en los últimos doce meses.

Por último, la muy reciente y espectacular aparición de la inteligencia artificial generativa, con ChatGPT en particular, ha creado una nueva situación en el ámbito de la shadow IT, que puede describirse como shadow AI (*Artificial Intelligence*). Como revela la encuesta realizada por Fishbowl (una red de más de diez mil comunidades profesionales) entre más de once mil empleados de empresas de todos los tamaños, el 43% de ellos ha utilizado herramientas de IA (inteligencia artificial), incluido ChatGPT, para tareas relacionadas con el trabajo. Casi el 70% de estos profesionales lo hace sin el conocimiento de su jefe. Solo el 32% de los empleados que utilizan IA generativa lo hacen con la aprobación de su dirección (https://www.fishbowlapp.com/insights/70-percent-of-workers-using-chatgpt-at-work-are-not-telling-their-boss/).

La gran variedad de aplicaciones en la nube, la facilidad con la que se pueden implantar sin conocimientos ni soporte técnico, el desarrollo del teletrabajo, la espectacular llegada de la IA generativa, la insatisfacción de los departamentos de negocio con las soluciones internas que se ofrecen, los tiempos de respuesta de los departamentos de TI, las limitaciones de todo tipo impuestas por estos departamentos y muchas otras razones están contribuyendo a que la shadow IT se convierta en un elemento permanente en el panorama de los SI de todas las organizaciones, sea cual sea su tamaño o negocio.

2. ¿Es la shadow IT una amenaza?

No hay consenso sobre esta cuestión, la prensa especializada e Internet están llenos de artículos a favor de la shadow IT. No cabe duda de que la shadow IT mejora la eficacia de sus usuarios a muy corto plazo, estimula la innovación y de que a menudo ofrece un acceso más rápido a los recursos necesarios, a veces a un coste reducido, gracias al uso de servicios en la nube gratuitos o asequibles. También permite mejorar la comunicación y la colaboración gracias a aplicaciones y plataformas especialmente intuitivas y accesibles, ¡lo más en una experiencia de usuario positiva frente a la reducción de la administración y la burocracia! Y tanto si hablamos del uso de aplicaciones gratuitas por iniciativa de los usuarios, como de soluciones SaaS financiadas por la organización pero fuera del presupuesto del departamento de TI, no se puede dudar de las buenas intenciones que hay detrás de la decisión de implantar la shadow IT, e incluso de todos los beneficios que sus partidarios habrán obtenido de este uso.

Sin embargo, cualesquiera que sean las razones para implantar estas soluciones, y por muy eficaces que sean, la shadow IT conlleva una serie de riesgos de los que probablemente no son plenamente conscientes quienes las inician o utilizan. Y los principales riesgos son inherentes al hecho de que el DSI desconoce la existencia de estas soluciones, sus condiciones de uso o los datos que manejan.

Esta ignorancia del DSI impide cualquier vigilancia de los eventos sospechosos que pudieran ocurrir al utilizar estas soluciones, ya que es imposible integrarlas en la supervisión del SI, o en las herramientas de análisis de eventos, así como lo es determinar el nivel de conformidad de estas aplicaciones y su uso: conformidad con la política de seguridad, conformidad con la normativa aplicable en materia de protección de datos personales, o sobre el uso de licencias. De hecho, a menudo es para eludir las normas de seguridad que el departamento informático impone por lo que los usuarios utilizan, por ejemplo, soluciones no autorizadas para compartir o transferir archivos con usuarios ajenos a la organización.

Estas soluciones para compartir archivos no están cubiertas por las soluciones de protección del SI (por ejemplo antivirus), su acceso no está controlado ni rastreado y, si las hay, las fugas de datos pasarán desapercibidas. En términos más generales, la superficie de ataque de la SI aumenta en proporción a la multiplicación de las soluciones de TI, y la shadow IT contribuye en gran medida a este aumento.

En términos financieros, el gasto en shadow IT no se identifica como parte integrante del SI, y no hay evaluación de su rendimiento. A veces, el uso inicial de una plataforma freemium (oferta totalmente gratuita pero con funcionalidades limitadas, cuyo acceso a más funcionalidades se ofrece mediante pago por uso) lleva a gastos importantes, en ocasiones para tener funcionalidades que el departamento de TI ya ofrece con otra solución, o que resultan mucho más caras que otra aplicación de pago por uso desde el principio. Del mismo modo, la multiplicación de diferentes soluciones por departamentos, que son libres de elegir una u otra plataforma, impide optimizar las licencias y negociar mejores condiciones financieras para toda la organización. Con tantas soluciones entre las que elegir, es probable que el coste de migración a una solución única gestionada por el departamento informático sea también muy elevado. El uso no conforme de las licencias o el de licencias gratuitas limitadas al uso personal, así como la violación de datos personales o información confidencial de la empresa, pueden tener graves consecuencias financieras.

Si necesita convencerse de la nocividad de la shadow IT, también puede leer el estudio de Kapersky de 2023 sobre el factor humano en la ciberseguridad (https://media.kasperskydaily.com/wp-content/uploads/sites/92/2023/11/22070742/KasperskyHumanFactor360Report2023.pdf) donde se indica que el 64% de todos los ciberincidentes producidos a nivel mundial en los dos años anteriores al estudio fueron causados por errores humanos.

Es evidente que los beneficios a corto plazo de la shadow IT no compensan a las desventajas que no tardarán en aparecer, sobre todo en lo que respecta a los riesgos que conlleva utilizar soluciones fuera del control técnico, económico o jurídico de los que saben, el departamento de TI. La shadow IT y su nuevo componente, la shadow AI, son una amenaza cada vez mayor a medida que aumenta su uso.

3. Prevenir la aparición de la shadow IT

La suma de varios factores está impulsando el creciente despliegue de la shadow IT: por un lado, una oferta cada vez más amplia de soluciones en la nube fáciles de implementar; por otro, una gran necesidad de responder rápido a lo que parecen requisitos vitales, así como el uso cada vez más extendido de la informática personal con herramientas gratuitas, fáciles de usar y ricas en funciones.

Pero lo más importante en la aparición y el desarrollo de la shadow IT es, concretamente, el deseo de los empleados de trabajar de forma más eficaz con sus programas favoritos que ya utilizan a título personal, o la ambición de los directivos de dotar a sus equipos de soluciones que consideran mejores que los medios informáticos aprobados por la empresa. Hasta el punto que cuando un departamento informático detecta el uso de este tipo de herramientas y quiere prohibirlas, las quejas llegan hasta el comité de dirección, con una ristra de argumentos negativos contra el departamento informático, como si su objetivo fuera, en última instancia, impedir que el resto de departamentos fueran eficaces.

Debemos tomar nota de esta nueva situación, y si bien los departamentos de TI deben seguir siendo los garantes de la coherencia, el cumplimiento y la seguridad del SI, así como de sus activos de información, también deben estar en condiciones de dar una respuesta adecuada a las causas de la shadow IT.

En primer lugar, casi se trata de un cambio de paradigma para el departamento de TI, que debe centrarse tanto en las expectativas de los usuarios como en su visión estratégica del SI al servicio de la organización. En definitiva, se trata de combinar una dimensión más táctica al servicio de los usuarios con una dimensión estratégica al servicio de la organización. El departamento informático debe dotarse de los medios necesarios para conocer las necesidades de los usuarios y darles respuesta. Es necesario que haya más sinergia entre el departamento de TI y el resto de departamentos, más vínculos para comprender lo que puede ser irritante en el uso de las herramientas digitales existentes, y que acaba generando la llegada de la shadow IT. Este enfoque puede adoptar distintas formas: auditorías, sondeos, encuestas, evaluaciones, etc., pero requiere una gran inversión de los equipos de TI en los departamentos y usuarios.

En segundo lugar, la oferta de aplicaciones del departamento informático debe tener en cuenta el desarrollo de plataformas SaaS "de gran consumo" (Google, Dropbox, Wetransfer, etc.) y ser capaz de ofrecer un catálogo de soluciones similares en términos de eficacia y facilidad de implantación, or supuesto, debidamente aprobadas (conformidad, integridad, seguridad). Esta oferta tendrá que incorporar muy pronto soluciones de IA generativas, cuyo uso incontrolado se está disparando. No será posible prohibir durante mucho tiempo el uso de ChatGPT u otras IA generativas. En mayo de 2023, Samsung las prohibió para varias divisiones del grupo, alegando un uso indebido; aunque se sospeche que principalmente era para proteger los secretos industriales del grupo, la empresa especificó que se trataba de una prohibición "temporal". Samsung también afirmó en un comunicado de prensa que está trabajando en formas de utilizar los servicios de IA generativa en un "*entorno seguro para los empleados, de modo que se pueda mejorar la eficiencia y la comodidad del trabajo*".

Por último, el departamento de TI debe intensificar su comunicación con los usuarios sobre los riesgos asociados a la shadow IT y a la shadow AI. Su actuación debe ser tanto educativa como coercitiva, incluso cuando se descubra el uso de soluciones no aprobadas. El departamento de TI debe mantener un diálogo y encontrar el equilibrio adecuado entre sus prerrogativas y las expectativas justificadas de los usuarios; su credibilidad no puede basarse únicamente en su legitimidad técnica. Por supuesto, el departamento de TI también necesita contar con el pleno apoyo de la dirección en su papel de garante de la coherencia y la seguridad del SI.

4. Detección y gestión de la shadow IT

El objetivo es tanto utilizar herramientas técnicas capaces de contener o detectar la presencia de shadow IT en el SI como gobernar mejor el funcionamiento de los departamentos con el departamento de TI para detectar el uso de shadow IT.

La detección técnica de la presencia de shadow IT en el SI no requiere necesariamente la implementación de herramientas específicas, sino más bien la configuración de herramientas estándar de ciberseguridad y el seguimiento específico de las señales, a veces débiles pero significativas, de la presencia de shadow IT reveladas por estas mismas herramientas. Se pueden combinar varias soluciones:

- Herramientas de uso de los terminales (por ejemplo, EDR - *Endpoint Detection and Response*), que recopilan y analizan el comportamiento de los terminales y también pueden reaccionar con una respuesta (por ejemplo, bloqueando el acceso a un recurso).
- Los dirigidos más específicamente a la red y que pueden impedir o detectar el acceso a recursos no autorizados en la nube, por ejemplo, cortafuegos, proxy, NAC (*Network Access Control*), SASE (*Secure Access Service Edge*).
- Herramientas que cubren todas las infraestructuras y realizan análisis cruzados y correlacionados, como XDR (*eXtended Detection and Response*) o SIEM (*Security Information & Event Management*).

También existen herramientas más específicas para detectar y gestionar soluciones en la nube, incluidas las soluciones de shadow IT: los servicios CASB (*Cloud Access Security Broker*). Estos servicios tienen cuatro objetivos en relación con la nube: garantizar la visibilidad, la conformidad, la seguridad de los datos y la protección contra las amenazas. Una solución CASB es aun más necesaria cuando se utilizan servicios en la nube autorizados dentro de la organización.

Más allá de los aspectos técnicos, un mayor control de los posibles gastos relacionados con TI debería permitir limitar el acceso a las shadow IT de pago. El control de la gestión debe dotarse de los medios necesarios para identificar si cualquier departamento hace un gasto que normalmente sería competencia del departamento de TI.

Por último, cuando se detecta la shadow IT, el departamento de TI debe ser capaz de proponer un remedio para su uso, ya sea mediante la migración a aplicaciones aprobadas, o mediante la integración de estas soluciones en el perímetro del departamento de TI en las condiciones de la política aplicable a todas las soluciones de TI de la organización.

En conclusión, en la Cumbre de Gartner sobre Seguridad y Gestión de Riesgos, celebrada el 28 y 29 de marzo de 2023 en Sidney, una de las ocho principales previsiones sobre ciberseguridad para los próximos años reveló que, en 2027, el 75% de los empleados adquirirán, modificarán o crearán tecnologías fuera de la visibilidad del departamento de TI, frente al 41% en 2022 (https://www.gartner.com/en/newsroom/press-releases/2023-03-28-gartner-unveils-top-8-cybersecurity-predictions-for-2023-2024). Gartner señala que "*el papel y el alcance de las responsabilidades del CISO están evolucionando desde el puro control a la facilitación de las decisiones sobre riesgos. Repensar el modelo operativo de ciberseguridad es esencial si queremos hacer frente a los cambios que se avecinan*". *Gartner recomienda pensar más allá de la tecnología y la automatización para comprometerse a fondo con los empleados a fin de influir en la toma de decisiones y garantizar que tengan la información adecuada para actuar con conocimiento de causa*".

Capítulo 8
Un planteamiento digital responsable

1. Marco reglamentario y retos

Según el informe The Shift Project, la tecnología es la responsable del 4% de las emisiones de CO2 que se producen en todo el mundo, mientras que el tráfico aéreo lo es del 3% y la industria del automóvil lo es del 9%.

En cuanto a las previsiones, a modo de ejemplo, un estudio realizado por Ademe (Agencia de Medio Ambiente y Gestión de la Energía en Francia) y Arcep (Autoridad Reguladora de las Comunicaciones Electrónicas, Correos y Distribución de Prensa también en Francia) revela que, de aquí a 2030, si no se toman medidas específicas y teniendo en cuenta el crecimiento de los usos actuales, el tráfico de datos en ese país se multiplicará por seis, mientras que el número de dispositivos aumentará un 65% (con respecto a 2020), siendo los objetos conectados la principal causa de este crecimiento. En el mismo estudio se indica que, para el mismo periodo, el consumo de metales y minerales necesarios para fabricar equipos digitales aumentará un 14%, mientras que el consumo final de electricidad en la fase de uso aumentará un 5%. Sin ningún cambio en el uso, la huella de carbono de la tecnología digital podría triplicarse entre 2020 y 2050.

Con semejante aumento, y aunque la tecnología digital está ayudando a reducir el impacto ambiental de otros sectores, como la movilidad, no es seguro que se pueda satisfacer la demanda de electricidad y de otros recursos necesarios.

Además, en el caso de Europa, para 2050 el sector digital debe contribuir al objetivo de neutralidad de carbono fijado por el Parlamento Europeo. La neutralidad en carbono implica un equilibrio entre las emisiones de carbono y su absorción por los sumideros de carbono. Y hasta la fecha, ningún sumidero artificial de carbono puede, a escala suficiente, eliminar el carbono liberado a la atmósfera como consecuencia de la actividad humana. Reducir las emisiones es, por tanto, obligatorio, y la tecnología digital no se escapa.

Este objetivo pasó a ser jurídicamente vinculante para todos los Estados europeos cuando el Parlamento Europeo y el Consejo adoptaron la Ley del Clima de 2021. Además, el objetivo provisional de reducción de las emisiones de carbono de la UE para 2030, inicialmente del 40%, se ha aumentado al menos al 55%. En cuanto a la tecnología digital, distintos países han aprobado leyes y desarrollado planes para alcanzar este objetivo, basándose en la lucha contra el desperdicio y favorenciendo la economía circular, teniendo como objetivo reducir la huella medioambiental de la tecnología digital (como la Ley de Residuos y Suelos contaminados en España, la ley Agec en Francia o, fuera de Europa, la Ley REP en Chile o la Ley General de Residuos Sólidos en Perú).

Estas leyes pretenden informar y proteger mejor a los consumidores en materia de tecnología digital, prolongar la vida útil de los productos digitales y en algunos casos, obligar a los Estados, las autoridades locales y sus agrupaciones a integrar estas cuestiones en sus políticas.

Desde hace tiempo, hay países en los que determinados productos electrónicos y eléctricos deben indicar un índice de reparabilidad para que los consumidores conozcan el grado de reparabilidad de los productos en cuestión. En el caso de Francia, desde el 1 de enero de 2024, un índice de durabilidad sustituye al de reparabilidad. Este nuevo índice tiene en cuenta criterios como la fiabilidad y la robustez. Además, se exige a los fabricantes y vendedores de bienes que contengan componentes digitales que indiquen el plazo durante el que se proporcionan actualizaciones de software para garantizar el uso normal del bien digital.

Para prolongar la vida útil de los productos digitales, las leyes aprobadas obligan a los fabricantes a suministrar piezas de recambio durante un mínimo de tiempo, sobre todo en el caso de pequeños equipos informáticos y de telecomunicaciones, pantallas y monitores. Además, el Estado, las entidades locales y sus agrupaciones están obligados a adquirir determinados bienes provenientes de la reutilización o reacondicionamiento.

Por otra parte, estas leyes pretenden concienciar sobre el impacto medioambiental de la tecnología digital, promoviendo la economía circular (reciclaje, reutilización y reparación) y limitando la renovación de los equipos digitales. Para ello, en algunos casos llegan a prohibirse las prácticas de obsolescencia, incluida la del software y los distribuidores están obligados a proporcionar información sobre la disponibilidad de productos reacondicionados y consejos sobre cómo utilizarlos y mantenerlos para prolongar su vida útil.

Otro objetivo clave es la adopción de usos digitales ecorresponsables, con la creación de un marco de referencia general de ecodiseño, que establezca criterios de diseño sostenible para reducir la huella ambiental de estos servicios.

Por último, se promueven centros y redes de datos que consuman menos energía, y que adopten medidas de reutilización del calor residual (calor generado por los equipos de los centros de datos) y de limitación del consumo de agua para refrigeración.

Las emisiones de gases de efecto invernadero del sector digital son muy importantes, y su desarrollo dinámico ha provocado la elaboración de hojas de ruta por la descarbonización, con objetivo de diseñar equipos que consuman menos energía y recursos, mejorar su durabilidad y reciclaje, actuar sobre los centros de datos y las redes para mejorar su eficiencia energética, actuar sobre los usos que fomentan la sobriedad y contribuir a la descarbonización de otros sectores (transporte y movilidad, agricultura, construcción, etc.). Además del marco legislativo que concierne directamente al sector digital, los representantes de otros sectores que emitan grandes cantidades de gases de efecto invernadero, por supuesto deben elaborar conjuntamente con las instituciones sus propias hojas de ruta para reducirlos.

Por último, cabe señalar que con anterioridad a estas normativas y recomendaciones específicas relativas al sector digital, en muchos países ya existían leyes que imponían la obligación de elaborar un balance de emisiones de gases de efecto invernadero a empresas y entidades locales de un determinado tamaño. Este balance exige que las emisiones de gases de efecto invernadero generadas por las actividades de una organización se midan en kg de CO2 equivalente. El CO2 equivalente (CO2eq) de una emisión de gas de efecto invernadero es la cantidad de dióxido de carbono (CO2) que causaría el mismo forzamiento radiativo acumulativo durante un periodo de tiempo determinado, es decir, que tendría la misma capacidad de retener la radiación solar. Se expresa aplicando un factor de conversión, el potencial de calentamiento global (PCG), que depende del gas y del periodo considerado.

Por otra parte, este informe tiene en cuenta las emisiones directamente vinculadas a la actividad (por ejemplo, la fabricación de los productos o servicios de una empresa), así como las emisiones indirectas, como las relacionadas con la producción de electricidad o calor, y aún más las emisiones indirectas vinculadas a la cadena de valor (compra de materias primas, aprovisionamiento, transporte de mercancías, gestión de residuos, utilización del servicio por los clientes, etc.).

2. El impacto medioambiental del SI

La evaluación del impacto medioambiental de un SI, tal y como se establece en los principios para la creación de estos informes, no se limita por tanto a medir el impacto de su uso, sino que tiene en cuenta todos los impactos medioambientales, desde la fabricación de todos los equipos afectados hasta su tratamiento cuando se convierten en residuos, pasando por su transporte y explotación, así como sus implicaciones en las redes y los centros de datos.

Un estudio realizado por Ademe y Arcep en 2022 revela dos resultados especialmente significativos en este enfoque multicriterio para comprender el impacto medioambiental real de la tecnología digital, en su conjunto, con sus equipos, infraestructuras y usos. El primero se basa en un análisis por tipos de equipos: terminales, centros de datos y redes. Este análisis muestra que los terminales "usuarios" son responsables de la mayoría de los impactos (entre el 63,6% y el 92%) muy por delante de los centros de datos (entre el 4% y el 22,3%) y las redes (entre el 2% y el 14%). El segundo procede del análisis del ciclo de vida, que abarca de la fabricación al fin de vida, pasando por la distribución y el uso. Se observa que la fase de fabricación, para el conjunto de los equipos (terminales, centros de datos y redes), es la que tiene el mayor impacto, con cerca del 78%, por delante de la fase de utilización, que representa cerca del 21%, y mucho más de la distribución, que representa el 1%.

La magnitud del impacto de la fabricación es bastante lógica, con un consumo muy elevado de energía para la fabricación en países con una combinación energética muy intensiva en carbono. Este impacto también está vinculado al alto consumo de materiales raros utilizados en la fabricación de estos equipos. Estos materiales requieren a su vez una gran cantidad de energía y generan grandes cantidades de residuos. En términos de peso de uso, la mayor parte del impacto procede del consumo de electricidad.

Sin embargo, la medición del impacto medioambiental de un SI no puede limitarse a los equipos que lo componen, terminales, redes y centros de datos, ni al análisis de sus ciclos de vida. De hecho, hay otros factores que intervienen en el SI y en su impacto ambiental, como los proveedores de servicios que trabajan en el SI, cuyo propio impacto debe tenerse en cuenta. También será el caso de los desplazamientos de los equipos informáticos a otros lugares, por ejemplo, que tendrán un impacto de carbono variable en función del medio de transporte utilizado.

Así pues, para no perderse nada de lo que compone el SI, será útil remitirse al método desarrollado inicialmente por la Ademe, el Bilan Carbone® (o Contabilidad del Carbono). El objetivo de este método es evaluar las emisiones de gases de efecto invernadero en todos los ámbitos de la organización. Aquí se trata de transponer este método únicamente al SI, aplicando las distintas etapas.

En primer lugar, el método requiere que se defina el ámbito organizativo, es decir, las distintas entidades, centros e infraestructuras implicadas en el Bilan Carbone®. Para el SI, se trata de enumerar todas las actividades que emiten GEI en los tres alcances siguientes:

- El alcance 1 abarca todas las emisiones directas de las actividades controladas por la DSI.
- El alcance 2, que se refiere a las emisiones indirectas vinculadas al consumo de la energía necesaria para las actividades de la DSI.
- El alcance 3 cubre las emisiones indirectas, anteriores y posteriores a la actividad principal de la DSI.

Una vez realizado este inventario, la segunda etapa consiste en aplicar un cálculo para determinar el CO2 equivalente de cada producto o servicio previamente identificado: se trata de multiplicar el "factor de emisión" por la "cantidad" del producto o servicio en cuestión. El "factor de emisión" corresponde al kg de CO2 equivalente emitido por una unidad de la actividad. Por ejemplo, si la fabricación de un equipo representa una tonelada de CO2 equivalente, y hay cien empleados que lo tienen, esto corresponde a cien toneladas de CO2 equivalente emitidas. Si se utiliza durante cinco años, las emisiones serán de veinte toneladas de CO2/año. La fase de uso también deberá tenerse en cuenta junto con otros elementos de emisión y según los factores de emisión que se les apliquen. Para determinar los factores de emisión de cada producto o servicio, Ademe proporciona una Base Carbone® (en francés, https://base-empreinte.Ademe.fr/). La consulta en línea de los datos y la documentación requiere la creación de una cuenta, pero es gratuita.

En una organización de tipo servicio, el SI utiliza la tecnología digital para llevar a cabo su actividad. Es una herramienta de producción que reúne:

- Un grupo de empleados equipados con:
  - ordenadores de sobremesa y portátiles con el software necesario,
  - servicios de telefonía fija y móvil,
  - impresoras individuales y/o en red.
- Salas de ordenadores o centros de datos que contienen servidores físicos y su entorno de software, ya sean propiedad de la organización o subcontratados a proveedores de servicios que proporcionan alojamiento o una provisión completa de infraestructura.
- Edificios interconectados en red.
- Acceso a Internet y a aplicaciones en la nube.
- Un departamento informático que diseña, gestiona y opera las actividades TIC (Tecnologías de la Información y la Comunicación) de la organización, así como los recursos propios dedicados a su actividad.
- Proveedores de servicios de la sociedad de la información: editores, integradores, etc.

El primer paso consiste en identificar los elementos de emisión para cada alcance. Para el alcance 1, que se refiere a las emisiones directas vinculadas a las actividades controladas por la DSI, serán las emisiones de sus vehículos con motor de combustión si son propiedad de la organización, las emisiones de los generadores del centro de datos propiedad de la organización y las fugas de refrigerante de los sistemas de refrigeración propiedad de la organización.

Para el alcance 2, que se refiere al consumo de energía necesario para las actividades de la DSI, se limitará a medir el consumo eléctrico de todos los equipos e infraestructuras de TI, terminales, servidores, activos de red, sistemas de refrigeración, etc.

El alcance 3, que cubre las emisiones indirectas anteriores y posteriores a la actividad principal de la DSI, probablemente representará la mayor parte del impacto medioambiental del SI:

- Compras de productos o servicios:
  - Servicios de diseño, mantenimiento y asistencia de sistemas.
  - Servicios desmaterializados (aplicaciones alojadas, soluciones en la nube, etc.).
  - Consumibles de impresión (cartuchos de tóner, papel) y otros suministros.
- Inmovilizado: incluye todos los equipos informáticos y la infraestructura técnica de los centros de datos adquiridos en propiedad.
- Residuos: tratamiento como RAEE (Residuos de Aparatos Eléctricos y Electrónicos) de los equipos informáticos y de telecomunicaciones al final de su vida útil.
- Viajes de negocios: incluye todos los viajes del personal de la DSI para trabajar en los proyectos o dar apoyo en ellos.
- Activos alquilados: todos los equipos informáticos e infraestructuras técnicas alquilados.
- Transporte de mercancías en sentido descendente: transporte cuyo coste no corre a cargo de la empresa, principalmente entregas de proveedores de equipos informáticos sin gastos de transporte.

A continuación, es necesario determinar la naturaleza de las emisiones de cada elemento para obtener el factor de emisión correspondiente. También es necesario poder recoger los datos de actividad de cada elemento, que constituyen el número de unidades de ese elemento. Para obtener el valor de las emisiones de GEI en kg de CO2eq, estas unidades deben multiplicarse por el factor de emisión.

Por ejemplo, en el alcance 1, para la partida de emisiones "grupos electrógenos", la naturaleza de las emisiones es la combustión del fueloil necesario para las pruebas periódicas de funcionamiento o cuando se ponen en servicio tras un corte de electricidad. Para calcularlo, si el factor de emisión para la combustión de fueloil proporcionado por la Base Carbone® para Francia metropolitana es de 3,26 kg CO2eq/litro, hay que saber cuántos libros de fueloil se consumen al año(pruebas y reanudación del suministro tras un corte de electricidad), y multiplicarlo por 3,26.

No siempre será fácil determinar la naturaleza exacta de las emisiones de cada elemento. Por ejemplo, en el alcance 3, para la adquisición de servicios, intervienen varios tipos de emisiones: los posibles desplazamientos de los proveedores de servicios, los recursos que utilizan para realizar su trabajo, la proporción de estos recursos en su trabajo en el SI, etc. A veces puede resultar complicado recopilar datos de actividad. Por ejemplo, cuando se adquieren servicios, será difícil conocer los medios de transporte, los prestatarios, el número de veces que han intervenido, etc.

Cuando no es posible o resulta demasiado difícil basar el cálculo de las emisiones de GEI de un elemento de emisión en ratios físicos, siempre es posible utilizar los ratios monetarios propuestos por la Base Carbone®. Estos ratios se expresan en kg. CO2eq/k€ antes de impuestos y permiten estimar la huella de carbono de un producto/servicio en función de su precio. Por ejemplo, para los servicios de telecomunicaciones, el ratio monetario es de 170 kg CO2 eq./k€ IVA no incluido.

Por supuesto, es posible solicitar la ayuda de otras personas para llevar a cabo una evaluación de GEI de su SI, del mismo modo que lo haría para una evaluación de GEI de su organización en su conjunto. También puede encargar la evaluación a un proveedor de servicios o adquirir soluciones informáticas que le permitan medir y gestionar la huella de carbono de su organización o solo de su SI. En internet hay disponibles algunas herramientas que ayudan a calcular la huella de carbono de las empresas, así como guías para desarrollar planes de mejora para reducirlo.

Mencionemos en particular la calculadora del Ministerio para la transición ecológica y el reto demográfico de España (MITECO): https://www.miteco.gob.es/es/cambio-climatico/temas/mitigacion-politicas-y-medidas/calculadoras.html que permite a organizaciones de todos los tamaños calcular su huella cuantitativa y cualitativa, así como ofrece la posibilidad de cuantificar la reducción de emisiones que pueda suponer la aplicación de un plan de mejora determinado, o comparar los resultados de emisiones entre años diferentes. Asimismo, en la Guía para el cálculo de la huella de carbono y para la elaboración de un plan de mejora de una organización desarrollada también Por el MITECO https://www.miteco.gob.es/content/dam/miteco/es/cambio-climatico/temas/mitigacion-politicas-y-medidas/guia_huella_carbono_tcm30-479093.pdf las empresas pueden encontrar información interesante para la toma de decisiones para reducir su huella.Por último, a nivel personal, también puede merecer la pena evaluar su huella medioambiental con alguna de las calculadoras disponibles en internet, como por ejemplo https://calculadora-carbono.climatehero.org/, que tras una serie de preguntas sobre hábitos de consumo, viajes y alimentación, nos ofrece información tanto sobre cuál es nuestro impacto positivo como sobre qué podemos hacer para reducir nuestra huella.

3. Un SI sobrio

Para lograr sobriedad, es evidente que necesitamos conocer el impacto de cada partida de emisiones y poder evaluar la capacidad de la organización para reducir sus actividades. Sin duda, un balance de GEI bien establecido y suficientemente preciso ayudará a conseguirlo. Sin embargo, dependiendo de la categoría de emisiones de que se trate, el impacto de la reducción de una actividad no será el mismo. De hecho, incluso antes de ser utilizados, los equipos informáticos son responsables de casi el 80% del impacto medioambiental que generan desde su fabricación hasta el final de su vida útil. Así pues, una de las principales maneras de reducir el consumo de energía es prolongar la vida útil de los equipos, reutilizarlos, reacondicionarlos (si ya no pueden utilizarse tal cual) y repararlos si se averían. Otra palanca para la sobriedad es una economía de funcionalidad destinada a limitar la compra de equipos. Esto es especialmente cierto en el caso de los terminales, que representan por sí solos casi el 80% del impacto de carbono de un SI.

Así pues, sin tener siquiera un Beges, es seguro que la primera y más eficaz medida para un SI más sobrio será aumentar la vida útil de los equipos, en particular de los terminales. Del mismo modo, la reparación sistemática de los equipos en caso de avería, así como la búsqueda de soluciones de reutilización, tendrán un impacto significativo en una mayor sobriedad. Lo mismo ocurrirá a la hora de decidir la implantación o no de funcionalidades según los recursos que requieran: por ejemplo, renunciar a una funcionalidad poco útil y que consuma muchos.

Este es el verdadero cambio de paradigma que deben adoptar los departamentos de TI. Desde hace muchos años, existe una carrera frenética por mejorar el rendimiento de los equipos, terminales y servidores. Lo mismo ocurre con la necesidad de disponer de las últimas versiones de los sistemas operativos, que obliga a renovar sistemáticamente el hardware con gran frecuencia.

Ahora tenemos que idear un nuevo modelo de despliegue que ralentice el ritmo de las renovaciones.

Este cambio de paradigma también significa que debemos encontrar los medios de organizar la reparación dequipos material. Hoy en día, el coste de reparación a menudo es superior al valor de mercado del material en cuestión, o incluso al valor de sustitución. Además, muchas cosas son difíciles o imposibles de reparar. Pensar en reemplazar el cristal de una pantalla sería una tarea titánica.

La tercera faceta de este cambio de paradigma consiste en abordar el desarrollo de funciones cuyo uso y pertinencia nunca se han cuestionado en cuanto a su impacto en el carbono. Un ejemplo llamativo: la proliferación de sistemas de señalización digital, con la multiplicación de pantallas, servidores y redes, para una utilidad que no siempre se demuestra. Estos sistemas tienen una elevada huella de carbono debido a los equipos que requieren (terminales, pantallas, redes, servidores) y una vida útil inferior a la media debido a su funcionamiento continuo. También consumen mucha electricidad, aunque rara vez existen estudios que evalúen su pertinencia y su impacto real en su público objetivo. Han proliferado en algunas empresas, donde están por todas partes: en las salas de espera (a veces vacías), en los pasillos o en las zonas de descanso. A veces su contenido es incluso obsoleto (anunciando por ejemplo un acontecimiento pasado).

Las iniciativas de desmaterialización, a menudo muy oportunas o incluso por el bien de la sobriedad, a veces pueden resultar perjudiciales, en la medida en que aumentan el número de equipos necesarios frente al pequeño ahorro en impresión o en desplazamientos, por ejemplo.

Incluso sin una evaluación precisa de las emisiones de su SI, es posible definir una estrategia para una mayor sobriedad. Esta estrategia digital responsable o Green IT (o incluso Green for IT) puede desglosarse en cuatro áreas principales:

- Aumentar la vida útil de los equipos, sobre todo de los terminales:
  - Definir una política de compra de terminales en función de su vida útil y de su robustez (preferir procesadores potentes para garantizar posiblemente una mayor vida útil),
  - Implantar una organización de reparaciones, incluido el acceso a reparadores y piezas de repuesto,
  - Establecer el reacondicionamiento o la reutilización con establecimientos especializados en el reciclaje, reacondicionamiento y reutilización de equipos digitales,
  - Facilitar la reutilización interna de los terminales reasignándolos a usuarios que requieran menos rendimiento, o utilizándolos como terminales pasivos,
  - Desarrollar buenas prácticas para mantener los terminales en buen estado (por ejemplo, cómo optimizar la carga de las baterías de los portátiles para prolongar su vida útil).
- Reducir la cantidad de equipos utilizados:
  - Cuestionar la pertinencia de las funcionalidades previstas en relación con la necesidad de equipamiento que generan,
  - Poner en común equipos e infraestructuras siempre que sea posible.
- Adquirir equipos, en particular terminales, con la menor huella de carbono de fabricación: favoreciendo la adquisición de equipos reacondicionados o con una elevada proporción de materiales reciclados, menor consumo de tierras raras o, más en general, con el menor factor de emisión.

- Reducir el consumo eléctrico de equipos e infraestructuras:
  - Incluir en la política de compra de equipos el nivel de consumo eléctrico, la posibilidad de stand-by automático y el apagado completo en caso de inactividad,
  - Reducir el consumo de energía de los terminales imponiendo el modo de espera y que se apaguen automáticamente en caso de inactividad prolongada, o utilizando software para reducir el consumo de energía de los procesadores,
- Mejorar el PUE (*Power Usage Effectiveness*) de sus propios centros de datos con una mejor gestión de la refrigeración, o elegir proveedores de alojamiento cuyos centros de datos tengan el PUE más bajo posible (PUE es la relación que mide la cantidad total de energía utilizada/consumo energético de los equipos informáticos; cuanto más se acerque a 1, mejor será el rendimiento energético del centro de datos),
- Ayudar a los usuarios a adoptar buenas prácticas que consuman menos energía: limitar el número de destinatarios del correo electrónico y el número de mensajes a lo estrictamente necesario, limitar los archivos adjuntos, preferir el acceso compartido a un archivo a mandarlo adjunto, limitar el uso de la cámara durante las videoconferencias, limpiar el almacenamiento de datos innecesarios o caducados, etc.

Hay que tener en cuenta que una estrategia Green for IT, tendrá sin duda un efecto positivo en las finanzas del DSI, lo que puede ser un incentivo para aplicarla.

4. Del Green for IT al IT for Green

Green for IT pretende hacer soportable la huella de carbono de las TI, pero estas también tienen la virtud de poder mejorar el impacto medioambiental de todas las actividades de la empresa. El DSI debe aprovechar este potencial para proponer soluciones que mejoren la huella de carbono de toda la organización, lo que implica comprometer al DSI con una estrategia IT for Green.

De forma muy intuitiva, parece evidente que el desarrollo de la tecnología digital para determinadas actividades puede reducir la huella de carbono de una organización. La eliminación del papel en los procesos administrativos reducirá sin duda el número de impresiones y, por tanto, la necesidad de impresoras. El desarrollo del teletrabajo tiene un impacto directo en los desplazamientos de casa al trabajo y, por tanto, reduce las emisiones de GEI provocadas por estos desplazamientos. El teletrabajo también repercute en el uso de los locales de la empresa (menos espacio para oficinas o reuniones, menor consumo de energía, etc.). Asimismo, el uso de la videoconferencia para reuniones con proveedores, clientes, sucursales o socios evita muchos desplazamientos.

Las soluciones de smart building (edificios inteligentes) permitirán sin duda reducir el consumo energético de los edificios: gestión optimizada de la calefacción y el aire acondicionado en función de la ocupación de los locales, apagado automático de las luces cuando no hay nadie, etc. La impresión 3D puede facilitar la reparación de equipos para los que ya no se dispone de piezas de recambio. La optimización de la *cadena de suministro* puede reducir los costes de transporte. La realidad aumentada puede permitir intervenciones a distancia sin necesidad de desplazarse.

El potencial de la IT for Green es probablemente ilimitado y no hará sino ampliarse con el continuo desarrollo de las tecnologías. Sin embargo, no debe bastarnos con intuir que el desarrollo de la IT for Green será eficaz en términos de huella de carbono, sino que debemos realizar una evaluación real del rendimiento aplicando el método de Beges. Para cada proyecto de IT for Green, hay que medir la huella de carbono en función de los tres alcances directos e indirectos, y compararla con la reducción neta de los gases de efecto invernadero directos e indirectos generados por el proyecto. La noción de reducción neta es tanto más importante en cuanto que puede haber una transferencia de emisiones de GEI entre los participantes en el proyecto, con lo que si nos limitamos a observar la reducción bruta sería insuficiente. Por ejemplo, si la organización consigue reducir el número de impresiones y el número de impresoras compartidas, pero cada uno de sus usuarios está obligado a tener una impresora e imprimir todo en casa, no habría reducción neta o incluso podría haber un aumento.

También hay que tener en cuenta que, en algunos casos, incluso una evaluación inicial muy favorable a una reducción del impacto del carbono puede deteriorarse con el tiempo, hasta el punto de anular esta reducción, o incluso empeorar el balance de GEI. Así lo ilustra en parte un estudio realizado por Ademe en colaboración con Greenworking, en el que participaron veintiséis organizaciones francesas con 35.0000 empleados, y que pretende caracterizar los efectos rebote del teletrabajo, modelizarlos y deducir el balance medioambiental global del teletrabajo incorporando todos esos efectos.

En él se demuestra que los efectos rebote desfavorables (viajes adicionales, reubicación y consumo de energía en casa, uso de videoconferencias) pueden reducir los beneficios medioambientales del teletrabajo en una media del 31%. Es cierto que el efecto de deslocalización del domicilio no ha sido realmente "*validado por el estudio de campo en el contexto del teletrabajo actual*", pero se identifica claramente como un riesgo que podría acabar aumentando las distancias entre el domicilio y la oficina. Este efecto podría generar nuevos desplazamientos en coche (reubicación fuera de las zonas de transporte público), confiriendo la distancia una ventaja económica o una mejora en calidad de vida. La ampliación de la bolsa de contratación podría tener el mismo impacto negativo sobre el equilibrio medioambiental del teletrabajo.

Definitivamente, la IT for Green no es una cuestión de intuición, sino de evaluación.

Capítulo 9
Definir y gestionar una política de infogerencia

1. La infogerencia, problemas de los SI modernos

La práctica de la infogerencia se desarrolló a partir de los años 90, gracias a las evoluciones tecnológicas que han abierto nuevas posibilidades de trasladar los recursos fuera de la organización para mutualizar la infraestructura o la operación. El aumento de las limitaciones económicas ha consolidado esta tendencia, ofreciendo a las empresas y a las administraciones soluciones optimizadas como consecuencia de la especialización y de la industrialización de las prestaciones externalizadas.

La infogerencia se distingue de la simple prestación de servicios en que traslada (o ambiciona trasladar) el centro de gravedad de los recursos y confía a un prestatario externo una combinación de medios, de experiencia y de operatividad que le coloca en la posición de gestor a efectos prácticos de secciones enteras del SI. Esta delegación de responsabilidad debe controlarse con cuidado y se traduce en compromisos de servicio globales y precios fijos.

En rápida evolución, el mercado de la infogerencia se estructura y se concentra para ofrecer, desde los años 2010, prestaciones **de infogerencia global** (es decir, combinando infraestructuras, operaciones y proyectos) y **en convergencia** (informática, red, comunicación y edición e impresión en una misma combinación de servicio). Desde entonces, se puede externalizar la totalidad del SI de una organización, teniendo como corolario de la eficiencia la nueva apuesta de la dependencia.

Dependencia que se traduce en riesgos tales como la pérdida de control sobre el almacenamiento y la protección de los datos; la traslación de las prioridades estratégicas del cliente hacia las del proveedor o, al final del recorrido, la práctica imposibilidad de abandonar a un prestatario si no se ha implantado una política de reversibilidad de manera sólida. Desde este punto de vista, la infogerencia es, sin lugar a dudas, uno de los retos más actuales, apremiantes y complejos de los sistemas de información grandes.

La definición de una estrategia de infogerencia global debe buscar optimizar el potencial técnico del sistema de información y, al mismo tiempo, ser económicamente eficiente y estar en consonancia con la oferta del mercado. Se percibe como un proyecto integrado en la gestión de conjunto del SI, que contiene a la vez su dirección estratégica y su implantación operativa. Nos lleva a definir de manera precisa las tres líneas estratégicas siguientes:

- **Los perímetros y las misiones** que le corresponden a la infogerencia, a los otros actores del SI, de la DSI y prestatarios más ocasionales, así como la optimización de la complementariedad de todos estos actores.
- **Un modelo económico** contractual con precio fijo en lo fundamental del campo de intervención de infogerencia, con unidades de trabajo estables e íntegras.
- **Una gobernanza** que distingue claramente la dirección estratégica del campo de acción de la dirección estratégica y permite por completo la ejecución del control de los compromisos de servicio con ayuda de indicadores sencillos de evaluar.

Así, vemos que la calidad objetiva de las prestaciones de toda infogerencia depende estrechamente de la calidad del marco contractual que la vincula con la dirección estratégica. Simultáneamente, la reconfiguración permanente de un sistema de información, debido a las evoluciones tecnológicas rápidas y a la evolución constante de la demanda del cliente, presiona este marco contractual. Este contexto, de carácter evolutivo por definición, incluso puede hacer que la estrategia interna del especialista en infogerencia entre en contradicción con las expectativas de su cliente. Entonces parece crucial definir una estrategia de infogerencia que garantice una relación ganador/ganador durante toda la ejecución de los contratos.

Este equilibrio ganador/ganador entre los especialistas de infogerencia y el director estratégico se construye mediante una definición exhaustiva a la par que sincera del campo y de la naturaleza de las intervenciones del especialista en infogerencia, asociada con unidades de trabajo íntegras. Entendemos por unidades de trabajo íntegras las que hacen converger los intereses de las dos partes: los especialistas en infogerencia para minimizar el riesgo de incidentes y el director estratégico para beneficiarse de la estabilidad de su sistema de información inducida de esta manera. El objetivo es que las limitaciones fuertes de ejecución de las misiones de operación que se imponen a los infogerentes no entorpezcan sus obligaciones sobre los desarrollos necesarios del sistema de información que hay que realizar dentro del marco de sus prestaciones recurrentes, sino que, por el contrario, los inviten a comprometerse. Para los infogerentes, se tratará principalmente de optimizar sus procesos de operación, pero también de protegerlos, minimizando así los incidentes para, de este modo, mejorar directamente su productividad. Una remuneración íntegra consiste en encontrar unidades de trabajo que representan una prima a la buena gestión (círculo virtuoso: cuantos menos incidentes hay, más rentable es mi remuneración fija) por oposición a unidades de trabajo que ofrecen una prima a la mala gestión (cuantos menos incidentes anticipo, más tengo y mejor es mi remuneración).

El contrato de infogerencia también puede incluir una hoja de ruta de transformación, bajo la responsabilidad del infogerente (dirección técnica y realización: las inversiones siguen estando bajo la responsabilidad del director estratégico). Este enfoque todavía más global de la prestación tiene la ventaja de colocar el cambio en el centro de la prestación, y no en competencia con su estabilidad contractual. El infogerente ya no está en la posición de presentar una factura adicional cada vez que se presenta un proyecto. Al contrario, el contrato debe integrar el cambio dentro de una dinámica de optimización y de relación ganador/ganador: entonces, el infogerente está muy interesado en mantener la hoja de ruta de transformación, porque las mejoras aportadas al SI se traducen para él en una mayor facilidad de operación, y por lo tanto un coste menor, con ingresos fijos constantes.

Es imperativo que el contrato de infogerencia aborde la gestión de los riesgos e identifique claramente las responsabilidades para cada uno de ellos. Por un lado porque, para lo que afecta a los datos personales, desde el punto de vista del RGPD, el infogerente es un subcontratista del responsable del procesamiento; este último sigue siendo el ordenante. Los artículos 28, 30,2 y 37 de la normativa europea especifican las obligaciones del subcontratista; entonces, es indispensable formalizar las obligaciones y responsabilidades de cada parte para ajustarse a las disposiciones de estos artículos del RGPD. Por otro lado, tanto los múltiples riesgos como consecuencias posibles (financieras, técnicas y relacionadas con las compañías de seguros, incluso jurídicas) también necesitan garantizar que cada parte conoce su perímetro de responsabilidad. Es necesario que, para cada riesgo, si ocurre un siniestro y según las causas de la ocurrencia, se pueda determinar con claridad la responsabilidad de las consecuencias del siniestro. Más allá de la determinación de las responsabilidades, es necesario que las consecuencias hayan sido previamente bien evaluadas y que las garantías potenciales a las que haya que enfrentarse estén claramente estipuladas en el contrato de infogerencia. Así, el contrato de infogerencia debe prever para el infogerente los seguros adecuados en función de su perímetro de responsabilidades, pero también los medios técnicos y humanos movilizados dentro del marco del contrato en caso de crisis a la que tiene la responsabilidad de enfrentarse, o incluso de penalizaciones en caso de fallo dentro de sus obligaciones en materia de gestión de los riesgos. Sea cual sea la formalización de la contratación sobre los riesgos, el responsable del procesamiento siempre conservará una parte de las responsabilidades, especialmente respecto a su obligación de control del infogerente.

El mantenimiento del equilibrio de una relación ganador/ganador necesita que el director estratégico se dedique a su función de control de los compromisos de servicio y para eso debe asegurar un seguimiento activo de los indicadores. Esta tarea requiere movilizar recursos internos con una fuerza proporcional al volumen de indicadores que hay que evaluar, a la complejidad de su producción, incluso a la necesidad de verificar su objetividad.

2. Las ventajas y los inconvenientes de la elección de la infogerencia

El análisis de las ventajas/inconvenientes supervisa la elección de una estrategia de infogerencia. Este análisis es necesariamente multicriterio e incluye, en lo esencial, una lectura específica de los puntos fuertes y las debilidades de la organización afectada. Aquí debajo retomamos, a título ilustrativo, la tabla de análisis ventajas/inconvenientes de la elección de la infogerencia tal cual está integrada en el EDSI de nuestro cliente, la Sociedad Nacional de Sujetapapeles y Clips (SONASUC):

	BENEFICIOS A DETERMINAR	**AMENAZAS A COMBATIR**
LEGIBILIDAD GOBERNANZA ORGANIZACIÓN	La infogerencia crea de hecho una legibilidad de los territorios de responsabilidades que delega a un prestatario. La referencia obligatoria al contrato fuerza a una observación permanente del reglamento. La colaboración de dos entidades obliga a una gobernanza activa. La infogerencia es ética porque no autoriza las posturas débiles.	Evitar toda situación que tiende a degradar la responsabilización de los actores: confusión, solapamientos, dirección policéfala, etc. Además, para controlar la infogerencia se exige una gran solidez de los equipos de dirección estratégica.

	BENEFICIOS A DETERMINAR	AMENAZAS A COMBATIR
GESTIÓN DE LA CALIDAD, COMPROMISOS DE SERVICIO, DINÁMICA ÉTICA, MEJORA CONTINUA	Bien diseñado, un contrato de infogerencia coloca al prestatario dentro de una dinámica ética, donde, cuanto más mejora el servicio, más mejora su propio resultado. Una lógica ganador/ganador a veces difícil de crear con RR HH internos porque requiere una inversión extra a corto plazo, para obtener beneficios a medio y largo plazo.	La calidad del contrato es fundamental. Si no se presta atención, el motor del contrato se puede invertir y, de ético, convertirse en malvado. Esto pasa con contratos donde, cuantos más problemas hay, más mejora el prestatario su cifra de negocios porque se le remunera por intervención.

	BENEFICIOS A DETERMINAR	AMENAZAS A COMBATIR
HABILIDAD ADAPTABILIDAD COMPETENCIAS POLÍTICA RR HH ACTIVA	La infogerencia está íntimamente relacionada con los recursos humanos, por definición especializados y situados dentro de una dinámica de cambio continuo. Esta externalización de los recursos humanos permite beneficiarse permanentemente de las competencias mejor adaptadas a los problemas planteados. Competencias que se refuerzan por el hecho de su concentración y especialización.	La externalización de los RR HH plantea el problema de una pérdida de competencias que puede llevar a una pérdida de la dirección estratégica de su propio sistema de información. Sin embargo, este riesgo debe valorarse de manera distinta dependiendo de si se trata de infraestructuras cuyo modo de funcionamiento puede considerarse poco importante o, al contrario, si se trata de soluciones de aplicaciones, necesariamente prolongadas por procesos internos y que nos llevan a la pregunta del control de los datos.

	BENEFICIOS A DETERMINAR	AMENAZAS A COMBATIR
MUTUALIZACIÓN INDUSTRIALIZACIÓN DISMINUCIÓN DE LOS COSTES	La infogerencia se basa en la idea de que un prestatario que da el mismo servicio a centenares de clientes puede hacerlo en condiciones financieras favorables mutualizando los recursos e industrializando la prestación realizada. Entonces la infogerencia aparece como una evidencia cuando el servicio esperado se puede calificar como estándar.	La rentabilidad de la infogerencia se degrada muy rápido si el cliente pide algo específico (obligaciones particulares de seguridad, plataformas atípicas, software personalizado, etc.). Además, la cuantificación de la rentabilidad de la infogerencia exige que el cliente pueda objetivar la realidad de sus costes internos equivalentes.
JUGAR CON EL REPARTO DE CARGAS ENTRE INVERSIÓN Y FUNCIONAMIENTO	La infogerencia lleva a adquirir como un servicio prestaciones que, si se realizaran internamente, implicarían inversiones. Para una empresa, y con un coste equivalente, esta transferencia de funcionamiento tiene muchas ventajas fiscales y comparativas.	Puede haber estrategias de empresa que llevan a dar preferencia a la inversión. Entonces la infogerencia no será adecuada.

	BENEFICIOS A DETERMINAR	AMENAZAS A COMBATIR
CONTINUIDAD, SEGURIDAD, PROTECCIÓN DE LOS DATOS	Unida a los recursos externalizados, la infogerencia permite aumentar las soluciones de seguridad: páginas web muy seguras, redundancias multicéntricas, mallado de las redes, etc. La virtualización de los recursos en la nube ofrece entornos más fuertes.	Apartarse de la política de seguridad abre la puerta al riesgo de dejar de evaluar y desestimar los peligros de la nube. También es importante evaluar el riesgo sobre la propiedad y la territorialidad de los datos. Al igual que el riesgo de debilitamiento del control de la capacidad de transferencia y de reversión.
VOLVER A CENTRARSE EN LA DIRECCIÓN ESTRATÉGICA, LA ESTRATEGIA Y LO FUNCIONAL	Al liberarse de las contingencias del SI y depositarlas en prestatarios infogerentes, el director estratégico puede volver a centrarse en sus funciones de gran valor añadido: estrategia SI, rendimiento funcional, reingeniería, etc.	La infogerencia supone que los datos confiados al infogerente no tienen un elevado valor estratégico. Igualmente, la externalización de los datos puede estar limitada por obligaciones normativas (soberanía, confidencialidad, sanidad, etc.).

	BENEFICIOS A DETERMINAR	AMENAZAS A COMBATIR
OPTIMIZACIÓN FUNCIONAL	La externalización de lo funcional (SaaS) permite liberarse de la intendencia (operación y MCO) para dedicarse al uso de la solución. También tiene la ventaja de frenar los retrasos del desarrollo específico lanzándose con fuerza hacia el uso de soluciones empaquetadas.	El modo SaaS debilita la postura del director estratégico respecto a su prestatario. La atomización de las piezas funcionales del SI puede llevar a debilitar su dirección, especialmente en lo relacionado con la capacidad de gestionar pasarelas entre aplicaciones o la posibilidad de alimentar de manera homogénea depósitos de datos.

3. Definir el perímetro de una política de infogerencia

En la primera fase del ciclo de vida de vida de un proyecto de infogerencia, el análisis del perímetro debe permitir evaluar las oportunidades de externalización, comprender las consecuencias en materia de organización y de recursos humanos, estimar el impacto financiero y evaluar los beneficios esperados, así como los riesgos. La información necesaria para realizar este análisis se puede organizar usando la 2MSI. El análisis se hará celda por celda caracterizando criterios tales como: oportunidades, organización, consecuencias financieras, beneficios y riesgos.

Matriz de análisis estratégico de la infogerencia

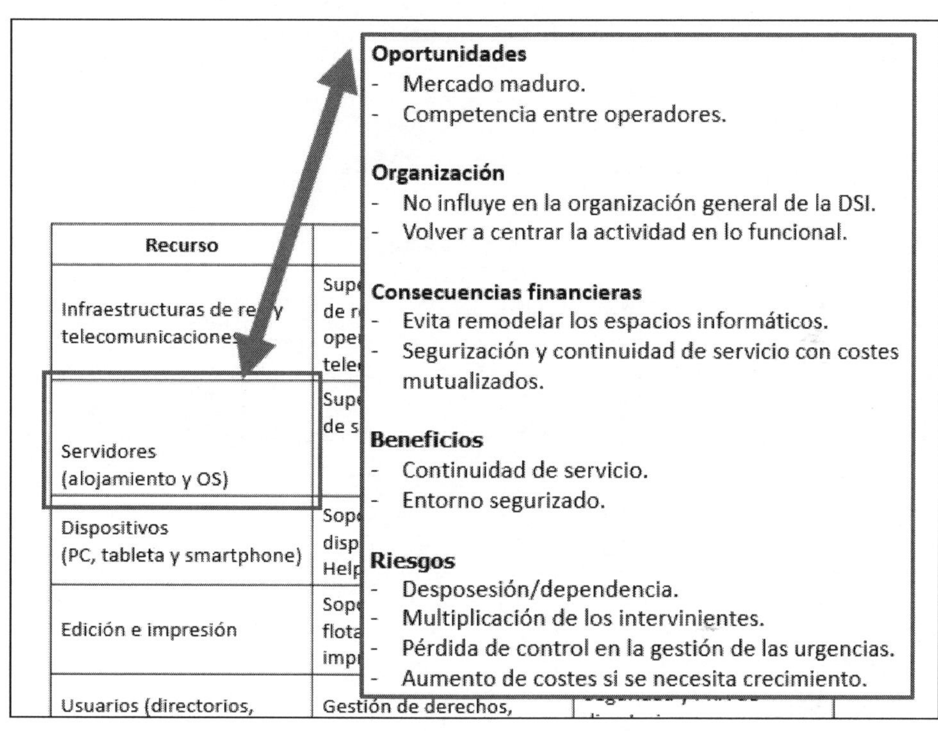

Una vez realizado el análisis estratégico, es posible mapear el perímetro de la política de infogerencia. Es decir, determinar, para cada una de las celdas de la matriz, si está afectada por la externalización planeada:

Mapeado de la infogerencia

Infraestructuras de red y telecomunicaciones	Supervisión y operación de la red. Gestión operadores de red y telecomunicaciones	Integridad, seguridad y PRA de red y telecomunicaciones
Servidores (alojamiento y OS)	Supervisión y operación de servidores	Integridad, seguridad y PRA de datos y configuraciones
Dispositivos (PC, tableta y smartphone)	Soporte y operación de dispositivos. Helpdesk	Seguridad de dispositivos
Edición e impresión	Soporte y operación de flota de edición e impresión. Helpdesk	Seguridad. Confidencialidad. Costes
Usuarios (directorios, correo y ofimática)	Gestión de derechos, correo y ofimática	Seguridad y PRA directorios, correo y acceso
Aplicaciones de negocio	Supervisión y operación de aplicaciones de negocio. Relaciones editores	Seguridad, integridad y PRA aplicaciones de negocio
Riesgos	Supervisión de los riesgos. Evaluación de los impactos	Seguros, asistencia jurídica

En este ejemplo, el mapeado (celdas grises) pone en evidencia la elección de una política de infogerencia que da prioridad a las infraestructuras y a su operación. La DSI mantiene el control sobre la parte fundamental de las políticas de protección del SI, así como sobre el conjunto de las funciones relacionadas con los usuarios, las aplicaciones de negocio y la gestión de los riesgos. Es decir, mantiene un control directo sobre las funciones más estratégicas.

4. Infogerencia a la carta o según los principales ámbitos: ¿qué modelo elegir?

En la sección anterior, hemos hecho un análisis celda por celda de la matriz 2MSI. Pero ¿este modelo es satisfactorio? ¿Podemos imaginarnos otros? ¿Cuáles son las ventajas e inconvenientes? Podemos plantear muy pocas situaciones donde el perímetro de una infogerencia coincidiría exactamente con la división de las celdas de la 2MSI. Aquí debajo exploramos algunos modelos más operativos:

Infogerencia a la carta

	Recurso	Gestión	Protección
Red			
Servidores			
Dispositivos			
Edición e impresión			
Usuarios			
Negocios			
Riesgos			

Dentro de este modelo, el perímetro de un contrato de infogerencia (aquí definido por un determinado nivel de gris) puede no afectar a una celda completa de la matriz, solapar los límites y extenderse a varias capas del SI.

Esta solución, la más ligera, tiene la ventaja de desarrollar una política de infogerencia lo más cercana posible al análisis de los puntos fuertes y débiles del SI. En cambio, tiene el inconveniente principal de una falta de legibilidad y multiplica los problemas de definición de los perímetros de responsabilidad y de intervención de los distintos actores (ver a continuación las tablas de definición de los niveles de responsabilidad del infogerente del centro de servicios «puestos de trabajo de usuarios» de nuestro ejemplo, SONASUC).

Infogerencia selectiva, horizontal

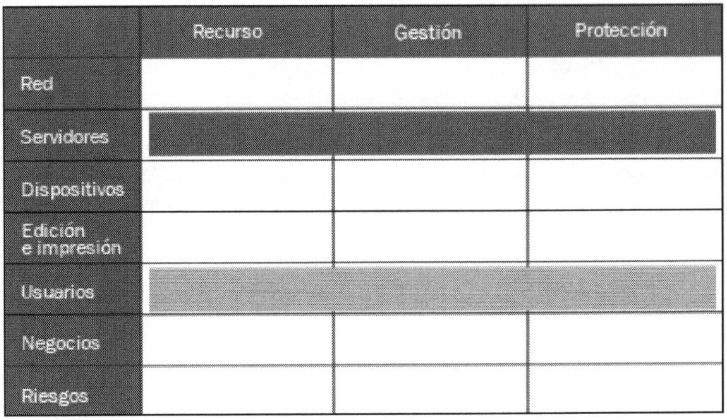

	Recurso	Gestión	Protección
Red			
Servidores			
Dispositivos			
Edición e impresión			
Usuarios			
Negocios			
Riesgos			

Dentro de este modelo, el contrato de infogerencia es competencia de un estrato del SI en su conjunto.

Este enfoque presenta la ventaja de una gran legibilidad. Reduce considerablemente los problemas de limitación de las responsabilidades. Favorece una infogerencia evaluada sobre una obligación de resultados identificados por todo un estrato del SI.

Recomendamos este modelo como modelo objetivo.

Infogerencia selectiva, vertical

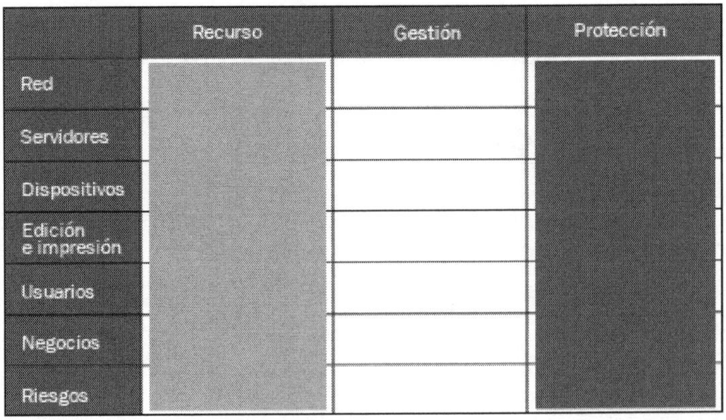

	Recurso	Gestión	Protección
Red			
Servidores			
Dispositivos			
Edición e impresión			
Usuarios			
Negocios			
Riesgos			

En este caso la geometría está invertida respecto al modelo anterior. El contrato de infogerencia engloba toda una columna de la matriz.

Este modelo también tiene la ventaja de la legibilidad. Sin embargo, parece poco realista si se compara con la oferta del mercado, que no se ha desarrollado según esta disposición. Además, como es difícilmente generalizable a todo el SI, introduce de manera inevitable intersecciones de perímetro entre ámbitos infogestionados en vertical y otros infogestionados en horizontal. El único ámbito donde podemos conseguir aplicar nuestro conjunto es la parte con gran valor añadido de una política de seguridad. Por ejemplo, la infogerencia de un SOC (*Security Operation Center*) transversal a todas las capas del SI.

Infogerencia global

	Recurso	Gestión	Protección
Red			
Servidores			
Dispositivos			
Edición e impresión			
Usuarios			
Negocios			
Riesgos			

En este caso, todo el SI se confía a un infogerente único.

Este modelo sigue siendo un boceto porque, por supuesto, no existe ningún prestatario que sea capaz de dar este servicio. Sin embargo, es interesante hacer notar que en el futuro podría ser un objetivo para las organizaciones que desean descargarse completamente de los problemas del SI. Según nuestra experiencia de los últimos años, es una tendencia. Por otra parte, se une al proceso de «convergencia» (tecnológica o de aplicación) que buscan algunas organizaciones. Entonces, es muy frecuente que el infogerente se ocupe no solo de la gestión del SI, sino también de su transformación con la convergencia como objetivo.

Tenemos una primera experiencia, positiva, de una organización, en este caso una administración, que no tiene servicio informático y la parte fundamental del SI se confía a un mismo infogerente, mientras que dispone de un servicio «dirección estratégica del SI» que se ocupa de la gestión y del control del infogerente.

5. Definir de manera contractual el perímetro de la prestación de un infogerente

Aquí debajo retomamos, a título ilustrativo, la definición contractual de la infogerencia del centro de servicios de los entornos de trabajo de usuarios de nuestro ejemplo, la Sociedad Nacional de Sujetapapeles y Clips. En el caso actual, esta definición está asociada a una división según los grandes procesos ITIL.

Para cada proceso, se indican:

- El nivel de responsabilidad, método RACI (responsable, actor, contribuyente e informado).
- El perímetro SI al que se aplica la responsabilidad definida.
- Las modalidades de implantación de la responsabilidad definida.

Tablas de definición de los niveles de responsabilidad del infogerente del Centro de servicios de puesto de trabajo de la Sociedad Nacional de Sujetapapeles y Clips (SONASUC)

DISEÑO DE LOS SERVICIOS			
PROCESOS ITIL	**NIVEL DE RESPONSABILIDAD DEL INFOGERENTE**	**PERÍMETRO**	**MODALIDADES**
Diseño del catálogo de servicios	Contribuyente	Todo el SI	Participación en la gestión del SI. El titular avala la coherencia y la evolución del catálogo de servicios (adición, modificación o eliminación de servicios existentes). Es aval de la exhaustividad de la información asociada a cada línea de servicio, que debe permitirle implantarlo o seguir con su ejecución.

DISEÑO DE LOS SERVICIOS			
PROCESOS ITIL	**NIVEL DE RESPONSABILIDAD DEL INFOGERENTE**	**PERÍMETRO**	**MODALIDADES**
Gestión de los niveles de servicio	Contribuyente	Todo el SI	Punto de referencia definido en período de capacidad de transferencia. El titular es aval de la coherencia entre los SLA posicionados y los OLA de los distintos actores del SI. Es torre de control y tiene la misión de hacer respetar los OLA/ SLA, y avisar a la DSI en caso de incumplimientos.
Gestión de los proveedores	N/A		
Gestión de la disponibilidad	Contribuyente	Entorno de trabajo usuarios	Punto de referencia definido en período de capacidad de transferencia.
Gestión de la continuidad	Contribuyente	Entorno de trabajo usuarios	Punto de referencia definido en período de capacidad de transferencia.

DISEÑO DE LOS SERVICIOS			
PROCESOS ITIL	**NIVEL DE RESPONSABILIDAD DEL INFOGERENTE**	**PERÍMETRO**	**MODALIDADES**
Gestión de la capacidad	Contribuyente	Entorno de trabajo usuarios	Punto de referencia definido en período de capacidad de transferencia.
Gestión de la seguridad de la información	Contribuyente	Todo el SI	Participación en la gestión del SI. Como operador de perímetro del SI, y especialmente del directorio de los usuarios, el titular es parte interesada del respeto de las políticas de seguridad y tiene como obligación una misión de asesoría sobre la seguridad del SI.

TRANSICIÓN DE LOS SERVICIOS			
PROCESOS ITIL	**NIVEL DE RESPONSABILIDAD DEL INFOGERENTE**	**PERÍMETRO**	**MODALIDADES**
Gestión de los activos y de las configuraciones	Responsable	Centro de servicios: inventario y CMDB hardware y software entorno de trabajo usuarios. Gestión del stock	Inventario: el titular es responsable de la producción de la información para el entorno de trabajo usuarios y de la coordinación y de la calidad de la información de los intervinientes para el resto del SI. Stock: el titular gestiona los stocks asociados a los entornos de trabajo.
Gestión de los cambios	Contribuyente	Todo el SI	Participación en el comité de los cambios, portador de los cambios que afectan al entorno de trabajo usuarios.
Gestión de las PEP y de los despliegues	Responsable	Entorno de trabajo usuarios	Implantación de los cambios del entorno de trabajo usuarios.

TRANSICIÓN DE LOS SERVICIOS			
PROCESOS ITIL	**NIVEL DE RESPONSABILIDAD DEL INFOGERENTE**	**PERÍMETRO**	**MODALIDADES**
Gestión de los conocimientos	Responsable	Entorno de trabajo usuarios/Todo el SI	Responsable de la producción de la información para el entorno de trabajo usuarios y de la coordinación y de la calidad de la información de los intervinientes para el resto del SI.
Planificación y apoyo a la transición	Responsable	Entorno de trabajo usuarios	Planificación dentro del perímetro del entorno de trabajo usuarios.
Prueba y validación de servicio	Responsable	Entorno de trabajo usuarios	Responsable de pruebas y de la validación de los cambios aportados para el perímetro del entorno de trabajo usuarios.
Evaluación	Responsable	Centro de servicios	Creación de informes y comitología. Centro de servicios.

OPERACIÓN DE LOS SERVICIOS			
PROCESOS ITIL	**NIVEL DE RESPONSABILIDAD DEL INFOGERENTE**	**PERÍMETRO**	**MODALIDADES**
Gestión de los eventos	Responsable	Entorno de trabajo usuarios	Según los eventos adaptados al punto de referencia, responsable de la supervisión y del tratamiento en el perímetro entorno de trabajo usuarios en directo.
Gestión de los incidentes	Responsable	Entorno de trabajo usuarios/ Seguimiento en todo el SI	Siempre responsable del diagnóstico inicial. Responsable de principio a fin en su perímetro. Responsable del seguimiento, de la actividad torre de control. Aval del respeto de los SLA fuera de su perímetro. Garantiza la comunicación a los usuarios. Participación en el comité. Gestión de los incidentes.

OPERACIÓN DE LOS SERVICIOS			
PROCESOS ITIL	**NIVEL DE RESPONSABILIDAD DEL INFOGERENTE**	**PERÍMETRO**	**MODALIDADES**
Gestión de los problemas	Responsable	Entorno de trabajo usuarios	Participación en el comité *ad hoc*, resolución de los problemas dentro del perímetro entorno de trabajo usuarios y escalada y transferencia del seguimiento de los tickets de problemas hacia los otros intervinientes. Responsable de la identificación y de la cualificación de los problemas en el perímetro de información que posee el centro de servicios.
Gestión de la ejecución de las consultas	Responsable	Entorno de trabajo usuarios/ Seguimiento en todo el SI	Gestión de las demandas en directo, de principio a fin, o responsabilidad escalada y seguimiento de realización.

OPERACIÓN DE LOS SERVICIOS			
PROCESOS ITIL	**NIVEL DE RESPONSABILIDAD DEL INFOGERENTE**	**PERÍMETRO**	**MODALIDADES**
Gestión de los accesos	Responsable	Entorno de trabajo usuarios	Implantación de los procedimientos. Aval de respetarlos.
Centro de servicios	Responsable	Todo el SI	Según el mercado actual.
Gestión de las operaciones de TI.	Responsable	Entorno de trabajo usuarios	Gestión de las operaciones dentro del entorno de trabajo usuarios y escalada y transferencia del seguimiento hacia los otros intervinientes.

MEJORA CONTINUA DE LOS SERVICIOS			
PROCESOS ITIL	**NIVEL DE RESPONSABILIDAD DEL INFOGERENTE**	**PERÍMETRO**	**MODALIDADES**
Gestión de la mejora continua	Responsable	Centro de servicios y entorno de trabajo usuarios	El titular incluye en su prestación un proceso de mejora continua de su prestación. Es contribuyente del proceso de mejora continua en el conjunto del perímetro de la DSI. Implantación según las modalidades previstas en el mercado actual.

6. Gestionar la infogerencia en cascada

La intervención conjunta de varios infogerentes necesita, por supuesto, delimitar los perímetros de prestación de cada uno de ellos. Sin embargo, esta práctica coloca al director estratégico en una postura limitadora que obliga a establecer una relación entre los infogerentes (cada uno atrincherado dentro de su perímetro) para garantizar la coordinación transversal necesaria sin la que el SI no sabría funcionar. Entonces, otra práctica consiste en organizar de manera contractual una coordinación que se establece directamente entre los infogerentes, sin la mediación del director estratégico.

Aquí debajo retomamos, a título de ejemplo, los tres niveles de coordinación de «servicios de terceros» previstos por el contrato de infogerencia del centro de servicios de los entornos de trabajo usuarios de **SONASUC**:

- Servicio de terceros reemplazado.
- Servicio de terceros supervisado.
- Delegación de prestaciones.

Las situaciones mencionadas se aplican a la apertura y al tratamiento del ticket relativo a un incidente en un puesto de trabajo.

Gestión de los servicios de terceros/cuaderno de cargas de infogerencia del centro de servicios de SONASUC

Servicios de terceros reemplazados. *En el caso de servicios de terceros reemplazados, la intervención del titular se limita a responsabilizarse del ticket, a su calificación, a la determinación de su asignación, y luego a su transmisión al servicio de terceros para el procesamiento.*

Entonces, se suspenden los plazos asociados a los indicadores de rendimiento del titular. En los distintos barómetros y cuadros de indicadores del servicio, el titular identifica los indicadores relativos al seguimiento de los tickets atribuidos a terceros reemplazados. Estos tickets no entran en la evaluación de la prestación del titular.

El titular organiza el retorno de información de los servicios de terceros reemplazados hacia la herramienta ITSM, para garantizar el cierre de los tickets una vez resueltos por el servicio de terceros.

Además, el titular formaliza y organiza la alerta de la DSI sobre los desbordamientos de SLA por los terceros reemplazados.

Servicios de terceros supervisados. *En el caso de servicios de terceros supervisados, el titular interviene por delegación del director estratégico en la supervisión del prestatario afectado. Entonces, la intervención del titular se basa en un proceso de formalización de la contratación con el prestatario considerado, que puede tratar de:*

- *Los procesos.*
- *La gestión de los derechos y habilitaciones.*
- *El catálogo de servicios y los SLA.*

- *La comitología asociada a la prestación.*
- *La interfaz de las herramientas ITSM.*
- *La gestión de los stocks.*
- *El seguimiento operativo de las intervenciones.*
- *Un proceso conjunto de mejora continua.*

Entonces, el titular puede impulsar la calificación de los tickets hasta accionar directamente un proceso interno del servicio de terceros.

Los indicadores de servicio del titular no están suspendidos por la transmisión al servicio de terceros. El titular sigue siendo responsable del seguimiento y del cierre de los tickets afectados, como si se le hubiera asignado este ticket.

La implantación de una relación de servicios de terceros supervisados es imprescindible cuando el servicio de terceros es proporcionado por el titular, o por una empresa del mismo grupo, a título de otro acuerdo.

***Delegación de prestaciones**. Si fuera el caso, un tercero reemplazado o supervisado puede delegar intervenciones de nivel 1 al titular en caso de que haya un interés de eficacia y optimización, para todos los actores, de que sea el titular el que se ocupe de la acción (evitar desplazamientos, simplificar la coordinación, etc.).*

Esta delegación solo es posible si el titular dispone de las habilitaciones y competencias requeridas, y si el tercero enmarca y documenta la intervención.

Estas delegaciones de buena gestión no dan lugar a refacturación.

7. Definir las unidades de trabajo de un contrato de infogerencia

Las unidades de trabajo que constituyen la base de la relación económica entre director estratégico e infogerente tienen una parte importante dentro del equilibrio de la relación contractual. Para ello, tiene que reflejar sinceramente la movilización de los medios del infogerente en relación con el nivel de servicio esperado por el cliente y la seguridad con la que debe desempeñarse este servicio. También deben incluirse dentro de una lógica de círculo virtuoso que permita una mejora continua de los procesos, el mantenimiento de la calidad del servicio desempeñado e igualmente la no degradación de todo lo que constituye la base del sistema de información, incluida la gestión del conocimiento o incluso la gestión del riesgo.

Estas unidades de trabajo también deben tener otras virtudes para facilitar la administración, incluso el control. En este sentido, un catálogo con un exceso de unidades de trabajo en acción no se podría administrar ni controlar fácilmente.

Las unidades de trabajo elegidas deben dejar al infogerente todo el margen de maniobra dentro de su propia organización. Si un cliente recurre al out-sourcing (búsqueda, evaluación y contratación de proveedores a través de Internet), es porque no sabe o no quiere hacerlo. Entonces, la respuesta del infogerente, sus conocimientos y su pericia estarán al servicio del objetivo de rendimiento y de seguridad del cliente. Por lo tanto, es muy importante que las unidades de trabajo no condicionen una relación de ordenante a ejecutor, sino que más bien personifiquen una relación de tipo colaboración ganador/ganador. Por ejemplo, hacer lo necesario para que el infogerente esté muy interesado en prevenir los incidentes, de manera que disminuya la cantidad, permite aumentar la satisfacción del director estratégico al mismo tiempo que minimiza sus propios volúmenes de intervención.

En este sentido, al tratarse, por ejemplo, de la infogerencia de un helpdesk de dispositivos, recomendamos desterrar unidades de trabajo basadas en la cantidad de intervenciones, que llevan a aumentar la remuneración del infogerente cuando aumenta la cantidad de incidentes. Dentro de este planteamiento, y desde la perspectiva del infogerente, la estrategia de optimización resultante consiste en efectuar solo intervenciones curativas (lo contrario de preventivas) y mínimas, de manera que no se seque la fuente de remuneración de los incidentes. Por el contrario, nosotros recomendamos usar unidades de trabajo fijas, por ejemplo, asociando precios a cantidad, por tipo de dispositivos (por ejemplo, un precio fijo de x euros por una flota de x PC). En este caso, el infogerente no está interesado en que las intervenciones se multipliquen. Al contrario, su estrategia de optimización le invitará a incluirse dentro de un círculo virtuoso de intervenciones en profundidad y preventivas, de manera que la cantidad de intervenciones se minimice, y por lo tanto los costes, dentro del marco de un precio fijo de remuneración estable.

Experiencia

El contrato de infogerencia implantado por la Sociedad Nacional de los Sujetapapeles y Clips para su centro de servicios informáticos de puesto de trabajo incluye precios asociados a cada una de las grandes prestaciones que componen el servicio. Estos precios son fijos y solo varían si el SI experimenta una variación global de volumen de +/- 5 % de la cantidad de usuarios.

Los precios fijos mensuales recurrentes son los siguientes:

- *Gobernanza del acuerdo.*
- *Gestión del SI y del centro de servicios.*
- *Documentación del SI.*
- *Prestación de ventanilla y de asistencia.*
- *Intervención cerca del usuario.*
- *Intervenciones programadas.*
- *Ingeniería y diseño.*

Cada uno de estos precios fijos tiene asociadas obligaciones de resultado, expresadas en el SLA. Así, sobre la prestación de ventanilla y de asistencia:

SLA Y KPI BASES DE LA PRESTACCIÓN DE VENTANILLA Y DE ASISTENCIA						
NIVELES DE SERVICIO (SLA)		**INDICADORES CLAVE DE RENDIMIENTO (KPI)**				
Compromiso	**Perímetro**	**Definición**	**6pm***	**Spi***	**Rc1***	**Rc2***
Atención de llamada	Ninguna pérdida	Cantidad de llamadas telefónicas no atendidas/ cantidad de llamadas recibidas en la ventanilla.	10 %	5 %	4 %	3 %
Atención de un mensaje	Tiempo de atención < 1 h	Proporción de mensajes abiertos en menos de una hora.	70 %	85 %	90 %	95 %
Calidad de los tickets	Todos	Cantidad de tickets redirigidos después de una mala escalada, una mala calificación o un diagnóstico incompleto (interno o de terceros/ cantidad total de tickets abiertos.	10 %	5 %	4 %	3 %

SLA Y KPI BASES DE LA PRESTACCIÓN DE VENTANILLA Y DE ASISTENCIA						
NIVELES DE SERVICIO (SLA)		**INDICADORES CLAVE DE RENDIMIENTO (KPI)**				
Compromiso	**Perímetro**	**Definición**	**6pm***	**Spi***	**Rc1***	**Rc2***
Adecuación del tratamiento de los tickets	Todos	Cantidad de tickets reabiertos después de un cierre erróneo/ cantidad total de tickets cerrados.	10 %	5 %	4 %	3 %
Plazos de resolución de los incidentes atribuidos al centro de servicios	Todos los incidentes	Proporción de tickets no cerrados o cerrados fuera de plazo/cantidad total de tickets cerrados (solo los tickets atribuidos al centro de servicios). P1 = 2 h trabajadas. P2 = 6 h trabajadas. P3 = 3 días trabajados.	10 %	5 %	4 %	3 %

SLA Y KPI BASES DE LA PRESTACCIÓN DE VENTANILLA Y DE ASISTENCIA						
NIVELES DE SERVICIO (SLA)		**INDICADORES CLAVE DE RENDIMIENTO (KPI)**				
Compromiso	**Perímetro**	**Definición**	**6pm***	**Spi***	**Rc1***	**Rc2***
Plazos de tratamiento de los IMAC	Todos los IMAC	Proporción de tickets no cerrados o cerrados fuera de plazo/cantidad total de tickets cerrados (solo los tickets atribuidos al centro de servicios). 1 día trabajado para una intervención a distancia. 4 días trabajados para una intervención *in situ*.	10 %	5 %	4 %	3 %

** 6pm: durante los 6 primeros meses.*

** Spi: durante el saldo del período inicial del contrato.*

** Rc1: durante el primer período de reconducción del contrato.*

** Rc2: durante el segundo período de reconducción del contrato.*

Las penalizaciones se calculan sobre el precio fijo global asociado a la prestación de ventanilla y de asistencia. Están asociadas a los SLA:

1 % del precio fijo mensual por fallo inferior al 2 % de cada uno de los SLA definidos en el punto de referencia.

2 % del precio fijo mensual por fallo incluido entre 2 % y 5 % de cada uno de los SLA.

5 % del precio fijo mensual por fallo superior al 5 % de cada uno de los SLA.

Las penalizaciones están limitadas al 15 % del precio fijo mensual.

8. La protección del patrimonio de la información

El Cigref (Club informático de las grandes empresas francesas) define el patrimonio de la información como «el conjunto de los datos y los conocimientos, protegidos o no, valorizables o históricos de una persona física o jurídica». Por lo tanto, es un patrimonio inmaterial donde lo esencial, y cada vez más la totalidad, lo lleva el sistema de información, ya se trate de datos o de procesos.

Con frecuencia, este patrimonio es indispensable para el buen funcionamiento de la organización que lo posee. Asimismo, su propietario debe asegurar que este patrimonio esté disponible para todos los usuarios que lo necesiten para su actividad y que estén autorizados a acceder a él, ya sea conservándolo de forma apropiada a lo largo del tiempo o garantizando su imputabilidad y por lo tanto la trazabilidad de su origen. Debe asegurar la protección, garantizando su disponibilidad y confidencialidad, su autenticidad y su integridad, su trazabilidad y su sostenibilidad.

Sea cual sea el modelo de infogerencia, el titular de un contrato de este tipo siempre será responsable al menos de una parte de este patrimonio de información o, como mínimo, tendrá acceso a través de operaciones de mantenimiento, por ejemplo. Por supuesto, el contrato de infogerencia preverá la incorporación de las normas en materia de protección de este patrimonio de información en todas sus dimensiones. También preverá la gestión de los riesgos vinculados a la segurización de este patrimonio, como se indica en el primer párrafo de este capítulo. Probablemente también tendrá, para cada parte afectada, distintos seguros para cubrir estos riesgos. Pero habrá situaciones donde las estipulaciones contractuales y los seguros no serán suficientes. Este será el caso, por ejemplo, cuando los datos afectados tienen una importancia especialmente estratégica o tratan de secretos industriales, o incluso son especialmente sensibles en materia de datos personales.

Pero, generalizando, la confianza producida por estipulaciones de un contrato bien construido sobre el plan de la gestión de los riesgos y las compensaciones previstas en caso de siniestro tampoco prohíben presentar otras garantías sobre la protección de un patrimonio de este tipo o simplemente presentar los medios de controlar el respeto de las medidas de seguridad que deben llevar a cabo el infogerente y su personal.

Entonces será necesario que el contrato de infogerencia esté precedido por la implantación de una infraestructura adaptada a estos objetivos de seguridad y de control. Podrá tratarse, por ejemplo, de implantar:

- El encriptado de datos sensibles, con el desencriptado accesible a los únicos agentes autorizados del director estratégico.
- Un sistema de gestión de los accesos a privilegios para conservar los registros de todas las intervenciones hechas en ciertos datos, ciertos espacios o ciertas aplicaciones.
- Unas herramientas de protección contra la filtración de datos (soluciones de DLP o Data Loss Prevention).

En todos los casos, será esencial para el director estratégico disponer de los recursos para asegurar el control de la buena ejecución de las medidas de seguridad que garantizan la protección del patrimonio de la información.

9. Supervisión de la reversibilidad con la matriz 2MSI

Cada contrato de infogerencia es objeto de un plan de reversibilidad. Se define una versión inicial de un plan de este tipo en el momento de la oferta de infogerencia y trata a la vez de la reversibilidad entrante y saliente.

La reversibilidad entrante, o «transferencia de servicio» con punto de referencia eSCM-CL, incluye como mínimo:

- Un plan de transición del servicio, para planificar y seguir las actividades de definición y de despliegue del servicio infogestionado (planning detallado con lista de los entregables, hitos, recursos, cargas y plazos para cada actividad).

- Un plan de verificación del diseño del servicio, para permitir validar el modelo de diseño del servicio antes del despliegue, así como garantizar el buen suministro del servicio y el respeto de los SLA (prueba de servicios de un director con organización, procesos, herramientas y conocimientos).
- La descripción de las operaciones de transferencia de recursos, para asegurar el servicio del hardware, del software y de los entornos tomando los inventarios como base.
- La descripción de la posible transferencia de personal (si está previsto en el contrato).
- La definición de las modalidades de transferencia de los conocimientos a partir de los inventarios de estos.

Sin embargo, el plan de reversibilidad entrante será dependiente de la réplica de la reversibilidad saliente en caso de cambio de infogerente o de la organización de la dirección estratégica en caso de primera externalización. Así, el plan de reversibilidad entrante se tiene que reajustar a la luz de estos parámetros para ser especialmente operativo. La perfecta definición del protocolo de servicio de las prestaciones y transferencias asociadas es especialmente importante porque este plan de reversibilidad entrante sirve de base a la recepción de estas operaciones.

Aunque la reversibilidad entrante es el aval del buen inicio de las operaciones de infogerencia, solo tiene existencia propia en la fase inicial del contrato. A la inversa, la reversibilidad saliente nace al final de la fase inicial y debe vivir durante toda la ejecución del contrato para preparar el final de este.

El plan de reversibilidad saliente contiene, como mínimo:

- Una planificación de la reversibilidad con hitos, la lista de los procesos que hay que transferir, las modalidades de servicio, los equipos afectados, las competencias y las formaciones necesarias, y las transferencias de conocimientos que hay que operar.
- Un plan de continuidad de servicio sobre la base del análisis de los riesgos asociados a la reversibilidad, detallando las actividades y los actores de este plan (entrantes y salientes).

- La organización de la transferencia y del servicio de los recursos por el nuevo infogerente tomando los inventarios como base (hardware, software, entornos, etc.).
- Si fuera el caso, la organización de la transferencia del personal.
- La organización de la transferencia y del servicio de los conocimientos sobre la base de los inventarios, incluyendo todos los puntos de referencia técnicos, pero también las exigencias de negocio específicas del director estratégico y sus usuarios finales, las exigencias de seguridad respecto de las normas, los riesgos identificados para el servicio, y las acciones preventivas y correctivas que necesitan interacción con los usuarios.
- Las modalidades de recepción de cada una de las prestaciones de reversibilidad.

Para ser operativo durante toda la ejecución del contrato de infogerencia, el plan de reversibilidad saliente debe actualizarse permanentemente. En efecto, es evidente que, como mínimo, los «conocimientos» deberán forma parte de todos los cambios que van a afectar al perímetro infogestionado del sistema de información. Además, posiblemente también habrá que volver a evaluar la organización de la transferencia de los recursos debido a una evolución considerable de estos, o modificar el plan de continuidad debido a nuevos riesgos vinculados con nuevas infraestructuras implantadas durante el contrato.

La matriz 2MSI, para cada pieza afectada por la infogerencia, servirá de guía de evaluación de un buen mantenimiento actualizado del plan de reversibilidad. Cada criterio de análisis, para cada pieza afectada, tendrá en cuenta el plan de reversibilidad, y muy especialmente el subcriterio documentación del SI (o gestión del conocimiento tomando como referencia el eSCM-CL). Evaluará los procesos de actualización de este plan como documentación específica de la reversibilidad.

Capítulo 10
Segurizar el SI y gestionar los riesgos

1. Darse cuenta de la importancia del reto de la seguridad y de los riesgos

Cuando se aborda la cuestión de la seguridad de los SI en todo tipo de organizaciones, sea cual sea su sector de actividad y su tamaño, estas siempre juzgan que la seguridad de su SI es adecuada, o al menos suficiente, mientras son perfectamente conscientes de su extrema dependencia del SI. Sin embargo, todo nos lleva a creer que a pesar de los esfuerzos cada vez más importantes en materia de seguridad, especialmente por el hecho del aumento de las inversiones en este ámbito, la mayoría de las organizaciones están lejos de poder descartar el peligro.

Los atacantes son cada vez más sofisticados. A los atacantes con un perfil cibercriminal clásico se están uniendo atacantes estatales, lo máximo en la convergencia de intereses y herramientas. Esta porosidad de perfiles y la selección de los ataques para obtener un acceso discreto y duradero a las redes hacen que la de-tección y la protección sean más complejas. Cada vez más, el material periférico, los proveedores de servicios, los suministradores, los subcontratistas, los orga-nismos reguladores y el ecosistema más amplio de sus objetivos finales están en el punto de mira. El peligro ya no procede únicamente del propio SI, sino que también puede provenir del de sus socios.

Entre las predicciones que McAfee Labs hacía sobre el ciberseguridad en 2024 (https://www.mcafee.com/blogs/es-es/internet-security/6-predicciones-de-ciberseguridad-para-2024/) advertían de cómo la aparición de la IA ha introducido un nuevo nivel de sofisticación y peligro. Las estafas de inteligencia artificial se con-vertirán en las principales amenazas en las redes sociales y aumentarán los frau-des benéficos, las nuevas cepas de malware, y las estafas con códigos QR. Todos recordamos ataques espectaculares realizados durante la última década que han golpeado a grandes grupos internacionales con un impacto económico directo especialmente considerable, a la vez que una degradación de su imagen muy perjudicial a medio plazo. Hay pocos grupos que puedan presumir de no haber sufrido ningún ciberataque que haya tenido éxito en una de sus empresas.

En España, el INCIBE (Instituto Nacional de Ciberseguridad) gestionó más de 118.000 incidentes de ciberseguridad durante 2022, un 9% más que en 2021. Según el Balance de Ciberseguridad 2022 (https://www.incibe.es/sites/default/files/paginas/que-hacemos/balance_ciberseguridad_2022_incibe.pdf) 1 de cada 4 de estos incidentes fueron fraudes online y 4 de cada 10 dispositivos atacados tenían un sistema vulnerable (sistema opera-tivo no actualizado o mal configurado).

Hasta Royal Mail, la empresa postal británica, llegó a ser víctima en 2023 de un ciberataque con el ransomware LockBit: le exigieron un rescate de 80 millones de dólares que la compañía se negó a pagar, pero se calcula que su recuperación le provocó pérdidas de unos 12 millones.

Aunque estas historias aparecen en portada de las noticias para el público en general con regularidad, eso no significa necesariamente que se haya modificado la relación con la seguridad de una cantidad de empresas demasiado grande. Por supuesto, salvo en algunas grandes empresas que han puesto en marcha un plan de protección, revisiones de seguridad y otras misiones de auditoría.

Por último, esta noticia incluso tendería a hacer pensar que solo los grandes grupos, los operadores industriales estratégicos o las empresas que poseen información con gran valor comercial, como números de tarjetas de crédito, son objetivos potenciales de un ciberataque. Sin embargo, eso no significa nada, porque aparte de los ataques denominados «dirigidos», como aquellos de los que han podido ser víctimas los grandes grupos atacados estos últimos años, hay más ataques «en masa» (bajo la forma de un virus, no dirigidos), con, por ejemplo, los malwares de tipo «criptolocker», más comúnmente bautizados como «ransomwares». Estos últimos, una vez ejecutados, atacan a las unidades de almacenamiento, locales o servidores, cifran los archivos o incluso los exfiltran y piden un rescate para poder decifrarlos o recuparlos.

Una vez contaminados los archivos, la única solución es volver a partir de copias de seguridad limpias, si las tenemos, porque pagar el rescate raramente ofrece una buena salida.

A esto hay que añadir las nuevas amenazas que apuntan directamente a la economía de nuestros países, es decir, nuestros modelos sociales y políticos. Hubo los terribles acontecimientos de enero de 2015 dirigidos a *Charlie Hebdo* y al supermercado kosher de la puerta de Vicennes en Francia a los que siguieron numerosos ataques a páginas web, especialmente páginas institucionales de pequeñas organizaciones (unas 20 000 páginas web sufrieron un *defacement* y mostraron imágenes de Daesh en lugar de su página de inicio). Desde entonces, cada ataque terrorista que ha sufrido casi cualquier país ha estado acompañado por ciberataques, *defacements* de páginas web, ola de ransomwares y desviación de cuentas de redes sociales. La crisis sanitaria de 2020 también fue una nueva oportunidad para muchos ciberatacantes, especialmente por la generalización inesperada del teletrabajo sin que las empresas tuvieran tiempo de prepararse. Más recientemente, la invasión rusa de Ucrania ha dado un contexto propicio para el agravamiento de esta amenzada también con el objetivo de desestabilizar a nuestras sociedades

El entorno hiperconectado donde se encuentran los SI, el aumento de la cantidad de usuarios o incluso el apogeo actual del Internet de las cosas solo contribuyen al empeoramiento de los riesgos. Entonces hablamos de aumento de la superficie de ciberataque. Según el informe Digital 2023 Global Overview realizado por We Are Social y Meltwater, de los 8000 millones de humanos sobre la tierra, 5160 millones usan Internet (o sea, un 64,5 %).

Según 451 Research, en 2019 había 8000 millones de objetos conectados en el mundo y esta cifra debería aumentar para alcanzar los 13 800 millones en 2024. Una cifra que, sin lugar a dudas, debería escalar aún más con el desarrollo de las Smart Cities o incluso el despliegue de las redes 5G.

Hay también otro tema preocupante: la dificultad para detectar un ciberataque. Los equipos están conectados de forma permanente y a menudo con poca super-visión, lo que da a los atacantes un acceso discreto y persistente a las redes de las víctimas, llegando a poder conectarse y a exfiltrar muchísima información. Una auténtica catástrofe, porque para poder defenderse es fundamental saber que te están atacando.

Sin embargo, no hay que limitar el concepto de seguridad al único problema del ciberataque. Más allá de los riesgos que se pueden calificar como agresiones, hay muchos otros riesgos técnicos que pueden afectar al SI y que alteran con mucha frecuencia el buen funcionamiento de numerosas organizaciones: las averías materiales, los accidentes, las inclemencias del tiempo y siniestros de diversa naturaleza.

Igualmente, no hay que limitar la observación solo a los entornos técnicos, sino interesarse también por el componente humano de los sistemas de información. La OCDE (Organización para la Cooperación y el Desarrollo Económicos) lo identificó en 2002 y en «Directrices de la OCDE para la seguridad de sistemas y redes de información», subtitulado «Hacia una cultura de seguridad», en el prefacio se indicaba: «Como resultado de una creciente interconexión, los sistemas y las redes de información son más vulnerables, ya que están expuestos a un número creciente, así como a una mayor variedad, de amenazas y de vulnerabilidades. Esto hace que surjan nuevos retos que deben abordarse en materia de seguridad. Por estas razones, estas Directrices se aplican para todos los participantes de la nueva sociedad de la información y sugieren la necesidad de tener una mayor conciencia y entendimiento de los aspectos de seguridad, así como de la necesidad de desarrollar una "cultura de seguridad"». En efecto, los errores de manipulación de los técnicos de informática o incluso de los simples usuarios, la falta de precaución respecto a identificadores demasiado sencillos, demasiado accesibles o comunicados de manera demasiado fácil son en realidad las causas principales de pérdidas, de que se comprometan o se filtren datos.

En su libro *Secrets & Lies. Digital Security in a Networked World* («Secretos y mentiras. Seguridad digital en un mundo en red»), Bruce Schneier (criptólogo, especialista en seguridad informática y autor de algoritmos de cifrado populares e inviolables hasta ahora) resume muy bien este problema: «Si piensa que la tecnología puede resolver sus problemas de seguridad, entonces no ha entendido nada de sus problemas ni de la tecnología».

El último informe de investigación Verizon 2023 sobre los datos comprometidos (https://www.verizon.com/business/resources/reports/2023-data-breach-investigations-report-dbir.pdf) confirma la importancia del factor humano frente al riesgo del ciberespacio. Los tres principales modus operandi de los ciberatacantes para acceder al entorno de una empresa: el robo de identificadores, el phishing y el uso de vulnerabilidades.

Así, la seguridad del SI debe tomar un significado muy amplio para ocuparse de todos los riesgos, ya se trate de riesgos de violación o de alteración del sistema. La seguridad debe prestar tanta atención a las tecnologías como a los procesos, o incluso a los usuarios, que deben estar sensibilizados sobre los peligros y adquirir la cultura necesaria para protegerse.

Corromper un proceso protegido, a veces es tan sencillo como hacer una llamada

El dinero público gestionado por las administraciones locales, aunque está relativamente protegido por la separación ordenador/pagador, puede sufrir ataques de ingeniería social. Una administración local fue engañada por un estafador que, usurpando la identidad de un proveedor de la administración, consiguió la modificación del certificado de datos bancarios de este proveedor para desviar los pagos ordenados por la administración y debidamente abonados de buena fe por el tesorero de la administración. Esta estafa supo aprovechar el fallo de los procesos de la administración y del tesorero. Desde entonces, el Tesoro Público ha reforzado sus procesos y ha hecho que los de los organismos más pequeños también lo hagan como medida de prevención.

2. Gestionar la seguridad y los riesgos

La seguridad de los sistemas de información (SSI) debe entenderse como un conjunto de medios técnicos, organizativos, jurídicos y humanos que tienen la finalidad de conservar, restablecer y garantizar la seguridad del sistema de información. Desde un punto de vista muy general, esta seguridad aspira a la vez a asegurar la **disponibilidad** del patrimonio de la información a los usuarios autorizados, preservar la **integridad**, garantizar la **confidencialidad** prohibiendo todo uso a terceros no autorizados, y asegurar la vigilancia y **trazabilidad** (el acrónimo DICT sintetiza los objetivos de la seguridad de los SI: disponibilidad, integridad, confidencialidad y trazabilidad) para estar en condiciones de detectar e interrumpir todo uso anormal, o de demostrar un uso de los datos conforme con las normativas y obligaciones.

Pero, para saber protegerse de los riesgos que podrían dañar la disponibilidad, la integridad, la confidencialidad o necesitar la trazabilidad, hay que identificar claramente cada uno de ellos. Se tratará de precisar las posibles causas de aparición de situaciones de peligro para cada riesgo (estratégico, operativo, financiero, jurídico y en términos de imagen), de evaluar las probabilidades de aparición, de evaluar las soluciones de protección también en todos los planos (técnico, organizativo y financiero), o incluso evaluar las soluciones de restablecimiento, para finalmente poder decidir los medios que se implantarán.

Ya sea que se proteja al SI del riesgo mediante medios tecnológicos, organizativos, metodológicos o incluso culturales como que se elija no luchar contra la posible aparición, se preferirá detectar la aparición de una situación comprometida y dotar de los medios para restablecer la situación. O que se estime que el riesgo es demasiado débil o sin consecuencias y se acepte sin ninguna protección específica. Mediante estas evaluaciones y elecciones se determina la política de seguridad de los sistemas de información de la organización.

Para mediar en la elección entre la forma de acción o la aceptación del riesgo sin otra acción, hay que dotarse de criterios que deben tener en cuenta a la vez la sensibilidad de los recursos afectados (información, tratamiento o componente técnico de los SI) y la probabilidad de que estén comprometidos. La combinación de estos dos factores determina la gravedad del peligro que corre el recurso.

Ejemplo de tabla de sensibilidad al riesgo

NIVEL DE SENSIBILIDAD	SENSIBILIDAD DEL RECURSO
4	Vital
3	Crítico
2	Medio
1	Bajo o no significativo

La sensibilidad de un recurso va a estar determinada en función del impacto de un fallo de disponibilidad, de integridad, de confidencialidad o de trazabilidad de este recurso. Los impactos, resultantes de un fallo de seguridad en un recurso, deberán analizarse siguiendo distintas orientaciones:

- Estratégica: actividad parada, problemas sociales, puesta en entredicho de los directivos, etc. Con impactos de este tipo, la sensibilidad de los recursos afectados se considerará vital.
- Financiera: pérdida económica, coste de restauración, etc. Según los importes en juego, la sensibilidad irá de débil a crítica, incluso vital.
- Operativa: dificulta el ejercicio de las actividades de la empresa, problemas de recursos humanos, puesta en peligro de personas, etc. Según la naturaleza de estos impactos operativos, la sensibilidad irá generalmente de débil a crítica.
- Jurídica: incumplimiento de las obligaciones normativas, riesgo penal para los directivos, etc.
- Imagen: pérdida de confianza de los socios, de los proveedores, de los clientes o usuarios de la organización, etc.

Ejemplo de tabla de probabilidad de aparición

NIVEL DE PROBABILIDAD	PROBABILIDAD DE QUE OCURRA
4	Muy frecuente
3	Frecuente
2	Poco frecuente
1	Débil o nula

La combinación de las dos tablas permite identificar el tipo de gravedad y entonces graduar las medidas que hay que adoptar en función de esta.

NIVEL DE GRAVEDAD	COMBINACIÓN DE LOS CRITERIOS SENSIBILIDAD + PROBABILIDAD	GRAVEDAD
8	Vital + muy frecuente	Máxima
7	Vital + frecuente Crítica + muy frecuente	Muy importante
6	Vital + poco frecuente Crítica + frecuente Media + muy frecuente	Importante
5	Vital + débil o nula Crítica + poco frecuente Media + frecuente Débil + muy frecuente	Media
4	Crítica + débil Media+ poco frecuente Débil+ frecuente	Débil
3	Media + débil Débil + poco frecuente	Despreciable
2	Débil + débil	Nula

Los planes de acción que se asociarán a la tabla de gravedad dependerán de la importancia de cada criterio (sensibilidad y probabilidad) dentro de la nota global. Podrán oscilar entre la prevención absoluta con un plan de continuidad garantizado para las situaciones de gravedad máxima o muy importante hasta la aceptación del riesgo sin otra forma de acción porque toda acción preventiva o curativa sería desmesurada en relación con la gravedad (nula o despreciable).

Hay varios métodos disponibles para realizar este trabajo. Podemos citar, por ejemplo, el método Ebios Risk Manager (expresión de las necesidades e identificación de los objetivos de seguridad, https://www.ssi.gouv.fr/en/guide/ebios-risk-manager-the-method/) y el método MEHARI (método de análisis de riesgos armonizado, https://en.wikipedia.org/wiki/MEHARI). Incluso si sus procesos divergen, estos dos métodos aspiran globalmente a la misma finalidad, en este caso dotarse de una PSSI:

- Comprender el contexto global de la organización afectada, sus medios y el perímetro que hay que estudiar.
- Evaluar los riesgos, las condiciones de su aparición y sus consecuencias.
- Definir una estrategia de acción en función de la gravedad y de la probabilidad.
- Gestionar la seguridad para evaluar las medidas de seguridad y su implantación, así como practicar la mejora continua.

Observación

Para obtener más información:

El método Ebios RM es un proceso iterativo de gestión de los riesgos en cinco áreas. Este método adopta un enfoque de gestión del riesgo digital partiendo del nivel más alto (grandes misiones del objeto estudiado) para alcanzar progresivamente las funciones de negocio y técnicas, mediante el estudio de los posibles escenarios de riesgo. Aspira a obtener una síntesis entre «conformidad» y «escenarios», colocando estos dos planteamientos complementarios allí donde aporten el mayor valor añadido:

***Área 1: Marco y base de seguridad**: identificar el objeto de estudio, los participantes en las áreas y el marco temporal, hacer una lista de las misiones, los valores de negocio y los bienes soportados relativos al objeto de estudio. Identificar los eventos temidos asociados a los valores de negocio y evaluar la gravedad de sus impactos. Definir la base de seguridad y las discrepancias.*

Área 2: Fuentes de riesgo: *identificar y caracterizar las fuentes de riesgo (FR) y sus objetivos de alto nivel, llamados objetivos perseguidos (OP). Las parejas FR/OP que se consideran más adecuadas se conservan y los resultados se formalizan en un mapa de fuentes de riesgo para conservar los más adecuados (serán útiles para la construcción de los escenarios de las siguientes áreas).*

Área 3: Escenarios estratégicos: *se trata de un estudio preliminar de riesgo para adquirir una visión clara del exosistema (socios, subcontratistas, filiales, etc.) y establecer un mapa de amenaza digital (ejemplo: vulneración de la disponibilidad de un servicio atacando al proveedor de servicios en la nube), para construir escenarios de alto nivel, llamados escenarios estratégicos (representan los caminos de ataque que puede tomar una fuente de riesgo para alcanzar su objetivo). Estos escenarios se diseñan a escala del ecosistema y de los valores de negocio del objeto estudiado. Se evalúan en términos de gravedad para definir las medidas de seguridad que hay que aplicar sobre el ecosistema.*

Área 4: Escenarios operativos: *construir escenarios técnicos retomando los modos operativos susceptibles de ser utilizados por las fuentes de riesgo para realizar los escenarios estratégicos. El proceso es similar al del área anterior, pero se concentra en los bienes soportados críticos con la finalidad de evaluar luego el nivel de verosimilitud de los escenarios operativos obtenidos.*

Área 5: Tratamiento del riesgo: *realizar una síntesis del conjunto de los riesgos estudiados para definir una estrategia de tratamiento del riesgo y transformarla en medidas de seguridad incluidas en un plan de mejora continua de la seguridad (PACS). A continuación se identifican los riesgos residuales, así como el marco de seguimiento de estos riesgos.*

Observación

Para obtener más información:

Conforme a las exigencias de la norma ISO/IEC 27005 para gestionar los riesgos, el método MEHARI permite identificar las situaciones de riesgo y apreciar el nivel, apoyándose especialmente en bases de conocimientos. Destaca las medidas que permiten llevar los riesgos a un nivel aceptable con la calidad y la eficacia requeridas. El método MEHARI se fundó con un principio básico de nunca infravalorar un riesgo:

- Siempre imaginar lo peor en términos de consecuencias.

- Considerar siempre efectos «controlados» de las medidas de seguridad.

MEHARI se basa en un modelo de riesgo que incluye los siguientes aspectos:

- «Cualitativos», que buscan arrojar luz sobre los distintos aspectos de un riesgo y su aparición, para comprender mejor los parámetros que modifican el nivel de gravedad del riesgo.

- «Cuantitativos», que buscan cuantificar los diversos factores de riesgo y ponderar los efectos acumulados de los servicios de seguridad, para poder evaluar los niveles de riesgo.

Modelo de riesgo cualitativo

MEHARI describe cada riesgo como un escenario que incluye varios elementos, cada elemento está descrito y explicado.

Para ello, MEHARI define tipologías que permiten una estandarización de los textos descriptivos y una exhaustividad en la búsqueda de las situaciones de riesgo.

Entonces, hay cuatro modos de acción posibles para adoptar las medidas que aspiran a reducir los riesgos:

- La «disuasión», para disminuir la probabilidad de que un actor decida realizar la acción en el origen del riesgo mediante medidas «disuasorias».
- La «prevención», para que sea más difícil que el desencadenamiento del evento inicial lleve de manera efectiva a la realización del riesgo, lo que reduce otra vez su probabilidad.
- El «confinamiento», para limitar la extensión de los posibles daños directos.
- La «paliación», para limitar la extensión de las consecuencias indirectas de los daños.

Modelo de riesgo cuantitativo

En este modelo hay tres aspectos fundamentales:

- La definición de los servicios de seguridad y la evaluación cuantitativa de la calidad de estos servicios.
- La evaluación cuantitativa, para cada escenario de riesgo, de los factores de reducción de riesgo. Cada escenario descrito en las bases de conocimientos de MEHARI contiene los elementos necesarios y suficientes para la evaluación de estos factores, en función de la calidad de los servicios de seguridad pertinentes para este escenario.
- La evaluación de los efectos acumulados de los factores de reducción del riesgo y, al final, la evaluación numérica del nivel de gravedad de cada riesgo. Las bases de conocimientos también contienen las funciones de cálculo y los algoritmos que permiten, basados en los elementos que aparecen a continuación, evaluar la gravedad de cada situación de riesgo.

Las bases de conocimientos

MEHARI se basa en el uso de bases de conocimientos que, mediante una despersonalización y una generalización de las situaciones de riesgo, permiten:

- buscar la exhaustividad de las situaciones de riesgo analizadas;
- aportar habilidad;
- enriquecerse con la experiencia acumulada;
- armonizar y coordinar los planes de acción.

Las bases de conocimientos de cada versión de MEHARI (3 versiones en función del tamaño de la empresa afectada) contienen:

- escenarios de riesgo estándar;
- dispositivos de seguridad materializados mediante «servicios de seguridad»;
- cuestionarios de evaluación de estos servicios;
- mecanismos de evaluación del conjunto de los parámetros característicos de los riesgos;

- mecanismos de ayuda a la definición de planes y proyectos de seguridad aptos para reducir los riesgos;
- herramientas de gestión de riesgos.

3. Formalizar la política de seguridad de los SI (PSSI)

El proyecto de formalización de la PSSI consiste en traducir el resultado de los trabajos de gestión de la seguridad y de los riesgos en una política susceptible de apropiación por todos los actores de la organización, desde la alta dirección hasta los ejecutores, los agentes y los prestatarios, un auténtico marco contractual de ejecución de las misiones de cada uno respecto al uso de los SI.

Esto empieza mediante una precisión de los retos estratégicos y normativos que determinará los distintos ángulos de enfoque de los riesgos SSI. El análisis de los riesgos permitirá identificar los criterios de selección de los principios de seguridad que hay que desarrollar y guiar la elaboración de las normas de seguridad.

Por principio de seguridad se entiende tanto la definición de las orientaciones de seguridad consideradas necesarias como las características de la seguridad definidas como importantes. Son los principios que constituirán la base de reflexión para la elaboración de la PSSI y permitirán su transformación en normas de seguridad.

Las normas de seguridad definen exigencias de seguridad para la implantación de los medios, tanto técnicos como organizativos, y para los comportamientos en función de los principios seleccionados. Estas normas siempre se adaptan a un entorno y a un contexto dado del SI.

La alineación de las normas de seguridad, bien adaptadas a cada contexto del SI de la organización, con los principios de seguridad, garantizará la coherencia con los objetivos estratégicos de seguridad identificados para la organización.

Usaremos una PSSI para definir las medidas, la organización o incluso los medios que hay que implantar para alcanzar estos objetivos. Para eso, la PSSI debe formalizarse dentro de un documento aplicable mediante directivas, procedimientos, códigos de conducta, normas organizativas y técnicas.

La amplitud de la PSSI reflejará la importancia que los altos directivos del organismo afectado conceden a la seguridad de los sistemas de información, y por lo tanto la importancia que dan a los sistemas de información.

Una PSSI trata tanto de la estrategia del organismo (perímetro, contexto, retos, orientaciones estratégicas sobre seguridad, punto de referencia normativo, escala de sensibilidad, necesidades de seguridad, amenazas, riesgos, etc.) como de las normas operativas de seguridad que hay que implantar. Entonces, se trata de una traducción concreta en el campo de los sistemas de información de la estrategia global de seguridad del organismo.

Una vez redactada, la PSSI constituye un punto de referencia compartido y evolutivo que debe revisarse con regularidad para tener en cuenta:

- las evoluciones del contexto (modificaciones del sistema de información, de la organización, renovación de personal, etc.),
- las evoluciones de los riesgos (reevaluación de la amenaza, variación de las necesidades de seguridad y de lo que está en juego),
- la evaluación de su aplicación (dificultades de implantación, incomprensión de las normas, incidentes constatados, etc.).

Las condiciones de revisión y de evaluación de la PSSI se describirán dentro de la misma política.

Del método Ebios RM a la formalización de la PSSI

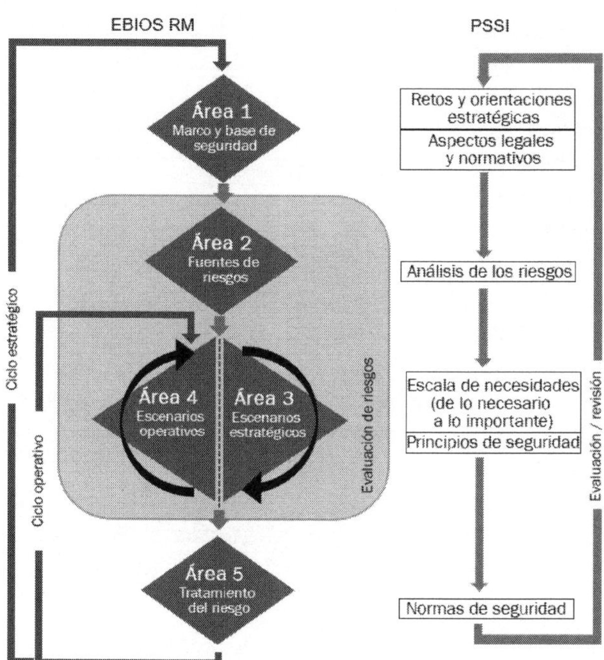

Este esquema ilustra cómo redactar la PSSI a partir del proceso EBIOS RM. Cada área corresponde a un capítulo de la PSSI, desde la primera área para la definición de los retos y de las orientaciones estratégicas hasta el área 5 para la redacción de las normas de seguridad que se impondrán a todos los actores del SI (técnicos del SI, usuarios y prestatarios). Los ciclos de revisión de nivel estratégico y operativo corresponden a las condiciones de evaluación y de revisión de la PSI.

4. Formar y educar a los usuarios

El informe Verizon 2023 sobre los compromisos de datos nos enseña que 74 % de las situaciones de peligro implican el factor humano (ingeniería social, errores, abuso), y que el 50% de los ataques por ingeniería social utilizan el pretexting (estrategia de ingeniería social por la que los atacantes inventan historias creíbles para incitar a las vícti-mas a darles información personal o el acceso a sus cuentas bancarias). Por supuesto, es posible reducir la superficie del riesgo del usuario mediante procedimientos y herramientas técnicas. Un robo de identificadores se puede neutralizar usando un sistema de autentificación de múltiples factores. La ejecución de scripts se puede limitar solo a los usuarios autorizados y cada script puede ser objeto de un análisis antes de autorizar su ejecución. Los procedimientos de acreditación se pueden reforzar y necesitar varias etapas de control y de validación para limitar los riesgos de error de elevación de derechos. Todas estas medidas y estas herramientas tendrán un coste y podría suceder que en muchas situaciones solo sea posible implantar una pequeña parte. Sea cual sea la fuerza de estas medidas, siempre quedarán situaciones donde el usuario podrá cometer un error que el procedimiento no haya previsto o que la herramienta no podrá contrarrestar. Entonces el usuario es un factor de riesgo por sí mismo: por eso es importante tenerlo en cuenta dentro de la estrategia de seguridad.

Así, sean cuales sean las normas de seguridad que perseguirán reducir el riesgo del usuario, hay que integrar al usuario dentro del dispositivo de seguridad, incluso hay que convertirlo en un actor positivo de la estrategia de seguridad. Para eso, hay que usar todos los medios de los que dispone la empresa con todo su personal para difundir las buenas prácticas de ciberseguridad: libro de visitas, comunicación interna, formación profesional, entrevista de evaluación anual, etc. También es posible implantar pruebas de comportamiento lanzando campañas de phishing verdadero-falso que permitirán identificar al personal que necesita formación específica.

Una campaña de comunicación interna

Un municipio ha implantado una campaña de comunicación interna multicanal ilustrada con dibujos humorísticos y pedagógicos sobre las buenas costumbres que hay que adoptar frente a los riesgos de ciberataques que amenazan a los usuarios: mensajes de intranet, correos electrónicos, pero también anuncios colocados en las zonas de convivencia y otros espacios comunes, como las fotocopiadoras.

5. Tener en cuenta las particularidades de cada negocio

La seguridad de los SI de una organización aspira a garantizar la disponibilidad, la integridad y la confidencialidad del patrimonio de información de esta organización, así como la trazabilidad de las operaciones realizadas en este patrimonio. Los tres primeros objetivos, que se pueden calificar como estratégicos para los negocios de una organización, deben incluir la identificación de los riesgos de siniestros, y entonces definir los medios para evitar la aparición de estos siniestros tanto como prever las acciones de reparación. El cuarto objetivo aspira a disponer de la información que, en el mejor de los casos, permitirá detectar y anticipar la inminencia de un posible siniestro y, en el peor, participar en la comprensión de las circunstancias que han desembocado en el siniestro para evitar la reproducción, o incluso respetar las obligaciones normativas como demostración, especialmente en el ámbito legal.

Pero, por ejemplo, sí parece deseable mantener una disponibilidad continua del patrimonio de información durante los períodos en que los usuarios lo necesitan, ¿qué precio hay que pagar para garantizarlo? Hay un límite obligatorio que siempre situará este precio por debajo del valor objetivo de la disponibilidad de este patrimonio de información. En efecto, a nadie se le ocurriría asegurar un bien por un coste superior al valor de sustitución de este bien. Generalizando, ya sea en relación con la disponibilidad, la integridad, la confidencialidad o la trazabilidad, la estrategia de seguridad nunca sabrá enfrentarse a todos los riesgos y evitar la aparición de todos los siniestros. Un objetivo estratégico de este tipo tendría un coste desproporcionado respecto al coste del SI, y de todas maneras no sería factible implementarlo.

Así, aspirar a la seguridad de un SI no es tan sencillo como asegurar financieramente los riesgos asociados a este SI. Porque es tener el objetivo de asegurar técnicamente el uso normal de este SI, anticipando los riesgos potenciales con una política de seguridad que limita, incluso evita, la aparición de siniestros, y dando los medios de restablecer la situación en un plazo aceptable en caso de siniestro. El todo por un coste máximo definido como aceptable y relacionado con el valor del uso del SI. Es el valor del uso del SI el que determina la ambición de la estrategia de seguridad del sistema de información, y entonces determina las normas de seguridad que habrá que aplicar para responder a esta estrategia.

Entonces, hay que ser capaz de establecer una comparación entre el valor de uso del patrimonio de información y el coste de implantación de una PSSI.

Es muy probable que el valor de uso del patrimonio de información esté vinculado con la naturaleza del negocio que opera este patrimonio de información. En efecto, parece normal que un servicio que asegura un front-office directamente relacionado con clientes o usuarios y en tiempo real sea más exigente en cuestiones de disponibilidad de su sistema de información que un servicio que garantiza un back-office sin limitación de tiempo real. Entonces, para cada servicio debe poder definir un nivel de no disponibilidad aceptable en caso de interrupción del servicio. Exagerando, si la no disponibilidad es inaceptable, sea cual sea el plazo de restablecimiento, habrá que hacer que todo el SI afectado sea redundante y garantizar la continuidad incluso en caso de siniestro. Si una no disponibilidad de varios días es tolerable, simplemente se tratará de ser capaces de reparar lo que la ha provocado en un plazo de varios días.

Para el SI de un negocio, la combinación de los objetivos en términos de disponibilidad, de integridad, de confidencialidad y de trazabilidad define lo que es soportable en términos de perturbación del SI para estos cuatro criterios.

6. Garantizar la aplicación de la PSSI

Aunque la PSSI solo puede ser favorable a los negocios, es frecuente que estos últimos consideren las medidas de seguridad impuestas por la PSSI como limitaciones, incluso obstáculos a su productividad.

Por ejemplo, es difícil imponer una política de contraseñas limitadora con una longitud mínima de una decena de caracteres, una combinación obligatoria de tres tipos de caracteres distintos, una duración de validez de tres meses como máximo, la prohibición de reutilizar las tres contraseñas anteriores y un bloqueo de la cuenta después de tres errores de escritura consecutivos. La dificultad para imponer una auténtica política de gestión de las contraseñas se comprueba en muchas organizaciones: se constata que los usuarios intentan escaparse e incluso los VIP piden ser excluidos de la política.

Trabajar con los negocios en cuanto al análisis de los riesgos sobre su SI, hacerles determinar un nivel de resiliencia (capacidad de un sistema para tratar la avería: la resiliencia preliminar organiza la resistencia al riesgo de avería, la resiliencia de consentimiento organiza el restablecimiento después de la avería) aceptable para su SI, hacer corresponder las normas de seguridad y sus costes para garantizar esta resiliencia preliminar o de consentimiento les permitirá comprender mejor los arbitrajes necesarios sobre las estrategias de seguridad.

Una vez finalizada y redactada la PSSI, por supuesto es irreal pensar que todos la leerán y la implantarán. Además, se desaconseja hacerla accesible para todos, considerando la sensibilidad de la información que contiene (amenazas no contenidas, configuración de soluciones técnicas, etc.). Será recomendable transformar la PSSI en documentos de aplicación y hacerlo de manera adaptada a los actores destinatarios de estos documentos. Solo se les comunicarán las partes de la PSSI que les interesen, bajo una forma (vector de comunicación, estilo de redacción, etc.) que comprendan y que les incite a leerlas.

7. La base de una PSSI global

Se trata de identificar algunos grandes temas que conllevan riesgos importantes y constituyen una parte imprescindible de la política de seguridad global del SI. Estos temas deben permitir poner los cimientos de una estrategia global mínima para el conjunto del SI. Aquí no se trata de los temas de las PSSI específicas, sino de lo que es común al conjunto del SI.

Las identidades y las habilitaciones. Es un punto fundamental de la seguridad y, sin lugar a dudas, uno de los temas para los que los riesgos tienen probabilidades aún más elevadas por el hecho de que los procesos de gestión de los derechos de acceso a menudo están mal controlados. Respecto a la PSSI, no solo se trata de definir una solución técnica de tipo IAM (*Identity & Access Management*, sistema de gestión de las identidades y de los accesos al SI); ante todo, se trata de identificar los procesos (entradas, variaciones, salidas de los agentes o de usuarios externos) y de controlar los mecanismos de habilitación con ayuda de perfiles y de funciones. Este tema también trata del medio de identificación y de su resistencia. Hay que saber que la causa de una gran cantidad de incidentes es el uso fraudulento de identificadores.

Puestos de trabajo. Este tema afecta a todos los dispositivos (PC fijos y portátiles, tabletas y smartphones). Es el punto de entrada usado con más frecuencia para comprometer un SI. Este tema incluye todos los riesgos inherentes a la configuración del dispositivo, fuente potencial del peligro que corre (sistema operativo, puertos de conexión de periféricos, navegadores y redes inalámbricas), o a su uso fraudulento.

Cuentas con privilegios. Aunque se trate de un entorno infogestionado o de un SI en el que interviene una gran cantidad de prestatarios, como en la mayoría de las grandes organizaciones, parece adecuado disponer del control de estas cuentas, así como poder limitar el uso de identificadores con privilegios y hacer un seguimiento del uso lícito. La PSSI tendrá que confirmar la necesidad de determinar el perímetro de aplicación: qué recursos, qué usuarios, etc.

Protección perimetral del SI. Los intercambios entre las zonas internas del SI y las zonas externas (Internet) son obviamente una fuente clásica de situaciones de peligro. La técnica nos obliga a pasar de una simple defensa perimétrica a una defensa en profundidad. La PSSI determinará la cantidad, la naturaleza y la organización de las líneas de defensa para el conjunto del SI.

Redes. Este tema incluye la gestión del tráfico, la disponibilidad y por lo tanto el rendimiento, pero también la resiliencia. La arquitectura de red está considerablemente determinada por la estrategia de seguridad que tiene asociada.

Sistemas servidores. Son el objetivo de los intentos de crear situaciones de peligro. Un incidente de seguridad en un servidor revela que se han superado todas las barreras. Este tema incluye los riesgos inherentes a la configuración y al uso del servidor (sistemas operativos y aplicaciones). También incluye el nivel de redundancia y, de manera más general, la resiliencia intrínseca de estos sistemas.

Copias de seguridad. Este tema debe procesar la estrategia de copia de seguridad de todos los recursos del SI (activos de red, servidores, aplicaciones, bases de datos, archivos, etc.). La estrategia de seguridad global define los mínimos de conservación para una restauración rápida, de conservación de los soportes móviles y de granularidad de las restauraciones para el conjunto del SI.

Resiliencia global del SI (PRA/PCA). Se tratará de definir los posibles escenarios de una modificación principal parcial o total del SI, y de definir la ambición de recuperación o de continuidad de la actividad en estos casos. También se tratará de definir los medios de evaluar la eficiencia de los escenarios conservados.

Navegación en Internet. El uso de Internet debe estar controlado y limitado al mínimo para cumplir con las normativas y legislaciones de aplicación. Este tema deberá procesar perfiles y habilitaciones para usos, de limitación o no para un uso estrictamente profesional.

Correo electrónico. Aquí se trata de procesar la protección de una herramienta fundamental de la organización que, por definición, está abierta al mundo exterior y entonces es objetivo de muchas amenazas con una probabilidad muy alta y con un impacto que a veces puede ser elevado, incluso muy elevado: correos no deseados, virus, spyware, ingería social, etc. Esta seguridad puede afectar de manera individual a los usuarios porque es una herramienta con un posible uso para fines personales y, por supuesto, muy frecuente. En este caso hay que delimitar este uso personal y al menos limitar la responsabilidad jurídica de la organización. También se tratará de ocuparse de la cuestión del nivel de resiliencia del correo electrónico.

Telefonía. El desarrollo de la ToIP agrava los riesgos sobre el conjunto de la red e incluye riesgos intrínsecos. Hay que tratar el conjunto de los riesgos intrínsecos o colaterales e integrar la estrategia de seguridad.

Trazabilidad en el SI. Todas las acciones en el SI dejan rastros, pero se tratará de determinar qué rastros conservar, para qué equipos, con qué nivel de detalle, cuánto tiempo (considerando las limitaciones legales) y para qué usos (almacenamiento para pruebas, análisis posmortem, correlación, supervisión, etc.). Las necesidades de trazabilidad están íntimamente vinculadas con una gran cantidad de otros temas: protección perimetral y otros.

Protección física. Se trata de procesar el acceso físico a los locales donde se encuentran elementos del SI: centros de datos, locales técnicos de los edificios, tomas de red, etc. Aunque las salas de servidores están en general bien protegidas, no siempre sucede los mismo con los despachos de los operadores que controlan estos servidores o los armarios que alojan equipos de red.

Dimensión legal del SI. Es una dimensión que se olvida con demasiada frecuencia, sin duda porque sencillamente los técnicos de TI no se ocupan de ella, y sucede lo mismo con los servicios jurídicos porque de todas formas necesita un mínimo de comprensión de los problemas técnicos. En primer lugar, se trata de asegurarse del respeto a las normativas obligatorias para la protección de datos personales, especialmente la nueva normativa europea sobre la protección de datos personales que es de plena aplicación desde el 25 de mayo de 2018. Desde 2023 existe también la nueva directiva NIS2 (*Network and Information Security*) sobre la ciberseguridad publicada el 27/12/2022 en el Diario Oficial de la Unión Europea. Más allá de estas obligaciones reglamentarias, se trata también de garantizar el respeto del resto de obligaciones nacidas de los contratos, en particular respecto a los contratos de licencias de software. Es especialmente importante leer con atención los contratos de licencias, y sobre todo comprender bien, por un lado, cómo el editor ha definido los distintos tipos de licencias y, por otro lado, cómo se ha calculado la cantidad, en función de las sutilezas del entorno donde están desplegadas. Hay que observar que, en algunos editores muy grandes, hay una gran tendencia a modificar los tipos de licencias y el modo de cálculo de la cantidad de licencias necesaria frente a las evoluciones tecnológicas, lo que hace difícil tener un conocimiento perfectamente actualizado de estas obligaciones.

Impacto de un cambio de infraestructura en los costes de licencias de sistemas de gestión de bases de datos de una empresa de tamaño medio

En un entorno de más de 1000 servidores y una infraestructura en plena reconstrucción debido a una migración de infraestructuras físicas a virtualizadas, las licencias de los SGBD simplemente se han «desplazado» de una infraestructura a otra. Sin embargo, debido a la elevada cantidad de procesadores físicos dentro de una misma infraestructura virtualizada, al cambio de tipo de licencias y al modo de cálculo de la cantidad de licencias necesarias en función de la cantidad de procesadores, esta empresa ignora que su coste de licencias va a pasar del millón de euros a más de 10 millones de euros, sabiendo que los daños e intereses que podrían reclamarle pueden alcanzar tres veces el perjuicio comercial constatado.

Como no hay que atentar contra los intereses de los editores, también es necesario que la empresa proteja sus propios intereses dados todos los contratos que la vincularán a todos los prestatarios de su SI. Deberá prestarse una atención especial a todos los contratos de infogerencia y de soluciones en la nube, especialmente por lo que le compete a la reversibilidad de las prestaciones, así como a la propiedad de los datos y de los procesos. No es raro ver en los contratos de los grandes operadores de la nube, especialmente no soberanos, cláusulas que no contemplan las condiciones de la reversibilidad, incluso que definen los operadores como copropietarios de los datos, o precisamente los exoneran de toda responsabilidad sobre las consecuencias de alteraciones, pérdidas, divulgaciones, etc.

Por último, los contratos de seguros de la empresa tendrán que cubrir los riesgos financieros relacionados con los riesgos evaluados en la PSSI.

Evaluación y mejora continua. Hay que evaluar la buena aplicación de la PSSI y su eficiencia. Este tema debe procesar todas estas evaluaciones, que recaen sobre los usuarios de los infogerentes, los prestatarios y las configuraciones. La evaluación permite identificar las dificultades, las carencias o las incoherencias e iniciar el ciclo de mejora.

8. El RGPD y la protección de datos personales

Ley Orgánica de Protección de Datos Personales y Garantía de los Derechos Digitales

El 7 de diciembre de 2018 entró en vigor en España la Ley Orgánica 03/2018, de 5 de diciembre, de Protección de Datos Personales y Garantía de los Derechos Digitales (LOPD-GDD). Esta ley tuvo en cuenta las estipulaciones del RGPD y las disposiciones relativas a los «márgenes de maniobra nacionales» autorizados por el RGPD que el legislador ha elegido ejercer.

Esta ley incluye disposiciones comunes aplicables a todos los procesos.

El RGPD es una normativa y no necesita una transposición al derecho nacional.

El reglamento europeo de protección de datos personales

El Reglamento General de Protección de Datos (RGPD en español, y *General Data Protection Regulation*, GDPR en inglés) es el nuevo reglamento europeo que se aplicará en todos los países de la Unión Europea desde el 25 de mayo de 2018: https://www.boe.es/doue/2016/119/L00001-00088.pdf

Ambiciona tres objetivos en relación con las normativas nacionales anteriores:

- Reforzar los derechos de las personas, especialmente mediante la creación de un derecho a la portabilidad de los datos personales y las disposiciones propias de los menores.
- Responsabilizar a los actores que procesan los datos, tanto a los responsables de procesos como a sus subcontratistas.
- Hacer creíble la normativa gracias a una cooperación reforzada entre las autoridades de protección de los datos de los distintos países de la Unión Europea, que principalmente podrán adoptar decisiones comunes cuando los tratamientos de datos sean transfronterizos y sanciones más fuertes.

Se trata de una normativa europea y, al contrario que una directiva, es directamente aplicable en el conjunto de la Unión sin necesidad de transposición en los distintos Estados miembros.

Es importante hacer notar que, con esta normativa, cada vez que un residente europeo es objeto de un procesamiento de datos, incluido por Internet, se aplicará el derecho europeo Y si hasta ahora solo estaban obligados por ley los responsables de procesamientos, es decir, los organismos que determinan las finalidades y las modalidades de tratamiento de datos personales, este reglamento se aplicará en gran parte por igual a los subcontratistas. Estos últimos cuidarán de respetar las obligaciones específicas de seguridad, de confidencialidad y de accountability (responsabilidad activa y pasiva).

Tendrán especialmente una obligación de asesoría del responsable del tratamiento para la conformidad con ciertas obligaciones (estudios de impacto sobre la vida privada, fallos, seguridad, destrucción de datos y contribución a las auditorías).

Cuando un tratamiento es transfronterizo, afecta a ciudadanos de varios Estados miembros, las autoridades de protección de los datos de estos Estados serán jurídicamente competentes para garantizar la conformidad de los tratamientos de datos implantados.

La expresión del consentimiento está claramente definida y reforzada. La responsabilidad de la prueba del consentimiento afecta al responsable del tratamiento. La materialización de este consentimiento no debe ser ambigua.

Aparecen nuevos derechos para los individuos:

- Derecho a la portabilidad de los datos para permitir a una persona recuperar los datos que ha proporcionado bajo una forma fácilmente reutilizable.
- Condiciones particulares para el tratamiento de los datos de los niños, que, cuando se conviertan en adultos, podrán retirar el consentimiento dado y conseguir el borrado de los datos afectados.
- Introducción del principio de las acciones colectivas. Como para la legislación relativa a la protección de los consumidores, se podrán iniciar recursos colectivos sobre protección de datos personales.
- Derecho a la reparación de los daños materiales o morales.

Esta nueva normativa descansa sobre el principio de conformidad, es decir, que la protección de los datos debe garantizarse desde el diseño y de manera predeterminada (privacy by design). Los responsables de procesamientos deben implantar todas las medidas técnicas y organizativas necesarias para la protección de los datos personales, simultáneamente desde el diseño del producto o del servicio y de manera predeterminada. Deberán ocuparse de limitar la cantidad de datos tratada desde el inicio (principio llamado de «minimización»). Los responsables de tratamientos y los subcontratistas deberán implantar las medidas de protección de los datos apropiadas y demostrar esta conformidad en todo momento (accountability).

La consecuencia de esta responsabilización de los actores es la eliminación de las obligaciones declarativas cuando los tratamientos no constituyen un riesgo para la vida privada de las personas. En cuanto a los tratamientos actualmente sometidos a autorización, el régimen de autorización podrá ser mantenido por el derecho nacional (por ejemplo, en cuestiones de salud) o será sustituido por una procedimiento nuevo centrado en el estudio del impacto en la vida privada.

Sin embargo, para los tratamientos de riesgo, el responsable del tratamiento deberá realizar un estudio de impacto completo (estudios de impacto sobre la vida privada o EIVP, en inglés *Privacy Impact Assessment* ou PIA), haciendo aparecer las características del tratamiento, los riesgos y las medidas adoptadas. Se trata de tratamientos que afectan a los datos sensibles (el origen racial o étnico, las opiniones políticas, los datos genéticos o biométricos, etc.), pero también tratamientos que se basan en «la evaluación sistemática y en profundidad de aspectos personales de las personas físicas», es decir, de «creación de perfiles».

En caso de riesgo elevado, habrá que consultar con la autoridad de protección de datos antes de implantar este tratamiento. Esta podrá oponerse al tratamiento a la luz de sus características y consecuencias.

Las obligaciones de seguridad y de notificación de las violaciones de datos personales también se han reforzado. Cuando un responsable de tratamiento constata una violación de datos de carácter personal, debe notificar a la autoridad de protección de datos la violación en un plazo de 72 horas. Si esta violación es susceptible de originar un riesgo elevado para los derechos y libertades de las personas, estas últimas también deben ser informadas. Sabiendo que en caso de ignorar estas disposiciones, y más generalmente el reglamento, se pueden sentenciar multas administrativas especialmente fuertes. Según la categoría de la infracción, estas multas pueden ser de 10 a 20 millones de euros, o, en el caso de una empresa, del 2 % hasta el 4 % de la cifra de negocios anual mundial (se seleccionará el importe más alto).

Esta normativa también reconoce al delegado de protección de datos (*Data Protection Officer* o DPO), que debe ser designado, obligatoriamente, por los responsables de tratamientos en los siguientes casos:

- si se trata del sector público;
- si los tratamientos implantan un seguimiento regular y sistemático de las personas a gran escala;
- si las actividades principales les llevan a tratar a gran escala datos denominados «sensibles» o relativos a condenas penales e infracciones.

Un DPO, que puede ser mutualizado o externalizado, también puede designarse fuera de estos tres casos.

El DPO se asegura de la conformidad de la protección de datos. En calidad de tal, informa y aconseja al responsable de tratamiento o al subcontratista, especialmente sobre la realización de un análisis de impacto (PIA); también controla el respeto de la normativa europea y coopera con la autoridad de control específicamente, siendo el punto de contacto de esta. Un subcontratista se encarga de mantener un registro y de designar un DPO en las mismas condiciones que un responsable de tratamiento.

Observación

Las obligaciones específicas en el marco de sus intercambios electrónicos con los usuarios se rigen por el ENS (Esquema Nacional de Seguridad: https://www.boe.es/eli/es/rd/2010/01/08/3)

9. La directiva NIS2

En julio de 2016, el Parlamento Europeo y el Consejo de la Unión Europea habían adoptado la directiva "Network and Information Security" (NIS, ahora llamada NIS1). El objetivo de esta directiva es aumentar el nivel de ciberseguridad de los Operadores de servicios esenciales para el funcionamiento de la economía y la sociedad. Con la NIS1, estos grandes actores se vieron obligados a reforzar su ciberseguridad para reducir significativamente la exposición de sus sistemas más críticos a los ciberriesgos, y a comunicar sus incidentes de seguridad a las institu-ciones competentes.

Una nueva directiva, denominada NIS2, que se basa en los logros de la directiva NIS 1, amplía sus objetivos y su ámbito de aplicación. La directiva se aplicará a miles de entidades de distintos sectores que ahora estarán regulados. Esto significa que se verán afectados 600 tipos diferentes de entidades, incluidas administraciones de todos los tamaños y empresas que van desde las PYMEs a grupos que cotizan en Bolsa.

Publicada el 27 de diciembre de 2022 en el Diario Oficial de la Unión Europea, la NIS2 concede 21 meses a cada Estado miembro de la UE para transponer las dis-tintas exigencias reglamentarias a la legislación nacional. Algunos de los requisitos se aplicarán inmediatamente, mientras que otros tendrán un periodo de cumplimiento.

Ya sabemos que los agentes de la cadena de suministro, incluidos los digitales, estarán sujetos a estas disposiciones. Estos actores están cada vez más en el punto de mira de los ciberataques que pretenden utilizarlos para llegar a clientes finales más críticos. Igualmente, las administraciones centrales de los Estados miembros y determinadas autoridades locales también estarán incluidas en el ámbito de aplicación de la NIS2. Otra novedad es la inclusión de un mecanismo de proporcionalidad, que distingue dos categorías de entidades reguladas en función de su nivel de criticidad: las entidades esenciales y las entidades importantes. Este concepto determinará un nivel de requisitos adecuado y proporcionado a los objetivos de cada una de estas categorías.

Al igual que con el RGPD, existirá un sistema de sanciones aplicable a todas las entidades implicadas.

10. Organizar la resiliencia frente al incidente

En el campo de la ciberseguridad, no es raro oír: «la cuestión no es saber si te van a hackear, sino cuándo». Aunque a menudo estas observaciones son hechas por expertos de empresas de ciberseguridad, no está claro que causen el efecto deseado. Sin embargo, ninguna tipología de empresas ha escapado a ciberataques que han tenido éxito, incluidas aquellas cuyo negocio consiste en protegernos de estas agresiones. ¿Quizás es mejor defender la idea de que la probabilidad de un incidente en el SI (error humano, avería o ciberataque) es suficientemente alta para tener un plan de acciones que anticipe cualquier eventualidad? Entonces se trata de organizar la resiliencia de su SI, y del funcionamiento de la organización, frente a los incidentes de cualquier naturaleza. Hablamos de ciberresiliencia, que debe permitir, en caso de incidente, disponer de un plan de intervención para restablecer el funcionamiento del SI a su estado nominal después de un siniestro.

Este plan de intervención o plan de resiliencia está directamente vinculado con la PSSI, que ha permitido determinar los distintos riesgos potenciales, incluidos aquellos que se habrá decidido no tratar de manera preventiva y para los que deberemos tener un medio de solución si suceden.

El plan de resiliencia responde a la vez a las averías para las que no hay redundancia que garantiza la continuidad de la función, o una redundancia que falla, y a los ataques que han tenido éxito. Este plan no trata las tentativas de ataque fracasadas, que son objeto de un análisis en el marco de la gestión de la seguridad y de los riesgos y que se tienen en cuenta en los bucles de mejora de la PSSI.

El plan de resiliencia se presenta como una guía que contiene varias partes, guía de procedimientos, directorio de intervinientes y n.º de urgencias adaptado al contexto de la organización afectada.

El plan de resiliencia para las averías se apoya en el inventario de los sistemas estructurantes no redundantes, comúnmente llamados Spof (*Single point of failure*). Para cada Spof, el documento precisa las acciones que hay que llevar a cabo:

- Apertura del ticket de incidente con el operador afectado.
- Implantación de las soluciones de sustitución en el modo degradado.
- Posiblemente, según la naturaleza de la causa de la avería, activar la política de seguro.
- Comunicación interna para informar a los usuarios de la avería (lo que evita la sobrecarga de llamadas al soporte de usuarios), pero también para precisarles las condiciones del modo degradado o la necesidad de adaptar los comportamientos de usuarios.
- Comunicación regular sobre el avance hacia el restablecimiento.
- Organización del restablecimiento, cambio del modo degradado al modo nominal y comunicación sobre el restablecimiento.
- Análisis posmortem de la causa de la avería.
- Retorno de la experiencia (REX) sobre la gestión del incidente para tener la posibilidad de mejorar el plan de acción.

El plan de resiliencia en caso de avería debe incluir el directorio actualizado de los operadores que hay que trasladar y toda la información necesaria en la apertura del ticket, el inventario de las soluciones degradadas y su modo de desencadenamiento, las instrucciones para activar la comunicación interna, las escaladas internas y externas en caso de dificultad de implantación del plan.

El plan de resiliencia en caso de ciberataque con éxito depende a la vez de la sensibilidad del incidente, como hemos definido en la sección Gestionar la seguridad y los riesgos, en este capítulo, y del perímetro del SI que se alcanza. Cuanto mayor sea el perímetro alcanzado, más radicales y rápidas deberán ser las acciones. Su naturaleza dependerá de la sensibilidad de los sistemas alcanzados. Sin embargo, el plan siempre incluirá algunos grandes principios de acción que hay que implantar:

- Desencadenar la célula de crisis cibernética.
- Identificar rápidamente el perímetro del incidente de seguridad.
- Circunscribir el incidente al perímetro identificado aislando este perímetro y, en caso de dificultad de identificación del perímetro, ampliar el perímetro que hay que aislar.
- Garantizar la integridad de las copias de seguridad. Si es necesario, desencadenar los procedimientos de conservación de las copias de seguridad (interrupción de los procesos de copia de seguridad, por ejemplo).
- Proteger los rastros que serán útiles en el plano técnico para descontaminar y segurizar, y en el plano legal, para las actuaciones judiciales.
- Comunicarse internamente para informar a los usuarios de la interrupción de los servicios situados en el perímetro confinado.
- Comunicarse externamente con las autoridades y con las víctimas conforme al RGPD si procede la aplicación del RGPD.
- Posiblemente, según la naturaleza del incidente, activar el seguro cibernético.
- Organizar la presentación de reclamaciones.
- Organizar el restablecimiento después de la descontaminación y segurización.
- Comunicarse internamente sobre el restablecimiento.
- Análisis posmortem del incidente de seguridad y de su impacto en los sistemas y los datos: hay que poder tener un conocimiento preciso del impacto en los sistemas y en los datos alterados o robados, y alimentar técnicamente la reclamación judicial.
- Comunicación externa sobre el restablecimiento y el impacto sobre los datos si el incidente cae bajo la jurisdicción del RGPD.

– Retorno de experiencia (REX) en el incidente y su gestión para alimentar la PSSI y la gestión de la seguridad.

El plan de resiliencia en caso de ciberataque también incluye sus documentaciones anexas: directorio de los actores de la célula de crisis, procedimiento de información de las autoridades, protocolos de comunicación interna y externa, procedimiento de presentación de reclamaciones, procedimientos de desencadenamiento de los seguros, etc.

Se debe prestar una atención especial a los procedimientos de comunicación según los riesgos sistemáticos que puede implicar una comunicación mal construida, sobre todo si el incidente entraen la jurisdicción del RGPD. En este caso, aunque se impone la transparencia, no excluye dispensar los mensajes más adaptados a las circunstancias.

Capítulo 11
Gestionar el conocimiento, instrumentar el SI

1. Darle la importancia adecuada a la cuestión documental

Los sistemas de información, y especialmente los de las organizaciones con actividades múltiples, son complejos en grado sumo. Se construyen mediante aportes sucesivos de piezas que van desde el hardware hasta el software, diseñadas independientemente de toda coherencia de conjunto, e integradas sobre la marcha en el SI. Así, incluso si está documentada por el fabricante o el editor, el proceso de integración de una pieza nueva fabricada dentro del SI incluye con mucha frecuencia una dimensión empírica, que consiste en probar distintas configuraciones hasta encontrar (de manera provisional o no) la correcta. Igualmente, la resolución de incidentes se entiende como una mezcla que capitaliza las habilidades de los intervinientes, las resoluciones pasadas y una pericia de investigación que está íntimamente vinculada con la persona del interviniente. Aquí comprendemos la importancia de la cuestión documental para la construcción y el mantenimiento de un SI complejo: documentación inicial, asociada al producto; documentación de integración en el SI y distintas evoluciones de la configuración; documentación de los incidentes y de las respuestas aportadas; documentación de mantenimiento y de actualización; documentación del patrimonio; documentación de los usuarios y de sus derechos; historial de intervenciones; historial de los intervinientes; etc.

Todos los gestores de sistemas de información están convencidos de que únicamente una documentación completa y de calidad les permite superar las dificultades asociadas a la abundancia y a la complejidad de los SI. Sin embargo, también son los primeros en dejar de lado la cuestión documental cuando se presentan urgencias o elecciones de carga de trabajo. Con el riesgo, al final del camino, de perder el control del SI que, entonces, está expuesto a no poder contener la primera crisis sistémica que se presente.

Nuestra experiencia como auditores, en general, es que la cuestión documental no les preocupa ni en su dimensión estratégica ni en su dimensión práctica. Y que, desgraciadamente, forma parte de las «variables de ajuste» de la actividad de una DSI: se le dedica tiempo cuando se tiene. Hasta el día en que el retraso acumulado es tal que la carga de una reconstrucción se convierte en inconmensurable.

2. Inventariar y analizar el patrimonio documental

Durante nuestras distintas misiones, muy pocas veces hemos detectado una ausencia total de documentación. Muy a menudo hemos constatado una gran diversidad, incluso un amontonamiento, de fuentes documentales diversas, asociadas a la historia del SI de la empresa. La situación suele caracterizarse más bien por la abundancia y las dudas sobre la calidad de la información por que la falta de ella. A esto hay que añadir que, con el desarrollo de la infogerencia, piezas enteras del SI están documentadas por prestatarios exteriores que no están interesados en dedicarle demasiado tiempo, o hacen solo el mínimo necesario para garantizar su parte de prestación.

El ejemplo siguiente destaca los riesgos que pesan sobre el SI de la Sociedad de Seguro Médico:

Experiencia: análisis del inventario de documentación en el marco de la auditoría del SI de la Sociedad de Seguro Médico (SSM)

Diversidad y abundancia. *El inventario de los soportes y herramientas de documentación incluye 68 incidencias, una cantidad considerable. Es decir, sería necesario compilar 68 soportes documentales distintos para estar seguros de obtener una visión de conjunto de la información disponible sobre el SI, en todos sus aspectos técnicos, funcionales, administrativos y financieros. Esto confirma que el problema de la documentación es especialmente agobiante cuando se trata del funcionamiento de una DSI.*

Documentación ampliamente externalizada. *Entre las 68 incidencias de documentación, 36 están en dirección técnica (DT) interna y 32 se han confiado a directores técnicos externos, infogerentes o prestatarios. La cuestión del control de la calidad de gestión de las bases documentales está lejos de ser un asunto interno porque un 47 % de ellas están condicionadas por la «voluntad» de un prestatario de atender, o no, sus obligaciones.*

80 % de documentos ofimáticos. *54 herramientas documentales (80 %) están vinculadas a entornos ofimáticos generalistas (Word y Excel), mientras que 14 (20 %) están vinculadas a paquetes de software especializados.*

El recurso a paquetes de software especializados está completamente incluido en el campo de acción de los prestatarios externos.

– Soportes y operadores de la documentación del SI

	DOCUMENTACIÓN EN DT INTERNA DE DSI	**DOCUMENTACIÓN EN DT COFIADA A UN PRESTATARIO**
DOCUMENTACIÓN VINCULADA A UNA HERRAMIENTA OFIMÁTICA	36	18

	DOCUMENTACIÓN EN DT INTERNA DE DSI	DOCUMENTACIÓN EN DT COFIADA A UN PRESTATARIO
DOCUMENTACIÓN VINCULADA A UN SOFTWARE ESPECIALIZADO	0	14

Entre las 54 herramientas documentales vinculadas a herramientas ofimáticas, solo 5 herramientas están encapsuladas dentro de los entornos (extranet) estructuradores (histórico, control de versiones, etc.). Es decir, 49 herramientas, un 72 % de la documentación, están en un entorno donde la ausencia de formalización de los derechos de actualización hace imposibles el seguimiento y la verificación de que se han completado.

– *Campos de aplicación de la documentación del SI*

	NORMAS Y PROCEDIMIENTOS OBJETIVOS	DESCRIPTIVOS Y DOCUMENTACIONES OPERACIONALES	TICKETS, ALERTAS Y OTROS FLUJOS	ADMINISTRATIVO, FINANZAS... GESTIÓN
INFRAESTRUCTURAS SISTEMA Y RED	3	11	2	5
PUESTO Y ENTORNO DE TRABAJO	3	6	5	3
GESTIÓN				11
URBANIZACIÓN Y ARQUITECTURA	2	1		
APLICACIONES		5	1	
SEGURIDAD	2	4		1

Un 15 % de los soportes documentales inventariados pertenece a una lógica de procedimientos objetivos, un 42 % a un proceso de gestión operativo, un 12 % a una gestión dinámica de flujo y un 31 % a un planteamiento gestor.

Documentación «vendida» como operativa al 100 %*. Entre los soportes documentales evaluados, se declara (por las personas responsables de mantenerlos) que la totalidad responde a las necesidades de la DSI. Esta evaluación compara muchas dudas que hemos detectado durante nuestras entrevistas de auditoría: dudas de los colaboradores de la DSI en cuanto a la manera en que los prestatarios completan las bases documentales; inseguridad de los prestatarios que consideran que la información producida por la DSI no es fiable; herramientas documentales infrautilizadas; datos no actualizados porque el que se ocupaba de eso ya no está; servicios de la DSI que ignoran que otro servicio tiene la información buscada, etc.*

Gran parte de la documentación fuera del control de la DSI*. 55 herramientas documentales son propiedad de la SSM, mientras que 13 son propiedad de los prestatarios. Entre las 55 propiedades de la SSM, 3 están alojadas en el SI de un prestatario.*

– Propiedad y SI de vinculación de los soportes documentales

	PROPIEDAD DE LA SOCIEDAD	PROPIEDAD DE UN PRESTATARIO
INSTALADO DENTRO DEL SI DE LA SOCIEDAD	52	0
INSTALADO DENTRO DEL SI DE UN PRESTATARIO	3	13

Política de reversibilidad documental no controlada*. La cuestión de la reversibilidad se aborda de diversas maneras. Primero, detectamos que en 13 casos la información no se ha completado. Además, y especialmente para el gran contingente de los documentos ofimáticos propiedad de la SSM (28 incidencias), se considera que la respuesta se sustenta dentro de la misma naturaleza del documento: nosotros somos los propietarios, es ofimática, el documento está en nuestros servidores, por eso la reversibilidad está asegurada. Esto significaría que los colaboradores afectados consideran que no es necesario organizar colaboraciones o transferencias de consignas para asegurar la reversibilidad.*

Cuando se trata de documentación propiedad de un prestatario, generalmente menciona el hecho de que la reversibilidad está prevista al final del contrato. No se especifica si se realizan revisiones de reversibilidad durante el contrato ni cómo se verifica que los documentos transferidos están completos.

3. Instrumentar el patrimonio documental

Abundancia, heterogeneidad, redundancia, incompletidud y otros caracterizan el estado del patrimonio documental de muchas de las DSI, pero también, a otro nivel, el estado de las herramientas usadas para estructurar este patrimonio. En el caso de la Sociedad de Seguro Médico, encontramos que conviven tres CMDB (gestión de las configuraciones) distintos, cuatro herramientas de gestión de tickets, tipo ITSM (gestión de los servicios), dos bases de conocimientos (de las que una está vinculada a un Wiki) y cuatro herramientas de inventario.

Todas estas herramientas de paquetes de software especializado (no son ofimáticas) son propiedad de los prestatarios que tienen la misión, por un lado, de preocuparse de las herramientas compartidas con la DSI y, por otro lado, de mantener las revisiones documentales periódicas o revisiones de capacidad de transferencia debidas para garantizar a la SSM la completa propiedad de sus datos. En la práctica, nuestras numerosas experiencias convergen hacia las mismas constantes: por un lado, los colaboradores de la DSI no están interesados en las herramientas soportadas por los prestatarios, por muchas razones (no están formados, no tienen tiempo, no es importante, falta de confianza en los datos, etc.); por otro lado, los prestatarios «se apropian» estas herramientas sin preocuparse en absoluto de su reversibilidad o capacidad de transferencia a su cliente.

Experiencia: auditoría del SI de la Sociedad de Seguro Médico (SSM)

La herramienta de software documental requiere algunas observaciones en cuanto a su coherencia y a su control por la DSI.

En lo que respecta a la gestión de las demandas e incidentes, hay tres herramientas distintas, y dos ellas están bajo el control de la DSI (IWS-Isilog y Mantis). En algunas situaciones, las entradas pueden ser redundantes y, por lo tanto, ninguna herramienta conserva la exhaustividad de la actividad. Por ejemplo, Mantis recoge los incidentes y las demandas de evolución de las aplicaciones, pero en principio los incidentes detectados por los usuarios se indican en el helpdesk y entonces se registran en IWS. Después, estos casos asignados a una escalada MCO (mantenimiento en condiciones operativas) se introducen en Mantis para que los editores o la TMA puedan hacerse cargo de ellos. Pero todos los incidentes introducidos en Mantis no se introducen en IWS. De la misma manera, solo algunos casos procedentes de la infogerencia de producción se introducen a la vez en IWS y en Remedy ITSM.

En lo que se refiere a las herramientas de conocimientos (Wiki, CMDB), son inaccesibles para la DSI o su contenido es pobre. La CMDB del infogerente de producción solo está formada por un inventario de una parte de las infraestructuras y con bastantes pocas relaciones entre los objetos. Estas herramientas siguen siendo a la vez propiedad del infogerente y de su uso exclusivo.

Durante nuestras distintas misiones nos hemos enfrentado a este tipo de situaciones, lo que nos lleva a alertar a los gestores del SI de la gran fragilidad ante la que les deja la ausencia de apropiación de su herramienta documental. Les explicamos que son como pilotos de avión que hubieran perdido la documentación sobre el funcionamiento del aparato del que son responsables para llevarlo a buen puerto. Todo va bien mientras se quedan en piloto automático, hasta el día en que hay que retomar el timón.

También, para combatir esta situación, nosotros proponemos fundamentar la política documental sobre algunos principios sencillos:

- **Unicidad de la herramienta documental: una sola herramienta para cada función**

  El primer principio es luchar contra la tendencia a la multiplicación y a la redundancia de las herramientas. Por supuesto, cada prestatario tiene sus propios protocolos industriales, asociados a herramientas específicas, que desea seguir utilizando de manera legítima (sus procesos están implantados, los colaboradores están formados, etc.). Pero el director estratégico no puede satisfacer esta constante. Porque solo la unicidad autoriza un control de la información y una apropiación de esta por sus propios colaboradores. En este caso, si un infogerente quiere conservar el uso de una herramienta propia para garantizar la homogeneidad de sus procesos internos, como mínimo, se le debe exigir que esta herramienta esté interconectada en tiempo real con la impuesta por el directo estratégico. Y que, en caso de discrepancia, solo sirva de referencia la herramienta del director estratégico.

- **La integración de las herramientas documentales en un mismo paquete de software**

  Muchas DSI usan herramientas distintas para cada uno de los grandes bloques funcionales de su SI documental (CMDB, ITSM, base de conocimientos, gestión de flota, flujos de trabajo y procesos, etc.). Esta multiplicación de las herramientas es una herencia histórica, que se remonta a una época donde la oferta funcional no estaba madura y obligaba a elegir, para cada funcionalidad, la solución del mercado menos mala.

  Esta división contribuye a crear una falta de legibilidad, redundancias y una dificultad de apropiación de la información documental. Desde hace un tiempo ya no es una fatalidad: la oferta de los editores ha ganado mucho en madurez y en coherencia funcional. Ahora es posible encontrar soluciones (ya se trate de una herramienta integrada o de una serie de programas interconectados) que aportan una respuesta global a todo el bloque funcional CMDB, ITSM, base de conocimientos, flotas, flujos de trabajo y procesos. Nosotros recomendamos hacer evolucionar la instrumentación del SI en este sentido, de manera que garantice la homogeneidad y la simplicidad de sus herramientas.

- **Internalización de la dirección técnica del SI documental**

  En primer lugar, el paso previo evidente al control de un SI documental es conservar la dirección estratégica. Este primer nivel de apropiación obliga a la DSI a mantener el control y garantizar una continuidad de dirección independiente de los vencimientos de los contratos de los distintos prestatarios implicados. Para ejercer plenamente, esta dirección estratégica debe estar asociada a una gobernanza estructurada, para garantizar que el director técnico actúa dentro del respeto de los objetivos asignados por el director estratégico.

  Sin embargo, la experiencia nos enseña que la dirección estratégica por sí sola no es suficiente para concretar la realidad de una apropiación. Por eso recomendamos, en este campo concreto, considerar que la documentación es una función soberana para la que no se puede externalizar la dirección técnica. De este modo, consideramos que solo el ejercicio de la dirección técnica lleva a la DSI a sumergirse de lleno en la herramienta y la construcción de su SI documental.

- **Formalización de las misiones documentales en los cuadernos de cargas**

  Todavía es demasiado frecuente encontrar cuadernos de cargas, especialmente de infogerencia, que no abordan específicamente la cuestión de la producción de documentación. En el mejor de los casos, se limitan a precisar que tal o cual prestación, para estar correctamente ejecutada y ser recepcionada, debe incluir una etapa de clarificación de documentación y de información del SI. Este proceso al margen de la cuestión documental no puede garantizar una buena recepción. Porque el tema surge con frecuencia al final del proyecto, en un momento donde hay que pasar página y pagar (por fin) al prestatario. Entonces la buena gestión conduce a ser conciliador o a emitir sencillas advertencias sin coste. Por eso recomendamos hacer de la documentación, y de el buen uso del SI documental, una prestación independiente y de pleno derecho, acompañada de un precio y de un SLA específicos para ella. Así, el prestatario toma conciencia de que solo podrá obtener el pago de esta prestación si cumple sus obligaciones. Además, el director estratégico podrá, en este caso, bloquear el pago de una parte identificada de la prestación sin bloquear el pago de las prestaciones realizadas en otras partes.

Capítulo 12
Organizar la DSI

1. La organización de las personas es imprescindible para el buen funcionamiento del SI

Las DSI de las empresas donde hemos intervenido han podido incluir hasta 80 colaboradores. Entonces se plantea necesariamente la cuestión de la organización de este conjunto humano responsable de una actividad compleja: una problemática aún más apremiante cuando se trata de informática porque, en este campo, el mínimo fallo de coordinación o de responsabilidad puede degenerar en avería sistémica.

Así, cuando se gestiona mal un servicio de contabilidad, el riesgo (por supuesto grave) es pagar dos veces una factura. Pero cuando una DSI está mal coordinada, el riesgo es la caída de todo el sistema de información, que a su vez parará el 80 % de los servicios de la empresa afectada.

Por eso los SI y las DSI han dado lugar al desarrollo de herramientas de teorización y de formalización de la organización y de la gestión. La más conocida, y la más extendida en las empresas donde hemos intervenido, es sin duda la recopilación de buenas prácticas ITIL, de la que aquí simplemente recordaremos que ofrece un proceso metodológico y organizativo basado en grandes procesos de referencia.

Sin embargo, en este libro dejaremos a un lado las aportaciones de ITIL y otras herramientas de buenas prácticas (CobiT, CMMI, Prince2, PMBox, etc.), para presentar dos herramientas que hemos usado en nuestras misiones y que se centran en la organización de la DSI:

- La primera, **el análisis de las funciones y procesos**, nos lleva a esquematizar el funcionamiento real, y luego el objetivo, de la DSI. La idea aquí es no «plantar» una organización en la DSI, sino partir de culturas instauradas, prácticas y procesos existentes para caracterizarlos, luego identificar las dudas o las carencias, y así llegar a la definición de una organización objetivo.
- La segunda, **la tabla de concordancia organigrama/gobernanza/procesos/infogerentes**, propone un proceso para hacer legible la organización y precisar las funciones de cada uno en la DSI. Su principio básico es garantizar que solo haya un interlocutor responsable para cada función y misión en la DSI.

Por último, daremos algunos puntos de atención para la construcción de un organigrama, una vez más, procedentes de la experiencia.

2. El análisis de las funciones y procesos

Análisis de las funciones y procesos de la DSI de SA-Sessaurai

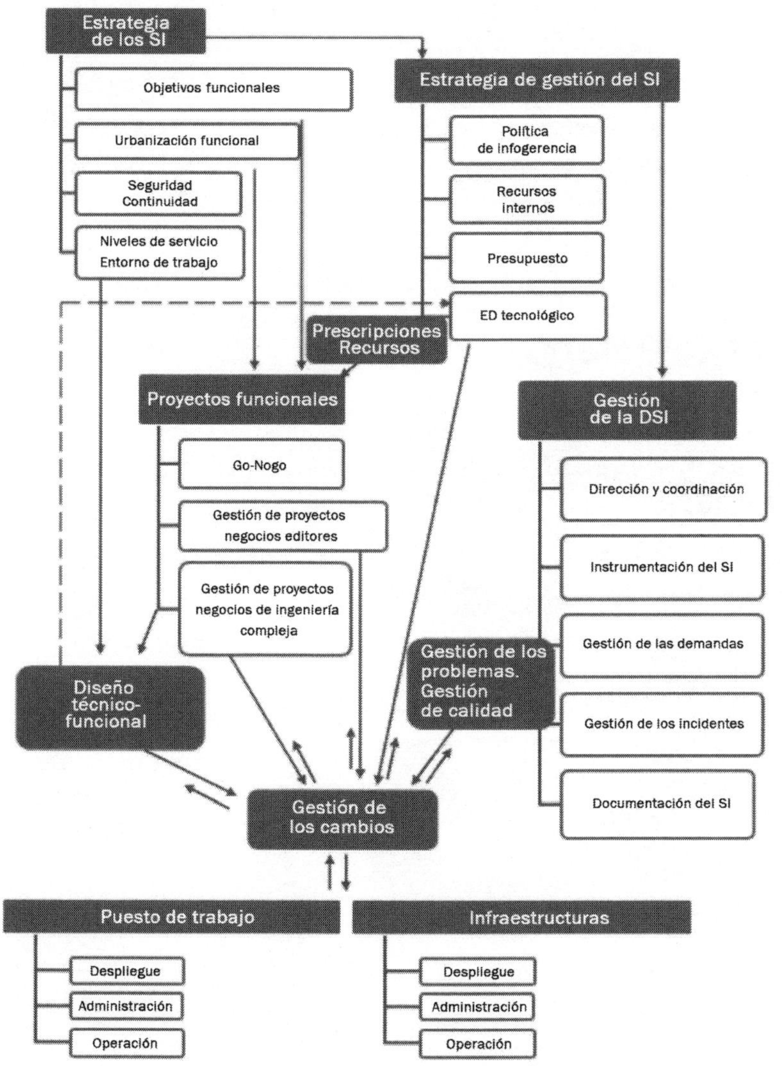

Este esquema se elaboró en el marco de la auditoría del SI de SA-Sessaurai (agroalimentaria). Destaca sobre fondo negro las grandes funciones realizadas por la DSI, que a su vez se descomponen en subfunciones o grandes procesos. Este análisis se utilizó como punto de apoyo para la reestructuración de los servicios de la DSI, con el objetivo, si fuera posible, de no fraccionar los grandes bloques funcionales y, en todos los casos, de identificar un único propietario para las subfunciones y procesos.

Esta herramienta no tiene vocación teórica ni pretender ser una herramienta de modelización. Su principal utilidad es ayudar a los actores a formalizar las prácticas objetivo y reales, y crear un punto de apoyo para un proceso de cambio de la organización.

En este caso, el resultado fue el siguiente organigrama:

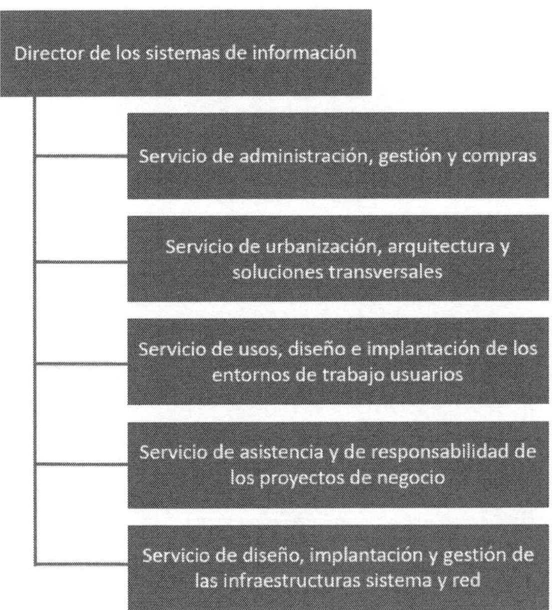

En este esquema, el director de los sistemas de información lleva la estrategia SI, la gestión, la estrategia de urbanización, la política de seguridad, los objetivos de servicios, la calidad y la organización de la dirección de los sistemas de información.

El director de los SI asocia su gestión de la DSI con un servicio de administración, que se ocupa de los procesos internos (presupuesto, compras, etc.).

Las grandes funciones técnicas transversales se han confiado a un servicio que establece el vínculo entre el diseño urbanístico, el diseño arquitectónico y la implantación operativa de los SI que son propiedad de la DSI (los que no tienen propietario de negocio, básicamente porque son transversales).

Otro servicio agrupa todas las funciones para las que se puede considerar que el usuario está en el centro o que se considera objeto.

Un servicio se dedica al acompañamiento de los negocios dentro del diseño y la implantación operativa de los SI de negocio. Según los niveles de madurez de los negocios, este servicio se podrá colocar en ADE, en ADT o en los dos.

Por último, un servicio se encarga de todos los problemas del diseño y de la implantación de las infraestructuras de sistema y de red.

La organización obtenida de esta manera tiene permiso para repartir todas las funciones y todos los procesos del esquema inicial, evitando los solapamientos e identificando con precisión al responsable de todos los campos de actividad.

3. La tabla de concordancia organigrama/gobernanza/procesos/infogerentes

Como complemento del organigrama, la tabla de concordancia organigrama/gobernanza/procesos/infogerentes tiene el objetivo de identificar los perímetros de responsabilidad correspondientes a cada unidad del organigrama. Aquí la idea es responsabilizar a los actores, haciendo posible una gestión por objetivos, y hacer el organigrama lo más legible posible para los interlocutores de la DSI. Los principios son los siguientes:

- Cada entidad de gobernanza del SI está sostenida por un servicio de referencia, y solo uno.
- Cada proceso (principalmente ITIL), y su comitología asociada, está sostenido y garantizado por un solo interlocutor de referencia.
- Cada infogerente, o prestatario, está supervisado por un servicio de referencia, y solo uno.

Extracto de la tabla de concordancia organigrama/gobernanza/procesos/infogerentes de SA-Sessaurai

SERVICIO TRABAJADOR	GOBERNANZA	PROCESOS GARANTIZADOS	INFOGERENTE ASOCIADO
Director del SI	Comité estratégico de los SI	Gobernanza global del SI	
Director del SI	Comité de dirección de la DSI	Procesos internos de la DSI	
Entornos de trabajo	Comité de usos y entornos de trabajo	Demandas	Helpdesk. Servicio de proximidad ToIP
Urbanización	Comités de dirección de los proyectos funcionales transversales	Gestión de los proyectos en DE DSI	Infogerencia aplicativa
Proyectos de negocio	Comités de dirección de los proyectos funcionales de negocio	Gestión de los proyectos en DE de negocio	Editores de las aplicaciones de negocio

Algunos podrían replicar que, para cada función y cada proyecto, es suficiente con establecer un RACI precisando las funciones de cada uno. Nuestra lectura es que una cosa no impide la otra. El organigrama de una DSI está llamado a activarse en situaciones a menudo urgentes y bajo presión. Entonces, cuanto más transparente sea este organigrama para todos los actores (tanto internos como externos), más ágil resultará en una situación de estrés.

4. Puntos clave para la construcción de un organigrama de DSI

¿Cuáles son las «normativas» que hay que respetar en el momento de plasmar un organigrama sobre el papel? Aquí recordamos cuatro puntos clave, sin pretender ser exhaustivos:

Legibilidad. Una de las críticas que se hace a las DSI, y que nos encontramos en nuestras misiones de auditoría, es la «opacidad» de las funciones de cada uno. Los interlocutores de negocio no saben «quién es quién» y no se ubican en los títulos de servicios o de puestos a menudo incomprensibles para los no iniciados.

Un organigrama no solo es útil para los actores a los que afecta directamente, sino también es fundamental para los interlocutores (muy numerosos) de la DSI: los encargados de la toma de decisiones, las direcciones, los colaboradores y los prestatarios. Debe permitir comunicarse en la organización de la DSI y nombrar las distintas unidades de la DSI en términos fáciles de recordar y accesibles para los no iniciados.

Más robusto. Un SI es muy cambiante, los proyectos se multiplican y la organización evoluciona permanentemente. La DSI debe ser ágil, y tendrá muchas ventajas asociar esta agilidad a un organigrama permanente que contribuirá a constituir una base de estabilidad dentro de un entorno en constante evolución. Por eso es importante, en el momento de diseñar un organigrama, tener una visión de conjunto y hacerlo de tal manera que no influyan modas. Entonces la DSI envía un mensaje tranquilizador: los proyectos son múltiples y cambiantes, pero yo, la DSI, soy estable y estoy listo para asumirlos.

Equilibrio cuantitativo. Con demasiada frecuencia nos encontramos con organigramas que incluyen de manera simultánea microservicios (hemos podido encontrar servicios de una persona) y servicios proporcionalmente demasiado desarrollados. Estas situaciones pueden dar como resultado un error inicial de diseño. Y también traducir la no objetivación de problemas subyacentes: un marco «competente» que recupera todos los proyectos (¿es que los otros no son competentes?); la externalización de una parte de la actividad de la DSI, que vacía un servicio de sus efectivos operativos sin por ello incluir las consecuencias en el organigrama; la obsolescencia de los conocimientos de una unidad, que nos lleva a reconstruir otra al lado, etc.

Para enfrentarnos, en las mejores condiciones, a la complejidad de la gestión del SI, asociada a la necesidad de un trabajo de equipo, siempre será preferible constituir unidades de dimensión humana y vigilar por que haya un equilibrio entre las responsabilidades y cargas de trabajo en el comité de dirección.

Dosificación de las posturas de negocio. Aquí llamamos «postura de negocio» a la combinación resultante de la pericia, de la naturaleza de las responsabilidades y de las obligaciones de implantación de la actividad profesional. Así, en una empresa, un comercial no tiene la misma actitud que un técnico (movilidad, relación con el cliente, pericia, etc.), igual que un responsable de atención al cliente no tiene la misma actitud que un desarrollador. Estas funciones incluso son incompatibles porque movilizan actividades y obligaciones contrarias (estar disponible/concentrarse; explicar/convencer, etc.).

Así, aun cuando un informático fuera omnisciente, no podría estar a la vez en calma para desarrollar un software, listo para escuchar con objeto de ayudar a los usuarios y en modo apagafuegos para gestionar las urgencias técnicas del SI. Todas estas actividades se destruyen entre ellas y colocan inútilmente a la persona en una situación de estrés (situación que, sin embargo, hemos encontrado en muchas ocasiones). A la inversa, atribuirle a un colaborador solo misiones que responden a una única actitud conduciría a demasiada monotonía y daría como resultado un riesgo de desmotivación. Por eso es importante dosificar las actitudes inherentes a un puesto. Especializar las funciones, prestando atención a la creación de las condiciones de variedad de actividades y de interacciones con otros actores.

También es importante asegurarse de no encerrar a un colaborador en una posición, por supuesto coherente y homogénea, pero que le pondría en dificultades respecto a sus colegas o interlocutores: un responsable de seguridad que, encerrado en su función, sería percibido como un detector o un sabelotodo, o un ingeniero de sistemas que solo fuera visto como un contable, discrecional, de los recursos informáticos. Entonces es conveniente, en la medida de lo posible, procurar que todos estén en una situación de establecer con su entorno contratos que valorizan y vectores de reciprocidad.

Lo que es válido para los individuos, también es válido para los servicios constitutivos de la DSI. Así, hemos encontrado los efectos devastadores de un servicio de seguridad descargado de toda responsabilidad operativa y en conflicto permanente con el servicio de infraestructura: el primero está estresado por una responsabilidad, la seguridad, y sin embargo no tiene los medios de la acción, monopolizados por el servicio de infraestructura; el segundo vive bajo la presión de las órdenes de un servicio de seguridad que dedica su tiempo a crear obligaciones a los otros. Para salir de este diálogo de sordos y de estos conflictos de órdenes resultado de posturas incompatibles, es recomendable imaginar un reparto de los roles donde se inviertan las posturas por turnos: habilidades en interacción, interdependencias cruzadas, procesos iterativos y colaborativos. Hacer de tal manera que, alternativamente, uno tenga que darle al otro.

La enunciación de estos cuatro puntos clave pone de relieve lo difícil y delicado del trabajo de diseño de un organigrama. Con frecuencia será imposible, porque puede resultar contradictorio, aunar legibilidad, estabilidad, equilibrio y coherencia de las posiciones. El organigrama real será necesariamente el resultado de combinaciones y compromisos. En todos los casos, primero es recomendable respetar una regla de oro, la más importante: sobre todo no hacer el organigrama en función de las personas, sino, al contrario, diseñarlo como un objetivo y un proyecto con obligación, para los colaboradores, de ocupar los puestos de trabajo resultantes.

Capítulo 13
Gestionar los RR HH y liderar el proceso de cambio

1. Usar la matriz 2MSI para gestionar los RR HH

En los capítulos anteriores, hemos aplicado la 2MSI en contextos de proyectos, como procesos de auditoría, de EDSI o de infogerencia. También hemos tratado de la organización de la DSI. Nos falta saber si nuestra tabla de lectura 2MSI puede ser útil para monitorizar la gestión diaria de los SI. Aquí ya no nos encontramos en una lógica de diseño estratégico y estructurante aplicada desde el exterior por «sabios» (como en una intervención de consulting), sino dentro de la óptica de la gestión de recursos humanos de manera interna, aplicada por el mismo director de los sistemas de información.

Para eso, a continuación tomamos cuatro campos de acción que constituyen pasos obligados para los SI managers, y miramos, para cada uno de ellos, si hay un valor añadido al asociarlos a la matriz 2MSI: la gestión de las competencias, la de los objetivos, la de la calidad y, para terminar, la gestión de la dirección del cambio.

2. Gestionar las competencias

Para atender a las distintas misiones que le corresponden, el SI manager debe rodearse de un equipo con competencias externas y avanzadas. Entonces se preguntará por la naturaleza de estas competencias y las calificará con precisión para desarrollar una reflexión organizativa: ¿qué competencias conservar internamente? ¿Cuáles externalizar? ¿Cómo organizar las competencias internas y agruparlas bajo la forma de puestos?

Aquí proponemos agrupar las competencias según tres principios: coherencia, complementariedad y realismo.

Coherencia. La coherencia intrínseca de un puesto se encuentra en la homogeneidad de las competencias necesarias para dar respuesta a las exigencias. Salvo raras excepciones, no se puede esperar de un mismo colaborador que sea competente en todos los campos y sepa reaccionar en todas las circunstancias. Se trata de diseñar agrupaciones de competencias cuyo perímetro es accesible para un mismo individuo. Es decir, para una persona depositaria de funciones y de cualidades compatibles entre ellas.

Complementariedad. Durante la composición de un equipo, en primer lugar el manager busca acomodar las competencias para cubrir todo el campo de sus necesidades, atender a los volúmenes estimados y segurizar los ámbitos de competencias que no se toman vacaciones (binomios, solapamientos, etc.). Una vez servida esta primera etapa, ambiciona una dinámica de equipo, es decir, complementariedades que transcienden la simple suma de los individuos para dar respuesta a la emulación, la actuación colectiva, la creatividad y la vigilancia estratégica.

Realismo. Es inútil imaginar agrupaciones de competencias que terminarían por crear puestos para los que la oferta del mercado sería inexistente. Entonces es preferible encontrar una división conforme a los usos de la profesión y, específicamente, en concordancia con la estructura de las formaciones profesionales existentes. Condición necesaria, por ejemplo, para ir a cazar colaboradores recién graduados.

Después de haber procedido a la definición de los puestos y reclutado a los colaboradores correspondientes, el manager se dedicará a mantener y optimizar su «stock» de competencias, es decir, a minimizar constantemente las discrepancias entre su necesidad objetivo y su stock real. En este tema, su principal herramienta de ajuste a corto y medio plazo es la formación continua. Mediante este juego, que se traduce en un plan de formación, hará evolucionar el perímetro de cualificaciones de sus colaboradores y lo extenderá hasta yuxtaponerlo con el perímetro de sus necesidades.

Sin embargo, este ejercicio de evolución de las competencias mediante la formación puede encontrar sus límites en las mutaciones más profundas de las necesidades que conducen a reconsiderar completamente la definición de los puestos. Entonces el manager puede comprobar que en su stock de colaboradores no existen los perfiles que necesitará en el futuro. Salvo que despida a sus colaboradores y contrate nuevos, tendrá que planear contemporizar con la rotación natural de sus colaboradores o iniciar acciones de recualificación de mayor calado, que conducen a reposicionamientos más completos. En general, esta acción anticipadora y a largo plazo se llama «gestión previsional de los empleos y de las competencias» (GPEC).

En estos tres ámbitos (los puestos, la formación y la GPEC), la matriz 2MSI nos ofrecerá un marco estructurante para darle forma a la política afectada.

Definición de los puestos. Lo hemos visto en el capítulo Definir y gestionar una política de infogerencia: la matriz 2MSI permite mapear el perímetro de los ámbitos confiados a un infogerente. Entonces aparecen, por efecto de contraste, los ámbitos dentro de los que la organización asegura internamente un nivel cuantitativo (los puestos) y cualitativo (las competencias) de intervención que le permiten asumir sus necesidades operativas y de habilidad internas. Aquí tenemos en gris las piezas que competen a la dirección estratégica (gestión de los infogerentes), y en blanco, las que competen a la dirección técnica (realización interna).

Mapa de las competencias internas/externas

Infraestructuras de red y telecomunicaciones	Supervisión y operación de la red. Gestión de operadores de red y telecomunicaciones	Integridad, seguridad y PRA de red y telecomunicaciones
Servidores (alojamiento y OS)	Supervisión y operación de servidores	Integridad, seguridad y PRA de datos y configuraciones
Dispositivos (PC, tableta y smartphone)	Soporte y operación de dispositivos. Helpdesk	Seguridad de dispositivos
Edición e impresión	Soporte y operación de flota de edición e impresión. Helpdesk	Seguridad. Confidencialidad. Costes.
Usuarios (directorios, correo y ofimática)	Gestión de derechos, correo y ofimática	Seguridad y PRA directorios, correo y acceso
Aplicaciones de negocio	Supervisión y operación de aplicaciones de negocio. Relaciones editores	Seguridad, integridad y PRA aplicaciones de negocio
Riesgos	Supervisión de los riesgos Evaluación de los impactos	Seguro Asistencia jurídica Gestión de crisis

Esta tabla de lectura servirá de punto de apoyo para las negociaciones entre el SI manager, los encargados de la toma de decisiones y los RR HH, para cuantificar y describir los puestos necesarios. En este caso, podemos imaginar que el eje vertical de la derecha, en su mayor parte en blanco, conducirá a definir un bloque de competencias orientadas hacia la protección de la integridad del SI. Ahí está el contenido para un equipo de responsables de seguridad (RSSI). Igualmente, las dos filas «Usuarios» y «Aplicaciones», en su mayor parte en blanco, invitan a construir un sector en torno a la adaptación de las necesidades funcionales. Esta objetivación de los perímetros resultará muy útil durante la definición de las descripciones de puesto de trabajo porque, también aquí, el planteamiento por piezas estructura el trabajo de identificación y de redacción de las misiones asignadas a los distintos operadores.

La matriz también podrá aparecer tal cual en la redacción de la descripción del puesto de trabajo, para representar de manera visual el perímetro de las atribuciones de los interesados.

Gestión de la formación. Misiones y competencias nos llevan a la cuestión de la formación, para la que se podrá hacer una transposición horizontal de la representación matricial (tengo esta misión, necesito esa formación), una caracterización y una priorización mediante monitorización coloreada, identificando las piezas para las que hay una diferencia importante entre las competencias reales y las requeridas. Este tipo de monitorización es especialmente elocuente y resulta muy convincente cuando se trata de objetivar la inscripción de las necesidades dentro de las prioridades del plan de formación. En este caso, la matriz coloreada podrá servir para hacer un seguimiento de los efectos del plan de formación, en términos de reducción de las diferencias entre el nivel de formación requerido y el nivel de formación ofrecido.

Uso de la matriz 2MSI para caracterizar las competencias asociadas a cada campo de actividad

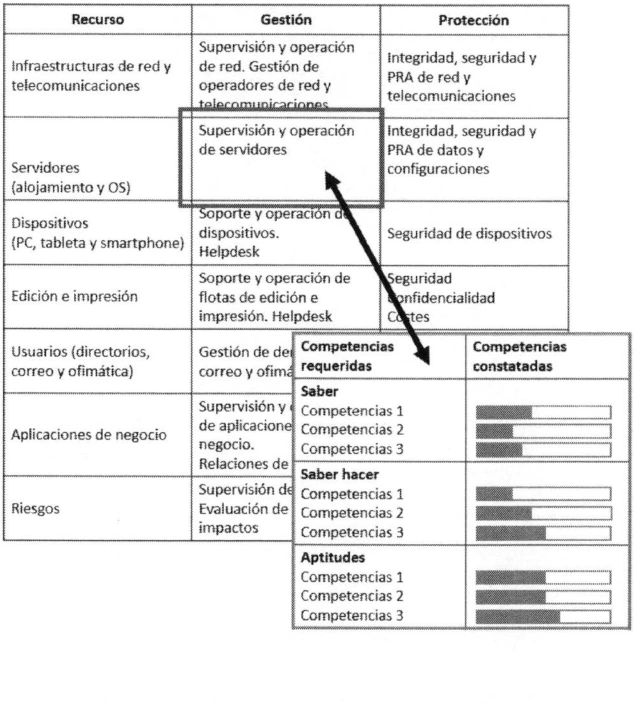

Recurso	Gestión	Protección
Infraestructuras de red y telecomunicaciones	Supervisión y operación de red. Gestión de operadores de red y telecomunicaciones	Integridad, seguridad y PRA de red y telecomunicaciones
Servidores (alojamiento y OS)	Supervisión y operación de servidores	Integridad, seguridad y PRA de datos y configuraciones
Dispositivos (PC, tableta y smartphone)	Soporte y operación de dispositivos. Helpdesk	Seguridad de dispositivos
Edición e impresión	Soporte y operación de flotas de edición e impresión. Helpdesk	Seguridad Confidencialidad Costes
Usuarios (directorios, correo y ofimática)	Gestión de de correo y ofimá	
Aplicaciones de negocio	Supervisión y de aplicacione negocio. Relaciones de	
Riesgos	Supervisión de Evaluación de impactos	

Competencias requeridas	Competencias constatadas
Saber	
Competencias 1	
Competencias 2	
Competencias 3	
Saber hacer	
Competencias 1	
Competencias 2	
Competencias 3	
Aptitudes	
Competencias 1	
Competencias 2	
Competencias 3	

Uso de la matriz 2MSI para poner de relieve las prioridades de formación

Infraestructuras de red y telecomunicaciones	Supervisión y operación de la red. Gestión de operadores de red y telecomunicaciones	Integridad, seguridad y PRA de red y telecomunicaciones
Servidores (alojamiento y OS)	Supervisión y operación de servidores	Integridad, seguridad y PRA de datos y configuraciones
Dispositivos (PC, tableta y smartphone)	Soporte y operación de dispositivos. Helpdesk	Seguridad de dispositivos
Edición e impresión	Soporte y operación de flota de edición e impresión. Helpdesk	Seguridad. Confidencialidad. Costes.
Usuarios (directorios, correo y ofimática)	Gestión de derechos, correo y ofimática	Seguridad y PRA directorios, correo y acceso
Aplicaciones de negocio	Supervisión y operación de aplicaciones de negocio. Relaciones editores	Seguridad, integridad y PRA aplicaciones de negocio
Riesgos	Supervisión de los riesgos Evaluación de los impactos	Seguro Asistencia jurídica Gestión de crisis

En esta ilustración, el análisis de las necesidades de formación nos ha llevado a caracterizar zonas gris claro, para las que no hay una diferencia importante entre las competencias incluidas y las competencias requeridas por la organización; las zonas gris medio, para las que son necesarias acciones correctivas; zonas gris oscuro, que caracterizan una diferencia importante entre las necesidades y los recursos; y, por último, zonas negras, donde se constata un vacío porque el campo no está cubierto o porque ni siquiera existe el principio de los conocimientos indispensables para describir una necesidad de formación. Por último, no olvidemos que la zona blanca, la entregada a la infogerencia, no significa que la organización abandone totalmente sus competencias.

Precisa la caracterización del mínimo requerido de aptitudes técnicas necesarias, no para hacer, sino para mandar hacer.

En efecto, como hemos visto antes, la supervisión de la infogerencia, aunque esté externalizada, es muy exigente. En condiciones ideales, el nivel de competencia del supervisor debe ser superior al de los infogerentes. Con la salvedad de que la supervisión (mandar hacer) debe requerir mucho menos tiempo que la realización (hacer).

La GPEC. Una política de gestión previsional de los empleos y de las competencias debe apoyarse en una visión de lo que serán las necesidades a medio y largo plazo. Esta visión se puede buscar en el exterior mediante la vigilancia tecnológica. Pero no es suficiente para tomar en consideración las realidades internas de la organización. Entonces el manager debe dirigir un proceso colectivo interno mediante el que su equipo formulará su propia visión anticipadora (y así incluso se sumará). Con esta perspectiva, la matriz 2MSI servirá principalmente de apoyo para una dirección del tipo brainstorming (tormenta de ideas). Favorecerá la construcción de escenarios, pieza a pieza, que tendrán en cuenta las evoluciones previsibles de las tecnologías (el recurso), de los modos de gestión y de los retos de protección del SI. Este proceso conducirá a caracterizar tendencias dentro de las evoluciones cuantitativas (matriz coloreada) y cualitativas (matriz completada) de las necesidades.

El uso de la 2MSI para formular las grandes evoluciones del SI que hay que tener en cuenta para la GPEC a 10 años

En el ejemplo que aparece a continuación (aquí incompleto), la visión prospectiva combina las grandes tendencias del mercado y las grandes elecciones estratégicas del SI manager. De todo ello resulta, después de la decantación y la simplificación, que se revelan los fundamentos sobre los que podrá construir una política anticipadora de gestión de las competencias.

– *Análisis prospectivo, pieza a pieza, de las grandes evoluciones del SI.*

Infraestructuras de red y telecomunicaciones. ♦ Refuerzo de la necesidad y de la demanda para una recalificación de alta velocidad del conjunto de las infraestructuras de red. ♦ Continuidad de la política de realización en dirección técnica interna.	**Supervisión y operación de la red. Gestión de operadores de red y telecomunicaciones.** ♦ Confirmación y refuerzo de la política de infogerencia. ♦ Mejora de la reversibilidad de los operadores para reforzar la apertura a la competencia. ♦ Generalización de la TOIP y gestión integrada voz-datos-imágenes.	**Integridad, seguridad y PRA de red y telecomunicaciones.** ♦ Desarrollo de las herramientas y prácticas de monitorización de las redes. ♦ Formalización de la política de supervisión de las redes. ♦ Identificación y tratamiento de los spofs (*single point of failure*)
Servidores (alojamiento y OS). ♦ ...	**Supervisión y operación de servidores.** ♦ ...	**Integridad, seguridad y PRA de datos y configuraciones.** ♦ ...
Dispositivos (PC, tableta y smartphone). ♦ ...	**Soporte y operación de dispositivos. Helpdesk.** ♦ ...	**Seguridad de dispositivos.** ♦ ...
Edición e impresión. ♦ ...	**Soporte y operación de flota de edición e impresión. Helpdesk.** ♦ ...	**Seguridad. Confidencialidad. Costes.** ♦ ...
Usuarios (directorios, correo y ofimática). ♦ ...	**Gestión de derechos, correo y ofimática.** ♦ ...	**Seguridad y PRA directorios, correo y acceso.** ♦ ...
Aplicaciones de negocio. ♦ ...	**Supervisión y operación de aplicaciones de negocio. Relaciones editores** ♦ ...	**Seguridad, integridad y PRA aplicaciones de negocio** ♦ ...

Los elementos de prospectiva destacados para la capa de red permiten identificar una gran necesidad de habilidad para llevar la dirección técnica interna, supervisar los infogerentes y desarrollar una monitorización de calidad. Respecto al ejemplo anterior, la organización afectada parece estar muy interesada en equiparse con un ingeniero de red experimentado.

3. Gestionar los objetivos

Los objetivos son una parte fundamental de toda gestión. Sin embargo, prefieren estar dentro de entornos que, como los sistemas de información, no conocen un estado estable ni períodos sin cambios. Así, condenado a pedalear para no caerse, el SI manager tendrá que instalar la gestión de su equipo dentro de una dinámica de continuos cambios. Dinámica que se transforma mediante la definición de objetivos individuales y colectivos.

Los objetivos pueden tener su origen en un planteamiento prospectivo definido dentro del marco de una reflexión estratégica (EDSI, GPEC). Entonces le dan sentido a la acción colectiva (gestión y DSI) y permiten disponer de una tabla de lectura, incluso de una visión, que autoriza elecciones informadas, o al menos con información. En este proceso, la matriz 2MSI organiza a la vez un planteamiento estructurado de los objetivos para cada una de las piezas, luego un seguimiento de las acciones iniciadas y, por último, una visualización por pieza del nivel de realización de cada objetivo.

La matriz también permite organizar objetivos más operativos, definidos al nivel de la DSI. En este caso, primero será útil para organizar las ideas que emergen de una brainstorm colectiva (en el equipo DSI). Luego, para analizar la coherencia del conjunto de estas ideas y transformarlas en objetivos de servicio. El proceso se puede desdoblar tomando como objeto, por un lado, el SI y, por otro lado, el funcionamiento del equipo DSI bajo el punto de vista de la regulación, de los métodos, de los procesos o del control.

Por último, la 2MSI se puede utilizar para asociarle la determinación de los objetivos asignados a cada uno, a título individual. Esto puede hacerse mediante la transformación de los objetivos colectivos de un proyecto de servicio, o mediante el análisis de los procesos de progreso que se ha de iniciar después de una evaluación individual.

De una manera general, recordaremos que, dentro de la dinámica de una gestión por objetivos, la 2MSI ofrece un marco estructurante para organizar la reflexión, luego formular los objetivos y, al final, para seguir la realización.

Experiencia

Dentro de un proceso de brainstorming en torno a objetivos compartidos por el equipo de la DSI, se podrá, por ejemplo, practicar el método denominado «papeles pequeños». Este método consiste en pedir a cada uno de los participantes, durante una reunión dirigida, anotar sus ideas por escrito en cuadrados de papel: una sola idea por papel. Luego, se les pedirá que peguen estos papeles pequeños en una tabla de conjunto haciendo agrupaciones por familia.

Entonces, el uso de la 2MSI como idea de fondo permite una primera organización de las ideas, que favorece el paso de una fase de creación a una fase de análisis.

Esta braimstorming estructurada genera un mapeado visual inmediato de las ideas emitidas. Esto conduce, por ejemplo, a identificar que el equipo de DSI concentra su atención de manera explícita en esta o aquella pieza, haciendo abstracción de otras piezas, con el riesgo de pasar por alto algunas necesidades. Entonces el equipo vuelve a centrar sus objetivos en campos de acción «olvidados».

– *Uso de la 2MSI para una brainstorming: método de los papeles pequeños.*

Recurso	Gestión	Protección
Infraestructuras de red y telecomunicaciones	Supervisión y operación de red. Gestión de operadores de red y telecomunicaciones	Integridad, seguridad y PRA de red y telecomunicaciones
Servidores (alojamiento y OS)	Supervisión y operación de servidores	Integridad, seguridad y PRA de datos y configuraciones
Dispositivos (PC, tableta y smartphone)	Soporte y operación de dispositivos. Helpdesk	Seguridad de dispositivos
Edición e impresión	Soporte y operación de flotas de edición e impresión. Helpdesk	Seguridad Confidencialidad Costes
Usuarios (directorios, correo y ofimática)	Gestión de derechos, correo y ofimática	Seguridad y PRA de directorios, correo y acceso
Aplicaciones de negocio	Supervisión y operación de aplicaciones de negocio. Relaciones de editores	Seguridad, integridad y PRA de aplicaciones de negocios
Riesgos	Supervisión de los riesgos. Evaluación de los impactos	Aseguradoras, asesoría legal. Gestión de crisis

4. Gestionar la calidad

Armada con sus tres criterios y nueve subcriterios de caracterización de los estados del SI, la matriz 2MSI se ha diseñado de manera nativa para dirigir un proceso de calidad.

Uso de la matriz 2MSI como tabla de análisis de la calidad

Criterios	Subcriterios		
Calidad de gestión del SI	Calidad de la dirección estratégica	Calidad de la dirección técnica	Documentación del SI
Adecuación de los medios movilizados	Adecuación de los RR HH Calidad de las relaciones contractuales	Calidad intrínseca de las herramientas tecnológicas	Costes y análisis del valor
Rendimiento de los resultados obtenidos	Satisfacción de los usuarios	Gestión proactiva de los incidentes	Dinámica de calidad

Sin buscar desarrollar una teoría de la calidad, simplemente podemos avanzar que la 2MSI es útil en todos los niveles de implementación de los sistemas de gestión de la calidad, que resumimos de la siguiente manera:

- La **calidad conformidad** consiste en normalizar las prácticas para estabilizar su aplicación dentro de un contexto de reproducción. Este proceso se interesa tanto por la estabilidad como por la conformidad del resultado (control de calidad). Entonces se alcanza la calidad si se ha respetado el proceso y si el resultado obtenido es conforme con las características predefinidas. Este primer nivel de planteamiento de la calidad no se interesa por la adecuación del proceso de fabricación ni por el valor funcional del producto o servicio que resulta.
- La **calidad alerta** se interesa de igual manera por el proceso y por el resultado, pero dentro de un proceso que da preferencia al respeto del producto o del servicio y no toma el proceso por objeto. Nos lleva a colocar indicadores, puntos de control o de alarmas, destinados a detectar las salidas del camino y a tomar las medidas para volver a llevar el proceso a un desarrollo normalizado, de tal manera que se garantice un resultado conforme y estable.

Observación

En la práctica: con frecuencia la gestión de la calidad coloca al SI manager ante un dilema operativo. Cuando se desencadenan las alarmas y sucede el incidente, los usuarios se vuelven hacia él y le piden una restauración del orden rápida para volver a disponer de las funcionalidades del SI. Sin embargo, respondiendo a esta petición urgente, y restableciendo el servicio (por ejemplo, reinicializando un sistema), con frecuencia el responsable del SI borrará la imagen de la situación que ha generado el incidente. Ya no podrá identificar las causas y no podrá aportar una acción correctora de fondo. El incidente puede volver a suceder.

La resolución de este dilema lleva a los SI managers a desarrollar protocolos de intervención que tienen como primer objetivo conservar una imagen del incidente, para investigar la causa más tarde. Protocolos que por supuesto tienen la obligación de permitir también una vuelta rápida al funcionamiento normal del servicio.

– La **calidad bucle de mejora continua** controla las salidas del camino destacadas por la calidad conformidad y la calidad alerta, para estudiarlas e inyectarlas en bucles de reflexión destinados a encontrar vías de mejora. Este análisis conduce a mejoras que afectan tanto al rendimiento de los procesos de fabricación o de ejecución como a la calidad de uso del resultado obtenido.

Encontramos específicamente estos tres niveles dentro de los subcriterios 2MSI que determinan el «rendimiento de los resultados obtenidos»: la satisfacción de usuario, que es el resultado de una lógica de calidad conformidad; la gestión proactiva de los incidentes, que se relaciona con el proceso de calidad alerta y, por último, el proceso de calidad, que se invita dentro de una dinámica de mejora continua.

En el siguiente ejemplo, asignamos indicadores, puntos de control y alertas a cada pieza de la matriz. Destacando los indicadores en alerta bajo la forma de puntos rojos, obtenemos una representación visual que permite identificar y analizar las zonas de tensión y de fragilidad del SI.

Organización de los indicadores, puntos de control y alertas según las piezas de la 2MSI

Recurso	Gestión	Protección
Infraestructuras de red y telecomunicaciones	Supervisión y operación de red. Gestión de operadores de red y telecomunicaciones	Integridad, seguridad y PRA de red y telecomunicaciones
Servidores (alojamiento y OS)	Supervisión y operación de servidores	Integridad, seguridad y PRA de datos y configuraciones
Dispositivos (PC, tableta y smartphone)	Soporte y operación de dispositivos. Helpdesk	Seguridad de dispositivos
Edición e impresión	Soporte y operación de flotas de edición e impresión. Helpdesk	Segu Confi Cos
Usuarios (directorios, correo y ofimática)	Gestión de derechos, correo y ofimática	Segu direc acces
Aplicaciones de negocio	Supervisión y operación de aplicaciones de negocio. Relaciones de editores	Segu PRA nego
Riesgos	Supervisión de los riesgos. Evaluación de los impactos	Aseg legal. Gestión de crisis

- Indicador 1
- Indicador 2
- Indicador 3
- Punto de control 1
- Punto de control 2
- Punto de control 3
- Punto de control 4
- Alerta incidente 1
- Alerta incidente 2
- Alerta incidente 3
- Alerta incidente 4
- Alerta incidente 5

Visualización y mapeado 2MSI de los indicadores en alerta

Recurso	Gestión	Protección
Infraestructuras de red y telecomunicaciones	Supervisión y operación de red. Gestión de operadores de red y telecomunicaciones	Integridad, seguridad y PRA de red y telecomunicaciones
Servidores (alojamiento y OS)	Supervisión y operación de servidores	Integridad, seguridad y PRA de datos y configuraciones
Dispositivos (PC, tableta y smartphone)	Soporte y operación de dispositivos Helpdesk	Seguridad de dispositivos
Edición e impresión	Soporte y operación de flotas de edición e impresión. Helpdesk	Seguridad Confidencialidad Costes
Usuarios (directorios, correo y ofimática)	Gestión de derechos, correo y ofimática	Seguridad y PRA de directorios, correo y acceso
Aplicaciones de negocio	Supervisión y operación de aplicaciones de negocio. Relaciones de editores	Seguridad, integridad y PRA de aplicaciones de negocios
Riesgos	Supervisión de los riesgos. Evaluación de los impactos	Aseguradoras, asesoría legal. Gestión de crisis

Este método permite combinar de manera muy sencilla, por un lado, un análisis de la calidad mediante la enumeración de las incidencias de alerta y, por otro lado, un análisis de las zonas críticas de gestión del SI mediante una visualización del reparto de las alertas en las 21 piezas de la matriz.

Observación

Para obtener más información:

La rueda de Deming es un medio nemotécnico que permite encontrar de manera sencilla las etapas que hay que seguir para mejorar la calidad en una organización.

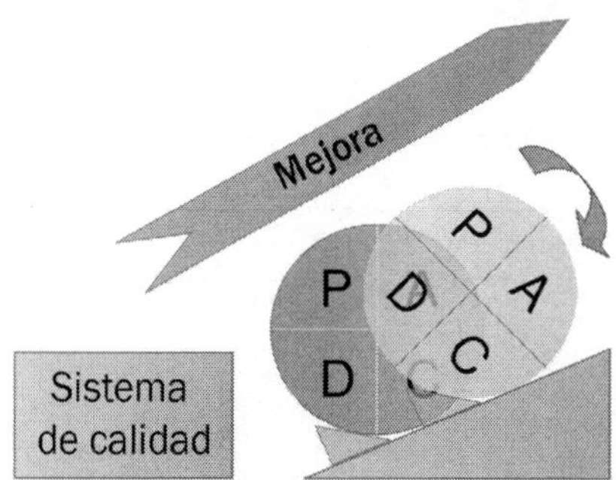

El método contiene cuatro etapas, cada una genera la otra, y aspira a establecer un círculo virtuoso. Su implantación debe permitir mejorar sin parar la calidad de un servicio:

1. Plan: preparar, planificar (lo que se va a realizar).

2. Do: desarrollar, realizar e implantar (lo más frecuente es empezar por una fase de prueba).

3. Check: controlar y verificar.

4. Act (o Adjust): actuar, ajustar y reaccionar (si se ha probado en la etapa Do, se despliega durante la fase Act).

La visión de la calidad como se representa en este libro procede de nuestra experiencia de los problemas de gestión de los SI; consiste en controlar más específicamente dos etapas de la rueda de Deming.

La primera se sitúa en 1 (Plan): conduce a colgar la gestión operativa de los SI de procesos planificados que se traducen, en general, en procedimientos o protocolos de trabajo.

La segunda se sitúa en 3 (Check): puede tratarse tanto de controles anticipadores como de constataciones de errores o de fallos, procedentes de la gestión de los helpdesks. Este proceso conduce inmediatamente a la etapa 4 (Act), que consiste en sacar enseñanzas de los incidentes para aportar actuaciones correctoras con el objetivo de derrotar los efectos erradicando las causas. En el mejor de los mundos, este método debe conducir a estabilizar el SI y reducir la frecuencia de los incidentes. Es lo que llamamos «bucle de mejora continua» y dentro de esta dinámica positiva ambicionamos a comprender la gestión de los SI.

5. Gestionar la dinámica de cambio

Dentro de las corrientes de pensamiento relacionadas con la gestión de las organizaciones, la cuestión del cambio tiene un lugar específico. En efecto, para el manager se trata de comprender los mecanismos del cambio, o más bien los mecanismos de resistencia al cambio (preferiblemente, un cambio elegido o controlado por el manager), para desarrollar métodos contra el fuego, que aspiran a superar los frenos y a ganar la adhesión de los gestionados.

El cambio que tratamos aquí puede muy bien ser el cambio tecnológico, el cambio de los modos de gestión o el de la organización de las personas. En esta sección, no nos interesamos por el objeto del cambio, sino por la naturaleza de su dinámica y los retos de la dirección del cambio. Nuestra experiencia nos lleva, sin pretender ser exhaustiva, a identificar algunos retos frecuentemente asociados a los flujos de cambio a los que están sometidos los sistemas de información:

- **La priorización**. Que consiste en tomar nota de que todo no se puede realizar al mismo tiempo y es necesario hacer elecciones jerarquizadas.
- **La articulación**. Que lleva a identificar las asociaciones entre distintos flujos de cambio para tomar en consideración sus interdependencias e interacciones.
- **La difusión**. Que considera al cambio como una onda cuyas características y limitaciones determinarán el orden y la intensidad de su difusión dentro de la organización.
- **El efecto zurcido**. Riesgo asociado a un proceso de cambio aislado de su contexto y para el que las tensiones sobre el resto del SI van a generar puntos de ruptura.

- **El efecto patchwork**. Riesgo asociado a un proceso de cambio sin tomar en consideración obligaciones de articulación y de difusión, que lleva a acciones aisladas cuyo montaje «peras con manzanas» no permite dar una coherencia de conjunto al SI.
- **Las resistencias al cambio**. Análisis que consiste en identificar por adelantado los puntos de resistencia (técnica, jurídica, humana, etc.) y en desarrollar técnicas de aplanamiento o de rodeo.

Trabajar con estos retos exige que el SI manager tenga una visión holística de un sistema de información atravesado por múltiples flujos que interactúan unos con otros. A esto puede contribuir la matriz 2MSI, que le aporta al SI manager un marco de reflexión donde podrá evaluar sus estrategias a la luz de una visión global de las piezas que componen el SI del que es responsable. Para ilustrar esta utilidad, tomamos dos ejemplos, uno más bien orientado hacia las tecnologías y el otro orientado a los recursos humanos.

La difusión del cambio tecnológico dentro de la organización obedece, según nuestra experiencia, a lógicas de ondas. Es decir, a un modo de difusión por propagación concéntrica de pieza en pieza de la matriz 2MSI. Los modos dominantes de fusión que constatamos van de arriba hacia abajo de la matriz (del hardware al software) y de izquierda a derecha (del recurso a su protección). Estos dos movimientos producen dos ondas de cambio que se combinan en una onda resultante cuyo desarrollo puede representarse mediante una diagonal que atraviesa la matriz desde la esquina superior izquierda hasta la esquina inferior derecha. Estas ondas dominantes deben ser tenidas en consideración por el SI manager si no quiere chocar contra decepciones en la implantación del cambio tecnológico. Así, abordar el cambio empezando por la modernización de un plan de recuperación de actividad de las aplicaciones de negocio necesariamente es chocar con imposibilidades técnicas debido a los entornos, velocidades soportadas o puestos de trabajo utilizados. Por eso la función del SI manager es estar ahí donde no se le pide necesariamente que esté, para anticipar las mutaciones tecnológicas respetando las ondas que conoce como dominantes.

De hecho, el buen SI manager es el que podrá responder a un usuario «Sí, puedo satisfacer su demanda porque he anticipado las evoluciones relacionadas con su actividad e implantado las infraestructuras necesarias». Esta anticipación necesita una capacidad predictiva enraizada en una sólida vigilia tecnológica. El SI manager también necesita una legitimidad muy sólida dentro de la organización para imponer sus elecciones presupuestarias costosas, incluso cuando las necesidades (expectativas de los usuarios) a las que van destinadas a satisfacer todavía no han aparecido. En los 30 años transcurridos, estas anticipaciones se han llamado, por turnos, TCP/IP, informática personal, Internet, virtualización, adaptación a la web, convergencia, Clous o inteligencia artificial.

Onda de difusión del cambio dentro del SI

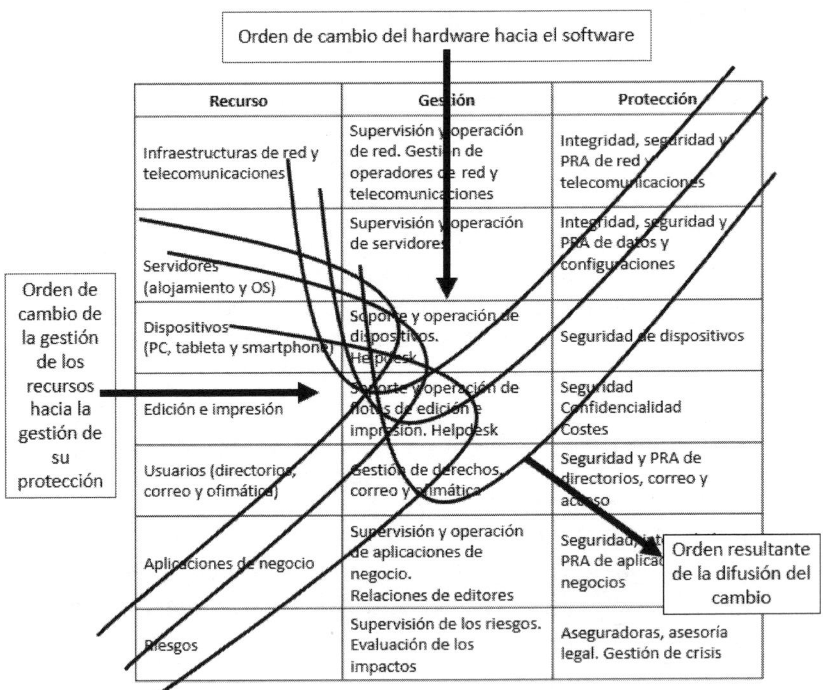

Nuestra primera conclusión es que el cambio, sea cual sea, debe ser dirigido identificando y respetando su proceso natural de difusión dentro de la organización.

Evaluación del impacto de las acciones iniciadas por comparación histórica de los estados de la matriz 2MSI

Situación inicial: auditoría del SI (Agencia Central de Compras de las Sociedades de Vivienda)

	Recursos	Gestión	Protección
Red			
Servidores			
Dispositivos			
Edición e impresión			
Usuarios			
Negocios			
Riesgos			

Situación de etapa después de dos años de conducción del cambio.

	Recursos	Gestión	Protección
Red			
Servidores			
Dispositivos			
Edición e impresión			
Usuarios			
Negocios			
Riesgos			

Comparando las dos monitorizaciones, destaca claramente que el cambio no se ha difundido de manera homogénea y proporcional a la situación inicial. Ha seguido una onda de difusión conforme a nuestros análisis teóricos: de izquierda a derecha y de arriba hacia abajo.

El ejemplo de la **dirección del cambio en cuestión de recursos humanos** nos lleva a examinar no solo lo que son los procesos pasivos de difusión del cambio dentro de una organización, sino también la capacidad de los actores para desarrollar estrategias de resistencia o de rodeo que aspiran a hacer fracasar las solicitudes que consideran como no admisibles. Para eso, consideramos una situación donde un director de SI quiere poner en aplicación las acciones de un esquema director nuevo. Para preparar estas mutaciones y anticipar las resistencias, usa la matriz 2MSI para mapear las resistencias humanas previsibles: ya se trate de colaboradores de la DSI, usuarios de la DSI, infogerentes y prestatarios, o clientes.

Mapa de las resistencias a la implantación del EDSI nuevo

Recurso	Gestión	Protección
Infraestructuras de red y telecomunicaciones	Supervisión y operación de red. Gestión de operadores de red y telecomunicaciones	Integridad, seguridad y PRA de red y telecomunicaciones
Servidores (alojamiento y OS)	Supervisión y operación de servidores	Integridad, seguridad y PRA de datos y configuraciones
Dispositivos (PC, tableta y smartphone)	Soporte y operación de dispositivos. Helpdesk	Seguridad de dispositivos
Edición e impresión	Soporte y operación de flotas de edición e impresión. Helpdesk	Seguridad Confidencialidad Costes
Usuarios (directorios, correo y ofimática)	Gestión de derechos, correo y ofimática	Seguridad y PRA de directorios, correo y acceso
Aplicaciones de negocio	Supervisión y operación de aplicaciones de negocio. Relaciones de editores	Seguridad, integridad y PRA de aplicaciones de negocios
Riesgos	Supervisión de los riesgos. Evaluación de los impactos	Aseguradoras, asesoría legal. Gestión de crisis

El mapa de las resistencias le aporta al SI manager una visión anticipadora de las estrategias de actores que obstaculizarán sus objetivos. Esta capacidad anticipadora le abre la posibilidad de desplegar acciones de acompañamiento que contribuirán a allanar las dificultades. Puede tratarse de comunicar para explicar; de sobreprogramar para tranquilizar; de aportar contrapartidas financieras; de destacar los beneficios y la comodidad aportadas por una nueva solución. De alguna manera, de vender el proyecto desarrollando argumentos ganador/ganador.

Para manejar esta reflexión, el SI manager parte del principio de que, si todo cambio tiene ventajas e inconvenientes, la primera reacción natural de los actores es preguntarse lo que tienen que perder y dónde está la trampa. Entonces tiene que intentar identificar lo que, además, los actores afectados tienen que ganar si juegan positivamente la partida y se suman al proyecto. Una vez hecho esto, podrá destacar los argumentos positivos que crearán una dinámica favorable respecto a su proyecto.

Capítulo 14
Acompañar y responsabilizar a los usuarios

1. Colocar al usuario en el centro del SI

Los usuarios están en el centro del SI. Mejor aún, son la esencia. En este capítulo proponemos algunos elementos de análisis y de definición del lugar que ocupan, o deberían ocupar, los usuarios. Estos elementos no están conceptualizados. Se trata de pura experiencia. En este caso, aquí retomamos la idea de fondo del estatuto TIC que hemos redactado en atención a los usuarios de la Sociedad Nacional de los Transportes Urbanos (SNDTU).

Este proceso aspira a definir los derechos y deberes recíprocos de la SNDTU y de los usuarios de las tecnologías de la información y de la comunicación que componen su sistema de información, y especialmente:

- Las condiciones de puesta a disposición y de uso de los equipos informáticos.
- Las normas que deben respetar los usuarios para garantizar la integridad y la seguridad del sistema de información.
- Las obligaciones que derivan de la manipulación de datos protegidos y, más específicamente, de datos sobre personas.
- Los límites entre uso profesional y uso personal.
- El perímetro de los controles que puede realizar la SNDTU.

El concepto de usuario se extiende en el sentido más amplio, lo que incluye:

- Los colaboradores de la SNDTU, ya sean permanentes, ocasionales, sustitutos o estudiantes en prácticas, y sea cual sea su situación legal. Incluido cuando usan los recursos TIC puestos a su disposición en situaciones que prolongan su actividad profesional: representantes del personal, delegados sindicales, delegado para la protección de datos, asistentes y consejeros de protección, etc.
- Los colaboradores de todas las estructuras «in house» de la SNDTU, integrados de manera total o parcial en su sistema de información, que tienen acceso o se benefician de recursos puestos a disposición por la sociedad.
- Los administradores de estructuras «in house», responsables de asociaciones de usuarios, formadores, y cualquier otra persona depositaria de derechos para utilizar recursos TIC de la SNDTU, incluso a título ocasional.
- Los intervinientes profesionales de la informática, tanto internos como externos (servicio informático, infogerentes, editores, prestatarios, etc.).

Los elementos que siguen destacan que es conveniente, para el usuario y para su empleador, considerar que la evolución «virtual» dentro de un SI presenta todas las características jurídicas del «mundo real» (derecho civil, derecho penal, derecho del trabajo, deontología, etc.), una consideración que a menudo se olvida porque está permitido imaginarse virtualmente libre e irresponsable mientras se atraviesan las extensas llanuras de los espacios digitales.

2. Identidad digital y responsabilidad personal

Identificadores e identidad digital

El acceso a los recursos informáticos necesita autorizaciones previas que se traducen en la atribución de identificadores, contraseñas, tarjetas, llaves físicas o digitales, o cualquier otro medio de identificación. Estos derechos constituyen la identidad digital del usuario y son los fundamentos de su responsabilidad. En todos los casos, estas atribuciones son nominativas y comprometen la responsabilidad personal del usuario.

La dirección general define los derechos; el servicio informático realiza la aplicación técnica, y los gestiona la dirección de recursos humanos. Se crean durante la instalación de un usuario nuevo y cesan automáticamente cuando se va, o si se produce un cambio de asignación o de misión. Cada usuario debe cuidar de que sus cambios de estado en la organización se traduzcan de manera efectiva en cambios de derechos.

Cada usuario debe elegir su contraseña o sus contraseñas conformes con las normas de construcción en vigor y asegurar la renovación de estas según las frecuencias establecidas. El usuario debe proteger el identificador y la contraseña, y no los puede divulgar. Del mismo modo, el usuario tiene prohibido usar un identificador distinto al suyo, usar su identificador para acceder a aplicaciones, a datos o a una cuenta informática distintas de las suyas que le hayan atribuido temporalmente o para las que ha recibido la autorización de acceso, y esto aunque su identificador le abra la posibilidad material. Generalizando, cada usuario es responsable de comunicar toda situación, práctica, fallo, que observe y que debilitaría la aplicación y el respeto de las normas relativas a la identidad digital.

Salvo pérdida o robo comunicado, el uso de un identificador, de una tarjeta o cualquier otro elemento de autentificación compromete la responsabilidad personal de su titular, sin que sea necesario buscar quién la ha operado en realidad.

Responsabilidad personal

Los usuarios del SI son responsables de sus actos personales en el marco del entorno jurídico resultante de las legislaciones (civil, penal, administrativa, del trabajo y otras) aplicables a su actividad y a la naturaleza de sus relaciones con la SNDTU. Esta responsabilidad no se atenúa en ningún caso por el hecho de la desmaterialización de su identidad y de la virtualización de su acción, dentro del contexto de un uso de los recursos TIC.

Ningún usuario está descargado de sus responsabilidades debido a la usurpación de su identidad digital si se demuestra que esta usurpación es el resultado de un fallo de seguridad imputable a él o a ella como resultado de un acto involuntario o de una negligencia.

Visado y firma electrónicos

La validación de una operación informática rastreable, por un usuario identificado mediante sus códigos, tarjeta de acceso o cualquier otro elemento de autentificación, equivale a un visado electrónico. Implica una responsabilidad personal igual que un visado manuscrito sobre un documento de papel.

Algunos usuarios son beneficiarios de claves de firmas electrónicas, de conformidad con sus capacidades, resultado del régimen de delegaciones de firmas aplicables a la empresa. Estas firmas electrónicas son personales y no se pueden delegar. Están vinculadas a las funciones. Así, un certificado poseído además a título personal por un usuario no se puede usar en el marco de sus funciones. Al igual que un certificado poseído como resultado de sus funciones no se puede usar fuera de estas.

La firma electrónica de un acta compromete personalmente al titular del certificado, aunque se demostrara que otro usuario ha hecho uso de la llave.

El poseedor de una clave de firma electrónica es personalmente responsable de su uso conforme a lo establecido y de su correcta conservación. La pérdida o robo de una clave de firma electrónica debe ser objeto de su revocación inmediata, conforme al protocolo aceptado al recibir dicha firma.

Correspondencia electrónica

La mensajería electrónica está sometida a las mismas normas de identificación personal y única que el conjunto del SI. Por ello, todo mensaje enviado desde la dirección de correo electrónico de un usuario, ya sea enviado por el propietario de la cuenta de correo o no, se considera como personalmente firmado por este.

3. Seguridad y buenas prácticas

El hardware informático (unidades centrales de ordenadores, teclados, ratones, impresoras, fotocopiadoras, etc.) contienen elementos mecánicos (ventiladores, carcasas, etc.), electromecánicos (disco duro, lectores ópticos, etc.), electrónicos (procesadores, memorias, etc.) y electroquímicos (baterías y tintas). Por eso se imponen algunas precauciones de uso (temperatura, humedad, impactos, riesgos eléctricos, protección contra robos, etc.).

Esta vigilancia sirve tanto para el hardware fijo como para el itinerante, con una atención mayor a estos últimos, que están especialmente expuestos a los riesgos de degradación o de robo.

En caso de robo de un equipo itinerante, el usuario debe informar inmediatamente a la DSI (incluso antes de presentar una denuncia o de informar a sus superiores), de manera que se tomen medidas de seguridad de forma inmediata. En efecto, se trata de bloquear lo más rápido posible los derechos de acceso que este equipamiento itinerante puede tener sobre el SI de la empresa.

Uso de los códigos y protección de los derechos de acceso

Los códigos (pareja identificador/contraseña) y los elementos de autentificación son la base de la seguridad de los SI. Se poseen a título personal y no deben comunicarse en ningún caso. Las contraseñas preferiblemente deben ser memorizadas por el usuario o pueden guardarse en cajas fuertes dedicadas a tal efecto. De cualquier forma, no deberían estar escritos ni conservados cerca del recurso informático al que dan acceso.

Después de haber abierto una sesión de trabajo bajo su identificación, el usuario debe cuidar de que el recurso accesible permanezca bajo su vigilancia. En caso contrario, debe tener cuidado de cerrar o bloquear la sesión abierta a su nombre.

Esta práctica es tanto más esencial cuando se abre un acceso desde un puesto exterior a la red profesional que está accesible para otras personas. Por ejemplo, durante la consulta del correo desde un hardware instalado en un lugar público.

Protección antivirus

El usuario participa en la vigilancia antivirus Para eso, debe evitar abrir todo tipo de documentos adjuntos dentro de mensajes enviados por desconocidos y con contenido sospechoso. También debe evitar hacer clic en los enlaces de hipertexto dentro de estos mismos tipos de mensajes, y no frecuentar nunca páginas web que difunden de manera ilegal contenidos protegidos por derechos de autor, y que suelen estar especialmente infectados por virus.

Protección contra spam, phishing y otras estafas electrónicas

El usuario es responsable de liberar o de eliminar los mensajes puestos en cuarentena potencialmente identificados como spam, pero con los que el software antispam tiene una duda.

Los spam que pasan a través de los filtros y que llegan a los buzones de correo pueden contener publicidad dudosa o ser el medio de intentos de estafa electrónica, como el phishing.

El usuario nunca debe enviar identificador y contraseña por correo electrónico. Siempre debe verificar la autenticidad de una página web antes de autentificarse en ella. En caso de que un usuario comunique elementos de identificación después haber recibido un spam en su buzón de correo, será su única responsabilidad. No sería responsabilidad de la empresa ni de los infogerentes a cargo de los sistemas de información de la empresa.

Se informa a los usuarios de que el Departamento de Informática organiza periódicamente campañas de prueba de phishing e ingeniería social por correo electrónico. Cualquier usuario que no reaccione correctamente a estos correos de prueba es informado de su error y debe seguir la formación en línea ofrecida. También es probable que estos usuarios reciban formación adicional sobre buenas prácticas de ciberseguridad.

Gestión del correo electrónico

El tamaño de los buzones de correo se limita voluntariamente para evitar que los recursos de almacenamiento crezcan ilimitadamente. Cuando se alcanza este límite, los mensajes pueden seguir llegando, pero no se puede enviar ningún mensaje. Por eso es necesario que cada usuario gestione su espacio de almacenamiento de correo electrónico. Para ello, cada usuario debe:

- Destruir con regularidad los mensajes recibidos y enviados que no tienen ningún interés en ser conservados.
- Proceder periódicamente a ordenar los mensajes antiguos, para eliminar los que ya no es interesante conservar y archivar los otros (hay disponible un procedimiento de archivado mediante la creación de un archivo PST desde el centro de servicio).

- Limitar la conservación de los mensajes con archivos adjuntos y dar preferencia al almacenamiento de estos archivos adjuntos fuera del correo.
- Preferir el envío de mensajes con un enlace a los documentos almacenados en un disco de red en lugar del envío de mensajes con documentos adjuntos.

Masterización y descarga de aplicaciones

Los usuarios tienen estrictamente prohibidos la descarga y el intento de instalación de aplicaciones desde Internet o cualquier soporte (llave USB, CD-ROM). Solo tiene derechos de administrador la DSI, que permite la instalación de aplicaciones, después de su validación por la autoridad superior.

Uso de periféricos

Está estrictamente prohibido el uso de periféricos no proporcionados por la empresa (llave USB, máquina de fotos, smartphone, impresora, escáner, etc.). La única autorizada para proceder a la instalación de tales periféricos es la DSI, después de su validación por la autoridad superior.

Protección de los datos compartidos

Los lectores de red puestos a disposición de los usuarios corresponden a una organización validada por las instancias de la empresa. La estructura de árbol de los directorios en el interior de estos discos de red sigue siendo responsabilidad de los servicios que los gestionan bajo la autoridad del directivo responsable. Todos los usuarios de estos discos de red deben procurar respetar la organización para facilitar compartir información en el interior de los servicios.

Copias de seguridad

Las copias de seguridad de los datos profesionales (correo, discos de red, carpeta «Mis documentos» de cada ordenador) se realizan a diario y de noche. Estas copias de seguridad permiten principalmente enfrentarse a todos los fallos de las infraestructuras de almacenamiento de los datos. Adicionalmente, permiten, bajo demanda de los usuarios, restaurar datos (documento o mensaje) eliminados por error. Sin embargo, estas demandas deben ser excepcionales y no siempre es posible proceder a este tipo de restauración (por ejemplo, no se puede restaurar un documento creado y eliminado en el día porque todavía no se ha hecho la copia de seguridad).

Estas copias de seguridad no afectan a ningún dato local (en los discos internos del ordenador, en general C: y D:). En estos discos locales solo deben almacenarse datos personales. En caso de avería del ordenador que requiera su sustitución, estos datos no se podrán recuperar.

Participación en la seguridad general del SI

Es responsabilidad del usuario comunicar toda situación, práctica o fallo que observe y que le parezca que debilita la seguridad del SI.

El usuario se compromete a contribuir activamente a la seguridad general y a garantizar la confidencialidad y la conservación de todos los datos a los que tiene acceso. Para eso, utiliza los medios puestos a su disposición conforme a las instrucciones que le ha dado la autoridad superior y las que aparecen en los procedimientos de mantenimiento y de uso.

Seguridad y buenas prácticas en terminales de comunicación personales (smartphone, tableta, etc.)

Un usuario puede querer usar su terminal personal con finalidades profesionales, especialmente para acceder en todo momento y en todo lugar a su correo profesional. Este uso solo se abre mediante autorización expresa de la empresa y bajo condición de validación de la configuración del terminal. Entonces, los puntos de vigilancia impuestos por la empresa son:

- La validación de las aplicaciones instaladas, de manera que no constituyan una amenaza intrusiva para el sistema de información de la empresa.
- Un bloqueo automático, mediante código o interfaz biométrica, para reservar el uso del terminal al único usuario autorizado.

El uso de su terminal personal con fines profesionales no crea en ningún caso ninguna responsabilidad de la empresa respecto al terminal. Su propietario conserva la custodia y garantiza su mantenimiento, reparación y sustitución en todas las circunstancias.

En caso de robo de un terminal personal configurado para un uso profesional, hay que informar inmediatamente al centro de servicio, incluso antes de la presentación de una denuncia. En efecto, se deben adoptar medidas de seguridad inmediatamente para bloquear los derechos de acceso que este equipo itinerante puede tener sobre el SI de la empresa.

Seguridad y buenas prácticas de edición e impresión

El sistema de impresión segurizada impone que hay que autentificarse en una fotocopiadora multifunción para liberar sus impresiones. Sin esta autentificación, es imposible lanzar las impresiones. Así, este sistema permite una total confidencialidad de las impresiones; también permite evitar que algunas impresiones no se recuperen nunca y así limitar las impresiones inútiles. De la misma manera, en caso de error, es posible eliminar un documento en la cola de espera de impresiones. Una demanda de impresión que no se ha liberado en 24 horas se eliminará de la cola de espera. Por último, es posible liberar las impresiones en cualquier fotocopiadora multifunción de la red.

Se llama la atención de los usuarios sobre el hecho de que ciertos documentos imprimidos pueden tener un carácter confidencial y deben ser objeto de una atención específica.

4. Acción y responsabilidad profesional en entorno desmaterializado

Principios de acción en el entorno desmaterializado

Las normas y principios asociados a la responsabilidad profesional general se trasladan igual al entorno desmaterializado. Así, y salvo especificaciones contrarias y procedimientos específicos, los usuarios deben respetar en el entorno del SI las normas de acción profesional resultantes de:

- competencias de la empresa;
- misiones y responsabilidades asociadas a sus funciones;
- su situación;
- su posición funcional y jerárquica en la organización;
- las delegaciones de firma que se le atribuyen;
- consignas y procedimientos en vigor.

Dentro del contexto de la desmaterialización de su actividad profesional, los usuarios deben prestar atención a procesar por igual las demandas de los clientes e interlocutores de la empresa, sea cual sea el canal que han usado para formular su demanda: correo, fax, correo electrónico, teléfono, etc. Para eso, además deben respetar dentro del entorno TIC los protocolos de proceso y seguimiento de las demandas de los clientes en vigor.

Organización administrativa en el entorno desmaterializado

Los usuarios deben cuidar de que la organización de su acción dentro del entorno desmaterializado respete las normas genéricas aplicables a su actividad. Así sucede en los siguientes campos:

- La organización y la gestión compartida y transparente de los directorios, carpetas y mensajes.
- La continuidad de acceso a los directorios, documentos y mensajes en caso de ausencia, sea cual sea el motivo y la duración.
- La incorporación del trabajo colaborativo, de la organización de las suplencias, del derecho de control y de supervisión del directivo, dentro del acceso y la organización de la información.
- La puesta a disposición de los procedimientos y códigos específicos de acceso a los recursos profesionales.

Los usuarios cuidarán específicamente de usar las funciones ofrecidas por los softwares de correo y que permiten:

- Informar a un contacto de su ausencia.
- Redirigir mensajes automáticamente.
- Abrir la posibilidad a otro usuario de disponer de la delegación de gestión de su propio buzón de correo.

Es posible que un usuario consulte sus correos a partir de una interfaz situada fuera del SI de la empresa. Sin embargo, está prohibido redirigirlos a un ordenador de terceros. En todos los casos, la consulta desde terminales itinerantes o de terceros no puede autorizar la destrucción de los mensajes, cuyo rastro debe conservarse en el correo principal.

En caso de marcha definitiva o de cambio de servicio, le corresponde al usuario ordenar y clasificar sus documentos digitales y garantizar la transmisión de los mismos dentro del respeto de las normas asociadas a sus funciones.

Valor legal de los correos electrónicos

El correo electrónico tiene la particularidad de poder usarse como modo de comunicación escrita formal o como modo de conversación asíncrona informal.

En el primer caso (por ejemplo, la demanda de un cliente), tiene el mismo valor que una carta y debe tratarse como tal, dentro del respeto de los procedimientos que acompañan a la correspondencia escrita. Entonces es objeto de un guardado, de un procedimiento de redacción y de firma, y debe conservarse según las mismas normas que las otras carpetas.

En el segundo caso (por ejemplo, un intercambio entre personas para fijar la fecha de una reunión en el futuro), un correo electrónico se asemeja a una conversación oral y tiene un carácter informal y volátil.

Cada usuario del correo es responsable de hacer la distinción entre los distintos tipos de correos electrónicos, dentro del respeto de las consignas y principios definidos por sus superiores (del mismo modo que actuaría con una carta de papel o una conversación telefónica).

Gestión de los documentos y correspondencia en el entorno desmaterializado

La desmaterialización se generaliza. Las soluciones desplegadas por la empresa (GRC, cuaderno de firmas electrónico, GED, archivado electrónico, firma electrónica, etc.) se basan en el principio de una desmaterialización completa de la cadena de procesamiento de los documentos. Así, muchos documentos con valor legal, y que comprometen a la empresa, ya solo existen digitalmente. Entonces les corresponde a los usuarios del sistema de información, a cada uno lo que le afecta, aplicar con rigor los procedimientos determinados para garantizar la protección de los documentos originales digitales. Y también les corresponde participar en la buena gestión de los documentos desmaterializados y contribuir a las nuevas formas de organización administrativas resultantes.

Naturaleza profesional de la información poseída

La información que posee un usuario en su interfaz de trabajo, como la que se almacena en los volúmenes compartidos, se considera que procede del espacio profesional. Por lo tanto, es accesible para otros colaboradores habilitados. Esto es válido especialmente en caso de ausencia del usuario y cuando se necesita acceder a sus carpetas para garantizar la continuidad del proceso.

Solo se consideran privados y no consultables los directorios, documentos y mensajes explícitamente marcados como personales.

En caso de marcha definitiva, le pertenece al usuario garantizar la conservación o la destrucción de sus documentos personales. De manera predeterminada, estos documentos serán destruidos por las personas responsables de subsanar esta ausencia de clasificación.

Adaptación de la acción administrativa al entorno web 2.0

El uso de las distintas formas de información, de comunicación y de conexión en red, mediante las soluciones de Internet, está autorizado cuando responde a una exigencia profesional o contribuye al enriquecimiento de la vida profesional. La práctica en este campo debe respetar los siguientes principios:

Identificación de los interlocutores.

- Transparencia de las correspondencias profesionales.
- Consignas aplicables sobre la comunicación y la imagen de la empresa.
- Obligaciones resultantes de la deontología, discreción y respeto del secreto profesional.
- Planteamiento compartido y colaborativo dentro del respeto de la definición de las funciones y de la organización de los servicios.

Los usuarios son responsables de las consecuencias de frecuentar entornos web 2.0 y deben, especialmente, cuidar de que sus prácticas no debiliten la seguridad y la integridad del sistema de información de la empresa. En caso de duda, les corresponde solicitar la validación de sus prácticas a su responsable y al departamento de sistemas de información.

Producción y publicación en línea de información

Los usuarios habilitados pueden ser llamados a producir y a publicar en línea información en páginas web de Internet de la empresa, en la intranet o en las redes sociales. Esta producción se realiza dentro del respeto de las habilitaciones y de los procedimientos definidos. Se realiza con o sin moderación previa por una autoridad superior.

Los usuarios habilitados son administrativamente responsables de la naturaleza y de la calidad de la información que se encargan de publicar.

Toda publicación de información que pueda comprometer a la empresa o a su imagen por usuarios no habilitados está formalmente prohibida.

5. Uso profesional y personal

Uso profesional/personal de los recursos del SI

Los recursos del sistema de información (informáticos, telefónicos, de edición e impresión, etc.) están a disposición de los usuarios, según el perfil asignado y la organización interna que se les aplica.

Estos recursos están reservados a un uso profesional. Sin embargo, se admite su uso con fines personales mientras se mantenga limitado, lo necesario para una convivencia en armonía entre vida profesional y vida personal, y no recorte el tiempo dedicado a la actividad profesional.

Están estrictamente prohibidos:

- Todo uso de los recursos informáticos con fines lucrativos.
- Todo uso de los recursos de edición e impresión con fines personales o que exceden el perímetro de las actividades profesionales, funciones y misiones que han motivado la apertura del derecho de acceso a los recursos.
- Todo uso contrario a la deontología, a las buenas costumbres y a la ley.

Documentos y directorios profesionales/personales

Todos los documentos y directorios de clasificación se consideran, de manera predeterminada, profesionales, y por lo tanto accesibles dentro del respeto a las prácticas de la organización en vigor en el ámbito de actividad relacionado.

Sin embargo, los usuarios pueden identificar mediante la mención «privado» o «personal» los directorios y documentos que salen del ámbito profesional.

Los documentos y directorios privados se colocan bajo la responsabilidad de su autor, que garantiza que su contenido es lícito. La empresa no hace copia de seguridad de ellos. En caso de marcha, deben ser destruidos por su autor. En caso contrario, la empresa procederá a su destrucción, después de la marcha de su autor, y sin comprobar el contenido.

Mensajes profesionales/personales

Todos los mensajes (correo desmaterializado, correos electrónicos, mensajes de voz, etc.) se consideran, de manera predeterminada, profesionales y por lo tanto accesibles dentro del respeto a las prácticas de la organización en vigor en el ámbito de actividad relacionado.

Sin embargo, los usuarios pueden identificar mediante la mención «privado» o «personal» los mensajes o directorios de clasificación de los mensajes que salen del ámbito profesional.

Uso personal de Internet, de las redes sociales y de todas las funcionalidades que ofrece la web

El acceso a Internet está a disposición de los usuarios. Está dedicado a un uso profesional. Sin embargo, se admite su uso con fines personales mientras se mantenga limitado, lo necesario para una convivencia en armonía entre vida profesional y vida personal, y no recorte el tiempo dedicado a la actividad profesional.Lo que excluye, por ejemplo, el acceso a las páginas web de juego y de citas.

Están estrictamente prohibidos:

- Todo uso de los recursos de Internet con fines lucrativos.
- Todo uso contrario a la deontología, a las buenas costumbres y a la ley.

Los usuarios están informados de que el departamento de los sistemas de información ha deshabilitado el acceso a ciertas páginas web. Se prohíbe eludir las medidas técnicas de bloqueo y de filtrado o todas las medidas de protección implantadas por el departamento de los sistemas de información.

Además, los usuarios están informados de que la empresa ha implantado un sistema que permite garantizar la trazabilidad de los accesos a Internet o de los datos intercambiados y se reserva el derecho de proceder al filtrado de las páginas web a las que no autoriza el acceso, así como al control *a posteriori* de los sitios o de las páginas visitadas y de la duración de los accesos correspondientes, y esto dentro del respeto a las disposiciones legales aplicables. Los rastros correspondientes a las conexiones y a las páginas web de Internet a las que han accedido los usuarios se conservan según las normas en vigor sobre seguimiento de los accesos a Internet.

6. Los derechos cívicos digitales y la deontología

Ética de las TIC

Los usuarios del SI de la empresa tienen la obligación de respetar escrupulosamente las normas legales, reglamentarias y de jurisprudencia asociadas al uso de las TIC.

Se recuerda específicamente que la ley prohíbe el almacenamiento y la difusión de mensajes o documentos de naturaleza difamatoria, discriminatoria, pornográfica, que incita a la violencia o al odio. Por lo tanto, está prohibido de manera formal introducir, almacenar o dejar en los ordenadores documentos de esta naturaleza.

Gestión de los datos personales. AEPD.
Delegado para la protección de datos (DPO)

Los usuarios están informados de la necesidad de respetar las disposiciones legales sobre procesamiento automático o manual de los datos de carácter personal.

Un usuario no puede poner en práctica ningún tratamiento de datos de carácter personal sin un acuerdo previo de su responsable, consulta al DPO de la empresa y realización de las formalidades previas necesarias para el DPO.

Secreto profesional. Discreción profesional

Dentro del entorno digital desmaterializado, los usuarios deben respetar las normas de secreto y de discreción a las que están sujetos por el hecho de su estado y de su profesión.

Deben identificar los directorios, documentos y correos electrónicos que afectan al secreto y la discreción profesional y, por lo tanto, solo pueden ser consultados por personas habilitadas.

Los elementos que afectan a una discreción específica deben estar identificados con el término «confidencial».

Los elementos que afectan al secreto profesional deben estar identificados con el término «secreto».

Los usuarios tienen prohibido consultar los documentos «confidenciales» y «secretos» a los que podrían materialmente tener acceso, pero que no estarían de forma explícita bajo su ámbito de competencias.

Protección y archivado de los documentos

Los usuarios del SI de la empresa son, cada uno por la parte que le corresponde, contribuyentes activos a las obligaciones de la empresa en cuanto a la protección de documentos y de archivado. Deben respetar las normas establecidas por la empresa respecto a conservación, preparación para el archivado y archivado de los documentos. Está formalmente prohibido destruir un documento digital original que no haya sido objeto de un procedimiento de solicitud de destrucción al responsable de los archivos.

Protección de los datos relativos al usuario

Los datos relativos a los usuarios del sistema de información se recogen y procesan de manera honesta y lícita por la empresa de conformidad con su misión de gestión de los recursos informáticos. Los procesos realizados tienen las siguientes finalidades:

- seguimiento y mantenimiento de los recursos informáticos;
- definición de las autorizaciones de acceso a las aplicaciones y redes;
- implantación de dispositivos destinados a garantizar la seguridad y el buen funcionamiento del sistema de información;

- seguridad de los recursos informáticos y sistemas de información;
- gestión del correo electrónico profesional;
- gestión administrativa de la empresa.

Conforme a la ley actualmente vigente, los usuarios están informados de que disponen de un derecho de acceso, de rectificación y de oposición por motivos legítimos, relativo al conjunto de la información de carácter personal que les afecta. Este derecho se ejerce ante el DPO.

Participación al enfoque digital responsable

Si la empresa ha elaborado una hoja de ruta para reducir la huella de carbono de sus SI, los usuarios deben aplicar sus recomendaciones. Estas recomendaciones pueden referirse a cómo utilizar el correo electrónico, cómo gestionar el almacenamiento de archivos, cómo aumentar la vida útil de los equipos, cómo minimizar el consumo eléctrico de los SI, etc. La hoja de ruta se revisa periódicamente y se comunica a todos los usuarios con regularidad.

7. Derecho a la desconexión

Ley Orgánica 03/2018 del 5 de diciembre de 2020

La Ley Orgánica 03/2018, de Protección de Datos Personales y garantía de los derechos digitales del 5 de diciembre de 2020 relativa a la protección de las personas físicas en relación con el tratamiento de datos personales entró en vigor el 7 de diciembre de 2018. El Título X de esta ley reconoce el derecho a la desconexión.

Estatuto del derecho a la desconexión

Ningún empleado está obligado a responder correos electrónicos, mensajes o llamadas telefónicas de carácter profesional fuera de su horario habitual de trabajo, durante sus vacaciones pagadas, su tiempo de descanso o ausencia, de cualquier naturaleza.

Para evitar la sobrecarga de información, se recomienda a todos los empleados que:

- se pregunten si es el momento oportuno para enviar un correo electrónico, un mensaje o hablar con un colaborador por teléfono;
- no pidan una respuesta inmediata si no es necesario;
- utilicen con moderación las funciones «CC» o «CCO»;
- indiquen un asunto concreto que permita al destinatario identificar inmediatamente el contenido del correo electrónico;
- den prioridad a los envíos diferidos cuando escriban un correo electrónico fuera del horario de trabajo;
- para las ausencias de más de un día, configuren el administrador de ausencia de la oficina en su correo electrónico e indiquen las modalidades de contacto con un miembro de la empresa en caso de urgencia;
- para las ausencias de más de una semana, prevean la transferencia de sus correos electrónicos, mensajes y llamadas telefónicas a otro miembro de la empresa, con su consentimiento expreso.

Todo el personal debe respetar los períodos de descanso, vacaciones o suspensión del contrato de trabajo.

Salvo urgencia comprobada, los responsables jerárquicos no pueden ponerse en contacto con sus colaboradores fuera de sus horas de trabajo definidas en el contrato de trabajo o mediante el horario colectivo aplicable.

Lo mismo se aplica a las llamadas o mensajes telefónicos profesionales recibidos durante el tiempo de reposo o de vacaciones. Y toda derogación debe estar justificada por la gravedad, la urgencia o la importancia del tema en cuestión.

La Dirección General reafirma el principio de que toda persona que pudiera tener dificultades para cumplir su cometido respetando este derecho a la desconexión podrá solicitar una entrevista con su responsable jerárquico o la Dirección de Recursos Humanos para encontrar una solución de reajuste razonable de la carga de trabajo. Se podrá plantear un apoyo para una mejor gestión del tiempo y de las prioridades.

Anexo
Glosario de siglas - Dialecto informático

ANSSI Agencia nacional de la seguridad de los sistemas de información (en Francia).

API (*Application Programming Interface*). Interfaz que permite a dos programas informáticos intercambiar información.

BO (*Business Objects*). Software de extracción multifuente y de tratamiento de los datos con fines de creación de informes o de análisis.

ChatGPT (*Chat Generative Pre-trained Transformer*). Agente conversacional (chatbot) que utiliza la inteligencia artificial generativa desarrollada por OpenAI.

CMDB (*Configuration Management Database*). Base de datos documental que hace una lista y describe, por un lado, los componentes de un sistema informático y, por otro lado, la organización y las relaciones entre estos componentes.

CobiT (*Control Objectives for Information and related Technology*, objetivos de control de la información y de las tecnologías asociadas). Punto de referencia para la gobernanza de los SI. El CobiT es una herramienta unificadora que permite instaurar un idioma común para hablar de la gobernanza de los sistemas de información mientras intenta integrar otros puntos de referencia, como ISO 9000 e ITIL

DE, ADE, DT y **ADT**. Dirección estratégica, asesoría de dirección estratégica, dirección técnica y asesoría de dirección técnica.

DSI (dirección de los sistemas de información).

EDSI (esquema director de los sistemas de información). Término genérico para designar a un programa estratégico de conjunto para el SI, completado con un plan de acción.

eSCM-CL (*eSourcing Capability Model for Client Organizations*). Punto de referencia de buenas prácticas en relación con el suministro.

GED (gestión electrónica de los documentos). Software de almacenamiento, de clasificación y de gestión del ciclo de vida de los documentos digitales.

GPEC (gestión proyectada de los empleos y de las competencias). Proceso de gestión de los recursos humanos que consiste en proyectar las necesidades en el tiempo de evolución para sacar las consecuencias de manera anticipada (formación, contratación, movilidad, reorganización, etc.).

GRC/CRM (gestión de la relación con el cliente/*Customer Relationship Management*). Software que coloca al cliente en el centro del funcionamiento de la empresa.

IA/AI. Inteligencia Artificial / *Artificial Intelligence*

IMAC (instalación, movimiento, adición, cambio). Conjunto de las operaciones que pueden intervenir en una flota de ordenadores.

ITIL (*Information Technology Infrastructure Library*). Biblioteca de buenas prácticas para la gestión de los sistemas de información. Muy utilizada para la gestión operativa de los SI. Originalmente fue escrita por expertos de la Oficina de Comercio Gubernamental (OGC) británica; a partir de su versión 3, la biblioteca ITIL hizo intervenir a expertos procedentes de muchas empresas de servicios, como Accenture, Ernst & Young, Hewlett-Packard, Deloitte, BearingPoint o PriceWaterhouseCoopers.

IT manager. Responsable de las tecnologías de la información.

ITSM (*Information Technology Service Management*). Solución informática que permite organizar la información relativa a un sistema de información y asegurar el tratamiento.

JPI (jefe de proyecto de informática). Líder operativo del proyecto en el lado del servicio de informática. El JPI es el garante de la gestión del proyecto y de su integración dentro del sistema de información.

JPU (jefe de proyecto de usuarios). Líder operativo del proyecto en el lado de los usuarios. El JPU es el garante del respeto de los objetivos de negocio del proyecto.

KPI (*Key Performance Indicator*, indicador clave de rendimiento). Indicador que permite cuantificar el nivel de realización de una prestación o la calidad que tiene asociada.

MCO (mantenimiento en condiciones operativas). Se dice del conjunto de las operaciones necesarias para mantener un software o un hardware informático en su nivel óptimo de funcionamiento y de actualización.

OEM (*Original Equipment Manufacturer*). Versiones de licencias preinstaladas entregadas con el hardware.

OLA (*Operation Level Agreement*, acuerdo sobre los niveles de servicios). Compromiso de servicio establecido en el interior del servicio informático o con prestaciones externas. El objetivo de los OLA es respetar los compromisos de servicio (SLA) formalizados con los clientes.

OSI. Marco de referencia, norma ISO 7498 para la organización de las normas informáticas.

Paas/Iaas/Saas/Daas/SIaas. aas significa *as a service*. Fórmula genérica para designar una prestación que consiste en aportar bajo la forma de alquiler externo el equivalente de una inversión interna. Esto se aplica a una plataforma (Paas), una infraestructura (IaaS), un software (Saas), un dispositivo (Daas) o todo el SI (SIaaS).

PCA (plan de continuidad de actividad). Definición de los medios y protocolos implantados para evitar toda interrupción de la actividad.

PEP (puesta en producción). Operaciones asociadas a la puesta en producción de una aplicación nueva o una actualización de una aplicación implantada.

PRA (plan de recuperación de actividad.). Definición de los medios y protocolos implantados en caso de interrupción de actividad, de todo o parte, del sistema de información.

PSSI (política de seguridad del sistema de información). Formalización de las elecciones hechas por una organización para garantizar la seguridad de su SI. Estas elecciones son el resultado de un análisis de los riesgos y de sus posibles consecuencias.

RGPD/GDPR (Reglamento General de Protección de Datos, *General data protection regulation*). Texto de referencia del derecho europeo para la protección de los datos adoptado por el Parlamento europeo el 14 de abril de 2016 y aplicable desde el 25 de mayo de 2018.

RSSI (responsable de la seguridad de los sistemas de información).

SIG (sistema de información geográfica). Software de referenciación, de representación cartográfica y de tratamiento de datos caracterizados por su ubicación geográfica.

SI manager. Responsable del sistema de información.

SLA (*Service Level Agreement*, contrato de nivel de servicio). Calidad de servicio a los clientes donde una DSI o su prestatario se comprometen de manera contractual.

SSI (seguridad de los sistemas de información).

TCO (*Total Cost of Ownership*, coste total de propiedad). El coste total de propiedad incluye todos los costes asociados a la vida de un producto, desde su adquisición hasta su potencial destrucción (operación, no disponibilidad, mantenimiento, consumibles, formación, etc.).

TCP/IP (*Transmission Control Protocol/Internet Protocol*). Conjunto de protocolos para la transmisión de datos informáticos. TCP/IP organiza los protocolos en siete capas. Esta construcción sirve de base para toda la informática moderna interconectada.

TIC. Sigla para designar de manera genérica las «tecnologías de la información y de la comunicación», sean cuales sean.

TMA (terceros para mantenimiento de aplicación). Prestación de mantenimiento de un software, realizada por un prestatario externo.

ToIP (*Telephony over Internet Protocol*, telefonía a través del protocolo de Internet).

B

C

D

E

F

G

I

M

N

O

P

R

S

T

U

V

Z

Para poder acceder durante un añoa
la versión online de este libro,
envíenos su justificante de compra a

librodigital@ediciones-eni.com

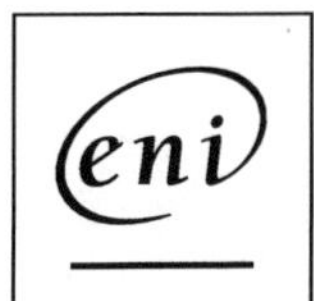